Hochzeit

Hochzeit

Eine Sittengeschichte
von Marie Antoinette
bis Henry Miller.
Lust und Elend
der ersten Nacht

Birgit Lahann

mit einem Vorwort
von Liv Ullmann

Das Vorwort wurde aus dem Englischen
übersetzt von Hans-Joachim Maass

Herausgeber:
Heiner Bremer, Michael Jürgs, Klaus Liedtke
Programmleitung:
Dr. Manfred Leier
Lektorat:
Gisela Merz-Busch
Bilddokumentation:
Bernd Baumann
Graphische Gestaltung:
Rainer Sennewald
Verlagsleitung:
Peter Schlickenrieder
Produktion:
Bernd Bartmann, Druckzentrale G + J
Satz:
Utesch Satztechnik GmbH, Hamburg
Druck:
Neef, Wittingen

1. Auflage 1987
ISBN 3-570-00724-3

Inhalt

Da sitzen die Götter nun über den Wolken auf dem Olymp, tanzen, schwatzen, singen, speisen Ambrosia und trinken Nektar zur Vermählungsfeier von Amor und Psyche. Das Brautpaar hat seine Hochzeitsnacht bereits hinter sich. Amor war in stockfinsterer Nacht zur jungfräulichen Psyche aufs Lager gestiegen. Sie glaubte, mit einem Schlangentier verheiratet zu werden

„Ich will noch Jungfrau bleiben, Herr König, merkt euch das“, sagt Brünhild in der Hochzeitsnacht zu Gunther. Als der Burgundenkönig aus Worms sie mit Gewalt nehmen will, bindet die kräftige Jungfrau ihrem Gatten Hände und Füße zusammen und hängt ihn an einem Nagel auf

Dem Mann gehorchen und dem Trieb mißtrauen – das sind die wichtigsten Gebote einer römischen Ehefrau.

Ihre Hochzeitsnacht verbringt sie im Dunkeln. „Eheliche Liebe“, schreibt Plutarch, „hat etwas Schamhaftes.“ So leistet sich der Mann denn bei seinem Weib die Kinder, bei der Kurtisane die Gefühle.

Alexander der Große überreicht seiner Braut die Königskrone. Hymen, der Gott der Vermählung, leuchtet dem 29jährigen Feldherrn mit der Fackel. Roxane, die schöne gefangene Fürstentochter der von Alexander 327 v. Chr. eroberten Sogdianischen Felsenfestung, sitzt mit niedergeschlagenen Augen auf dem Brautbett und wird von frechen Liebesengeln entkleidet

In fürstlichen Familien der Spätrenaissance geht jeder Brautnacht ein Hochzeitsgelage voraus. Wenn die Gäste geschlemmt, gezecht und getanzt haben, beginnt die Hochzeitsnacht: Die Jungvermählten werden von der feinen Gesellschaft zu Fuß oder zu Pferde zum „Beylager“ begleitet, wo sie letzte Ratschläge für gutes Gelingen erhalten

Albine und ihre Schwestern töten ihre Männer in der Hochzeitsnacht. Nur die Jüngste verläßt mit ihrem Mann das Haus. Die englische Legende erinnert an die griechische Sage von den Danaïden. Dort erstechen neunundvierzig Schwestern in der Hochzeitsnacht ihre Angetrauten. Allein die Älteste läßt ihren Mann fliehen, weil der ihre Jungfräulichkeit geachtet hat.

„Wenn dein Mann nach dem Beischlaf eingeschlafen ist, dann leg dich wieder auf ihn", rät die Mutter ihrer Tochter. Mit solchen Empfehlungen wird die Jungfrau dem Bräutigam im Mittelalter zur Seite gelegt. Ein Geistlicher spricht seinen Segen – und überläßt das Paar der Praxis

komen vnd fuertind die jn jr gezelte das selbe von syden
köstlich vnd uß dermassen richlich mit mengerlay hand=
fogeln gesticket was vnd jr bette was ouch richlich zuge=
rüstet vnd mit gilgen wolbedecket Allda leyt man die brut
Raymond kam ouch vnd lait sich zu jr Zum letzsten do kam ain
Bischoff der sy uff dem bette gesegnet vnd schon antiffen
versickel vnd Colletten las vnd nam do vrlob / der Grafe
von Portiers vnd die Grafin sin muter vnd frawe schiedent
danne vnd mengklich suchte sin herberg dan es eben spat
was etlich belybent ouch wachen vnd die lange nacht
tantzen vnd springen Etlich singen ouch schone lieder vnd
geticht es wäre von hofliedern oder andre gesange etc

Wie Raymond vnd Mellusina zusamen wurden gelegt vnd
sy der Bischoff gesegnet in dem pette Et cetera

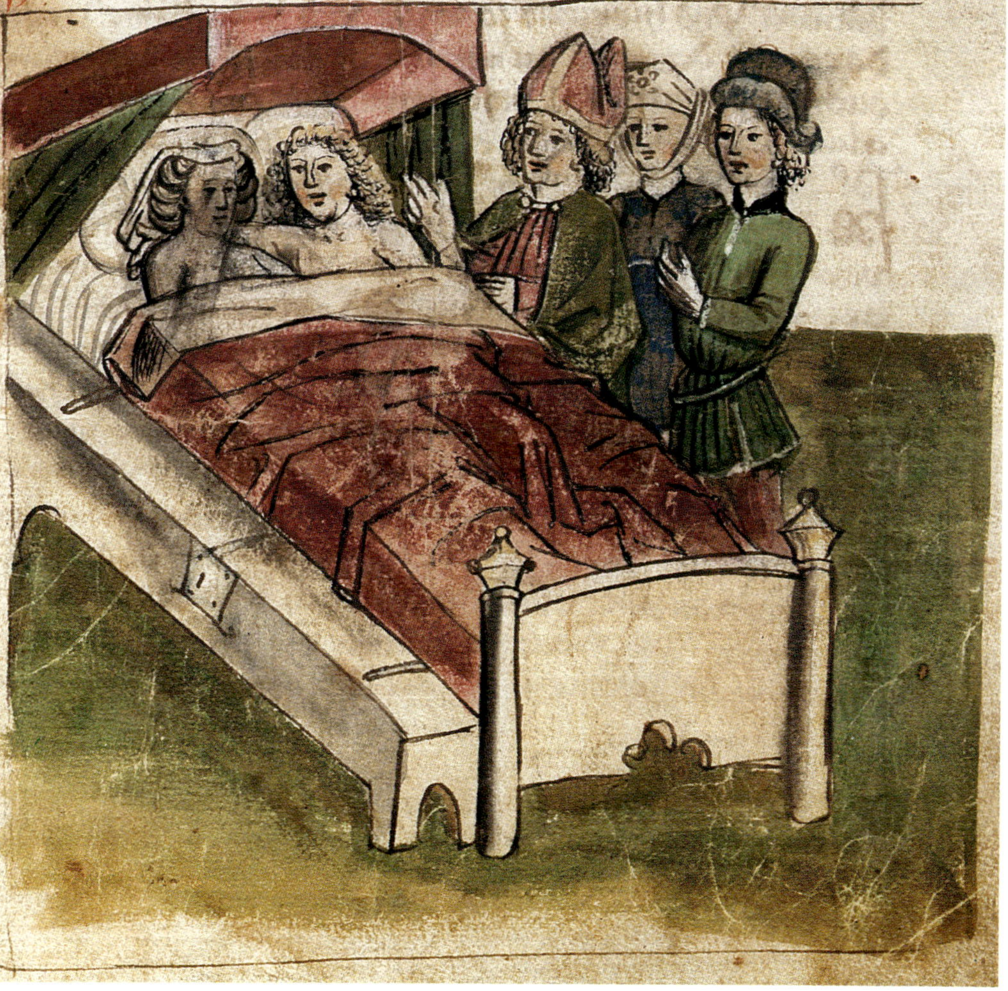

„Liebster, wie geht es Dir? Hast Du gut geschlafen? Was für ein Wetter! Ich hoffe nur, daß der Regen aufhört", schreibt die junge Victoria am Hochzeitsmorgen an Vetter Albert, ihren Bräutigam. Der schreibt zur gleichen Zeit, nur ein paar Gemächer entfernt, einen Brief an seine Großmutter nach Coburg und bittet die alte Dame in diesem „heiligen Augenblick" um ihren Segen. Wenige Stunden später stehen die Queen und der Prinz von Sachsen-Coburg und Gotha am Traualtar.
Zu jener Zeit weinen auf vielen galanten Szenen Bräute am Hochzeitsbett Krokodilstränen um ihre Jungfernschaft

„Nimm die Dirne weg“, sagt die Mutter zu Marc Chagall, als der zum erstenmal seine Freundin Bella nackt auf seinem Bett gezeichnet hat. Die Hochzeit unterm Baldachin und die anschließende Nacht wird für den Maler zum unvergeßlichen Desaster

Die Mexikanerin Frida Kahlo malt nach ihrer Vermählung mit Diego Rivera ein Brautbild voll Ruhe und Frieden. Dabei war sie nach einem Streit mit ihrem Mann in der Hochzeitsnacht davongelaufen

Alle Tragödien enden mit Tod, alle Komödien mit einer Hochzeit

Lord Byron

Die Dadaistin Hannah Höch protestiert in den 20er Jahren gegen die Braut als Bild vom Glück. Ihre Jungfrauen in Weiß sind Krüppel, Schneiderpuppen oder Kinder mit zu großen Köpfen. Symbole ihrer Zukunft umschwirren die Braut: Sie soll Eva sein und Mutter zugleich, und sie wird bald Tränen weinen und gerädert sein, und ihr Herz wird an einem Stein in die Tiefe gezogen

Zufällige Szenen einer Ehe

Ein Vorwort von Liv Ullmann

Personen:
Die Ehefrau. Ich nenne sie Nora.
Der Ehemann. Er wird nicht mit Namen genannt, aber ich mag Viggo sehr.
Das Kind.
Zwei Mütter.
Der Liebhaber. Er kann verschiedene Namen haben. Nennen wir ihn Ivan.
Erzähler: Liv Ullmann.

Ich habe Szenen einer Ehe geschrieben.
Die Szenen, die ich beschreibe, sind nicht meine eigenen. Ich bin der Erzähler.
Die Frau, die ich beschreibe, ist nicht Liv. Die Ehe – deren Szenen Sie lesen werden – ist nicht meine. Die Szenen sind Spiegelungen von Filmen und Theaterstücken, in denen ich mitgewirkt habe, Spiegelungen meiner Erfahrungen und der meiner Freunde. Wie könnte ich als Schauspielerin anders schreiben?
Ihr Name ist Nora. Sie verbrachte ihr Leben damit, durch Türen zu gehen. Wobei sie keine für immer hinter sich zuschlug.
Noras Mutter klärte sie über die „Tatsachen des Lebens" auf, als sie erst sechs war. Noras Vater war vor kurzem gestorben. Er blickte sie von gerahmten Bildern im ganzen Haus an, in Zeit erstarrt – ein ernstes, rundes Gesicht und blaue Augen, die es nie wieder geben würde.
Noras Mutter war stolz auf ihre freizügige Einstellung, auf ihre offenen Gespräche mit dem kleinen Mädchen und erzählte ihren Freunden später, wie gut sie die Erziehung allein bewältigt habe. Wie glücklich und dankbar das Kind für die langen Unterhaltungen gewesen sei.
Noras Mutter erzählte der sechsjährigen Tochter, Glocken würden läuten, wenn ein Mann und eine Frau einander begegnen und sich verlieben. Dann sehe Gott aus seinem Fenster im Himmel zu und segne sie. In Noras Fall werde auch ihr Vater zusehen. Nach dem Segen werde der Mann kleine silberne Perlen in die Frau ergießen, und aus diesen Silberperlen werde im Bauch der Frau ein schönes Baby wachsen. In einem zum Schutz des kleinen Babys mit Samt

und Seide ausgelegten Bauch. Und nach neun Monaten werde das Baby herauskommen – *wie*, das blieb ein bißchen unklar. Wenn das Baby draußen sei, wunderschön in Seide und Spitzen gekleidet, nenne man den Mann und die Frau Vater und Mutter. Von nun an würden sie ihr kleines Baby ihr Leben lang beschützen. Und das kleine Baby werde irgendwie für immer ihr kleines Baby bleiben, und sie würden sich von nun an alle liebhaben und für immer glücklich leben. Vater werde stark sein, Mutter verständnisvoll, und selbst, wenn Vater stürbe, wie Noras Vater, würde das nicht viel ändern. Noras Mutter werde leiden und Witwe sein, aber immer noch verständnisvoll, und Nora brauche überhaupt nicht zu leiden – denn Vater werde von seinem Fenster im Himmel aus weiter seine Vaterpflichten erfüllen. Er werde mit seinen blauen Augen auf sie hinuntersehen, für immer stark bleiben und sie immer beschützen – sein Kind und seine Frau. Und Nora werde für den Rest ihres Lebens ihr gutes kleines Mädchen bleiben.

Als Nora zum erstenmal erlebte, daß ein Mann kleine Silberperlen in sie ergoß, wußte sie nicht mal, daß es geschah. Sie hatte ihm erlaubt, sie auszuziehen und sich auf sie zu legen, sie zu umarmen und seinen Körper an den ihren zu pressen. Um es leichter zu machen, erlaubte sie ihm auch, sich auszuziehen. Aber alles, was sie spürte, und alles, was sie wußte, waren seine blauen Augen, die in ihre blickten, und sie war sicher, daß er genauso stark und lieb war, wie ihr Vater es gewesen war. Die achtzehnjährige Nora war sicher, daß der Mann sie liebte. Obwohl er nichts sagte, nichts nachdem die Kleider ausgezogen waren – vorher ja, aber nicht danach. Sie hörte keine Glocken läuten. Nur diese blauen Augen und das ungewohnte Gefühl, einen Mann so dicht bei sich zu haben. Dieser fremde Geruch. Die Körper – beide so naß. Das Atmen. Die plötzliche, wundervolle, prickelnde neue Wahrnehmung ihres Körpers. Und seine Augen. Sie spürte eine schmerzvolle Sehnsucht in ihren Gliedern, die mal schwächer, mal stärker wurde. Aber keinen Schmerz.

Später, als sie noch in seinem Bett lag, hörte sie ihn am Telefon einem Freund erzählen, er habe soeben eine Jungfrau gehabt.

Ein paar Monate später weigerte er sich, sie ins Krankenhaus zu begleiten, als sie eine legale Abtreibung vornehmen ließ. Er sagte ihr damals auch, er sei verlobt und könne seine Verlobte nicht verlassen, die zu sehr leiden würde. Seine Verlobte sei so empfindsam, und darum nehme er sie zu einem Urlaub in die Berge mit. Er hoffe, Nora verstehe das. Und dann schrieb er ihr einen Abschiedsbrief, schickte ihr Blumen und wünschte ihr alles Gute. Sie nahm den Brief mit ins Krankenhaus. Sie wollte sichergehen, daß sie den Inhalt nicht mißverstanden hatte.

Noras Mutter saß an ihrem Bett und sah sie mit liebevollen, blauen Augen an.

„Alle Tragödien enden mit Tod, alle Komödien mit einer Hochzeit."
Byron, „Don Juan"

Ende der fünfziger Jahre begegnete Nora einem jungen Mann, der überhaupt nicht wie ihr Vater aussah. Er schwelgte in Phantasien, wie wunderbar es wäre, wenn sich alle Frauen der Welt vereinen würden. Nur sie könnten die Menschheit retten. Er würde ihnen auf einem Pferd voranreiten – sie führen!
Sie verliebten sich in die Liebe und ineinander und träumten von den Dingen, die sie im Leben gemeinsam tun könnten. So viele ehrgeizige Pläne für die Zukunft. Er machte ihr nie einen Antrag. Es stand auch ohne Worte fest, daß sie heiraten würden.
Die beiden verwitweten Mütter arrangierten die Hochzeit und wurden Freundinnen.

Jetzt ist der Erzähler an der Reihe: Da Nora noch so jung ist und ich etwas über die Ehe sagen will – über Dinge, von denen Nora zu dieser Zeit ihres Lebens noch nichts weiß.
Jedem von uns steht es frei, seine eigene Geschichte zu schreiben. Es gibt Zeiten, da schreiben wir schlecht, und manchmal schreiben wir gut. Gelegentlich schreiben wir wunderschön und voller Mut. Aber keiner kann sich entziehen. Was nun die Ehe so besonders macht, ist, daß wir mit einem anderen gemeinsam unsere Geschichte schreiben, mit ihm zusammen uns für den Ablauf entscheiden. Wenn unsere Ehe von Liebe erfüllt ist, haben wir nicht nur die Entscheidung *mit* einem anderen getroffen, sondern uns auch *für* einen anderen entschieden.
Manche von uns haben enge Freunde, vielleicht sogar (obwohl ich das bezweifle) eine Reihe guter Freunde. Wir heiraten aber nur einen Menschen. Wir lieben nur einen Menschen so, daß wir den

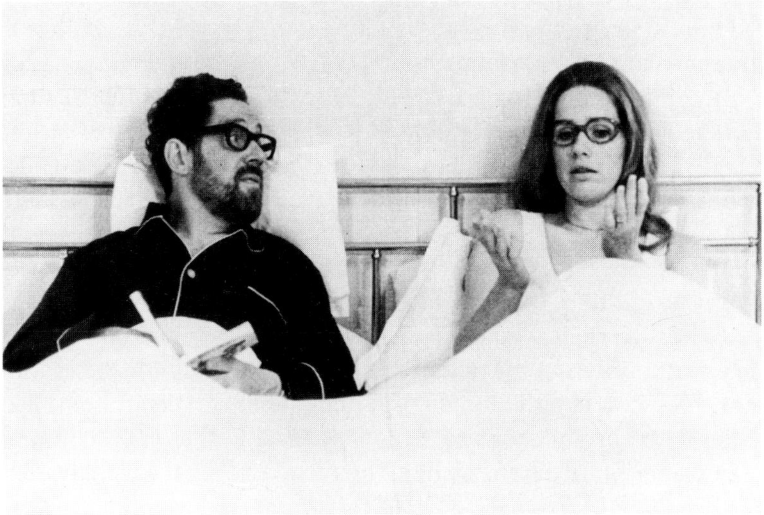

Szenen einer Ehe mit Liv Ullmann und Erland Josephson werden ein Welterfolg. In der Regie von Ingmar Bergman legt ein scheinbar glückliches Paar nach zehn Jahren Ehe leidenschaftlich Rechenschaft ab über seine wahren Gefühle

Mut finden zu sagen: „In guten und in bösen Tagen, in Gesundheit und Krankheit, bis daß der Tod uns scheide." Nur einen Menschen lieben wir so sehr, daß wir den Glauben und die Zuversicht haben, Gott zu bitten, uns für das ganze Leben zu verbinden.
Aber darüber denken wir erst nach, wenn wir viel älter geworden sind – wenn die meisten von uns schon viele Jahre zuvor unwissend ja gesagt haben. Wenn viele von uns die Tür zur Ehe bereits zugeschlagen haben.

Als Nora mit ihrer weinenden Mutter vor der Kirche wartete, sagte sie sich, von nun an werde es kein Zögern und kein Zweifeln mehr geben – keine Entdeckung unbekannter Bereiche mit neuen Männern (sie hatte bisher drei gehabt) –, von nun an werde ihr Lebensweg schnurgerade verlaufen bis hin zum Grab. Und während sie dies noch dachte, wußte sie, daß es wohl auch anders kommen könnte. Denn wie sollte sie ihr ganzes Leben einem einzigen Menschen anvertrauen können?
Zur Hochzeit bekam Nora Rainer Maria Rilkes *Briefe* geschenkt. In dem Buch waren ein paar Zeilen unterstrichen, die sie erst nach jahrelanger Ehe verstehen konnte, Zeilen, in denen Rilke eine erstaunliche Erkenntnis beschreibt: Sogar zwischen Menschen, die sich sehr nahe sind, bleibe immer eine unendliche Distanz, die es aber ermögliche, mit dem anderen wunderbar Seite an Seite zu leben, weil gerade diese Distanz notwendig sei, den anderen ganz zu erkennen.
Sie verstand Rilke erst wirklich, als sie im Begriff war, aus ihrer Ehe auszubrechen.
Das wichtigste Ereignis am ersten Tag ihrer Ehe war die Ohnmacht ihrer Mutter. Die Mutter begleitete Braut und Bräutigam von der Hochzeitsfeier quer über die Straße ins Hotel und in den Fahrstuhl, wobei sie sich an Noras Arm festklammerte – sie weinte Tränen, die ihre Tochter abstoßend fand. Vor der Tür zu ihrem Zimmer wurde die Mutter ohnmächtig, und sie ließen „für alle Fälle" einen Arzt kommen. Obwohl die Mutter nur wenige Sekunden bewußtlos war.
Nach diesem Ereignis ist Nora unfähig, mit ihrem Mann zu schlafen. Sie beschließen, ihr Lieblingsspiel zu spielen: Schiffe versenken.
Sie sitzen mit gekreuzten Beinen auf dem unteren Bett (sie können sich nur ein kleines Zimmer mit übereinanderstehenden Betten leisten), vor sich Papier und Bleistifte und Zeichnungen von Schlachtschiffen, U-Booten und Fregatten. Beide sind recht glücklich – sie brauchen sich nicht mit dem gefühlsmäßigen Ernst der Situation auseinanderzusetzen. Nora gewinnt andauernd, und nach einer Stunde ist er nicht mehr glücklich. Er ist ein schlechter Verlierer. „Du schummelst", wirft er ihr vor.

Sie weist die Beschuldigung zurück und ist wütend, daß er ihr das Vergnügen zu gewinnen nicht gönnt. Er mault. Sie nörgelt. Er brüllt. Sie weint. Er klettert in das obere Bett und kehrt dem Zimmer den Rücken zu. Keine weitere Unterhaltung in ihrer Hochzeitsnacht. Nora weint in ihr Kissen und wünscht, sie hätte ihn nie geheiratet.
Beim Frühstück am nächsten Morgen unten im Speisesaal begrüßt sie ein überschwenglicher Kellner: „Sie sehen beide so romantisch und glücklich aus. Ich habe nie verliebtere Flitterwöchner gesehen."
Bevor sie das Hotel verlassen, macht Nora sein Bett. Niemand soll erfahren, daß sie nicht miteinander geschlafen haben.

Da beide berufstätig waren, einigten sie sich darauf, die Arbeit im Haushalt zu teilen. In den ersten Jahren verdiente sie sogar etwas mehr als er, ein Thema, über das nie gesprochen wurde, obwohl es der tiefere Grund ihrer Streitereien war. Die Arbeitsteilung im Haushalt sah so aus, daß er die Wäsche in die Waschmaschine steckte und sie alles andere machte. Er erzählte ihren gemeinsamen Freunden von diesem Arrangement und daß er die Wäsche ganz allein erledige. Und dann blickte er in die Runde, als stünde ihm dafür eine Medaille zu. Als seine Mutter davon erfuhr, bestand sie darauf, einmal in der Woche zu erscheinen und die schmutzige Wäsche, die Hemden, Socken und Unterhosen ihres Sohnes, abzuholen und zu waschen. Er hoffte, das werde der Diskussion über die Arbeitsteilung im Haushalt ein Ende machen. Und so war es auch.

Ich möchte gern etwas sagen, was Nora noch immer nicht ganz klar ist: Gerade weil die Ehe so große Möglichkeiten bietet, gerade weil die Ehe uns einen fast unglaublichen Segen bringen kann, gerade weil sie die erfüllendste menschliche Beziehung sein kann, bringt die Ehe auch die Gefahr schrecklichen Schmerzes und fast vernichtender Enttäuschung mit sich.
Du lieber Himmel, ich höre mich hoffentlich nicht an wie Noras Mutter?

In den Jahren ihrer Ehe fuhr Nora fort, sich in ihrem Tagebuch selbst Ratschläge zu geben. Dies war für sie auch eine Möglichkeit, sich an einen anderen Menschen zu wenden, da das Reden mit *ihm* manchmal – nein oft – schwierig war. Sie fühlte, daß sie nicht mehr das unabhängige junge Mädchen war, als das sie sich immer gesehen hatte. Manchmal kam es ihr vor, als sei aus der Studentin übergangslos eine Frau mittleren Alters geworden. Sie wünschte sich, mit ihrem Mann über all das zu sprechen, was sich in ihr nach Erfüllung sehnte – aber wie konnte sie das, wenn doch gerade er es zu sein schien, der dieser Erfüllung im Wege stand. Sie wollte mit ihm über ihren Mangel an Kommunikation reden – aber was konnte er denn schon dazu sagen, da es ja seine Schuld war. Es gab viele Dinge, über die sie mit ihm gern gesprochen hätte, aber sie versuchte es nicht wirklich. Es fiel ihr leichter und ergab weniger Konflikte, wenn sie mit ihren Freundinnen sprach oder sich ihrem Tagebuch anvertraute. Sie schrieb: „Wie sehr liebe ich? Zu welchen Opfern bin ich bereit? Ist meine Liebe eine Art jugendlicher Schwärmerei, kaum mehr als eine vorübergehende Leidenschaft oder ein flüchtiges Gefühl? Oder ist meine Liebe tief und stark? Ist meine Liebe das Beste in mir, und bin ich bereit, das Beste in mir dem geliebten Menschen zu schenken? Liebe ich den Geliebten genug, um ‚für immer' zu sagen?"

Und als Nora den Bleistift beiseite legte, traf sie die Erkenntnis wie ein Blitz, daß es ihr schwerfiel, ihn sich auch nur als geliebten Menschen *vorzustellen*.

In Noras Augen war das stärkste Band, das sie zusammenhielt, daß sie ihr gesamtes erwachsenes Leben gemeinsam verbracht hatten. Was man nicht einfach abtun sollte. Aber trotzdem – sie konnte nicht akzeptieren, daß es so viele Dinge gab, die sie nie würde tun können, daß es Begabungen in ihr gab, die nie genutzt werden würden – solange sie mit ihm verheiratet blieb. Wenn sie vielleicht älter gewesen wären – aber Ende Zwanzig zu sein und das Gefühl zu haben, in einen Käfig eingesperrt zu sein, sich verzweifelt zu wünschen, ausbrechen zu können ...

Wenn sie essen gehen, hat Nora das Gefühl, jeder könnte ihnen die fehlende Harmonie ansehen. Und dann dreht sich ihr der Magen um, weil er nie zuzuhören scheint – ich meine, nie mit dem Ohr seiner *Seele* zuhört. Höchstwahrscheinlich hört Nora auch *ihm* nicht zu. Stumme Schreie quer über einen Tisch: „Sieh mich. Erkenne mich."

Die Frau ist verängstigt und zornig, schreibt wütend etwas auf ihre Serviette. Der Mann sitzt ernst da mit gefalteten Händen, den Mund zusammengekniffen, die Beine verschränkt.

Sitzt einfach so da, sagt nichts.

Aber es gibt auch gute Zeiten. Wenn alles einfach ist. Es gibt nichts Besseres für diese beiden Menschen als Einfachheit. Wenn sie die Dinge nicht so komplizieren oder sich über den Zustand ihrer Ehe keine Gedanken machen. Wenn ihnen der gemeinsame Weg leichtfällt. Wenn Nora neben ihrem Mann steht und sie gemeinsam in den Spiegel ihrer Ehe blicken. Wenn sie beide über das Spiegelbild ihrer Kindereien und ihrer Illusionen lachen. Und sie erkennen, daß ihnen auch die Sonne lacht, daß sie spielen können und daß keine Bosheit zwischen ihnen ist. Und die kurzen Momente des Glücks zeichnen beide mehr als alles, was sie zuvor erlebt haben.

Nora hält ein Baby im Arm, ein Mädchen. Die Ehefrau ist Mutter geworden, und ihr Körper wird von Glück durchflutet. Nachts schläft sie Hand in Hand mit ihrem Mann ein. Ihre andere Hand liegt auf der blauen Wiege. Immer wieder wachen die beiden auf, um sich zu vergewissern, daß das Baby noch atmet. Sie wenden sich einander zu und prüfen das Gesicht des anderen, um herauszufinden, worin die Kleine ihnen ähnlich ist. Es scheint, als könnte ihnen in diesen ersten Monaten nichts auf der Welt gefährlich werden.
Er wechselt zum erstenmal die Windeln. Ein ungewisses Lächeln um seinen Mund, als er sich über seine Tochter beugt. Sie verkneift sich die Ratschläge, die sie ihm gerade geben wollte.
Und dann die Zeiten, wenn das Baby Koliken hat und schreit und schreit. Er sitzt mit der Kleinen im Bett. Er zieht sie aus – und dann sich selbst; legt ihren winzigen Körper, der noch immer von Krämpfen geschüttelt wird, auf seinen nackten Bauch. Sie beruhigt sich, und beide schlafen in der warmen Nähe des anderen ein.
Noras Stimme versagt fast, als sie ihm erklärt, wie sehr sie ihn liebe. Sie möchte ihn behüten und ihn liebkosen und ihm für ihr Kind danken.
Ich möchte Noras Ehe für ein paar Monate wirklich glücklich machen. In diesem Zeitabschnitt geben so viele Frauen auf – weil die Mutterschaft anders ist als Mütter ihren Töchtern erzählen. Alles im Leben wird plötzlich anstrengender; der Körper verändert sich, und die unbeschwerten Augenblicke sind nicht allzu häufig. Der Mann braucht mehr Zuwendung, das Baby schreit, und es gibt schlaflose Nächte. Und dann die Erschöpfung, wenn die berufstätige Mutter sich zwischen Job und Wohnung und Ehemann und Kind zerreißen muß.
Gerade aus diesem Grund – weil ich weiß, daß ihr all dies bevorsteht – gebe ich meiner Nora ein paar Monate mit ihrem Baby, die voll seligen Glücks sind. Und dann – wenn die Realität sie (und mich) unerbittlich einholt, werde ich ihr sagen: „Oh, Nora – gib nicht auf. (Wie ich es getan habe.) Halte durch! Ergib dich nicht. Nicht einen Augenblick.“ Darf ein Erzähler dies tun?
Nora hofft aus ganzem Herzen, daß ihre Differenzen sich beilegen lassen, und es *gibt* Differenzen. Sie hofft, sie könnten beide Seite an Seite wachsen und einander Freude bringen. Ohne daß der eine vernichtet wird und der andere stark bleibt. Daß man den anderen einfach *sein* läßt.
Nora hält ihr Kind im Arm und flüstert der Kleinen ins Ohr, wie sehr sie sie liebe, wie sehr sie ihren Geruch und ihre Wärme und ihr blindes Vertrauen liebe. Dann beginnt sie wieder an ihre Arbeit zu denken, daran, daß sie wieder zu ihrem Beruf zurückkehren muß. Sie denkt an die Zeit, die sie verpaßt hat, und an ihre Furcht, den Anschluß nicht mehr zu finden. Die vielen Telefongespräche. In

der letzten Zeit hatte ihr Mann sie meist entgegengenommen. Jetzt ist sie wieder dafür verantwortlich. Sie muß Briefe von Menschen beantworten, die Anspruch auf einen Teil ihres Lebens zu haben meinen. Nach und nach verschwindet Noras Heiterkeit, allmählich wird sie wieder zu einer berufstätigen Frau. Sitzt in Konferenzen und sorgt sich um das Kind zu Hause. Zu Hause ist sie dann voller Unruhe, weil sie ihre Arbeit nicht zu Ende gebracht hat – wann wird sie dafür Zeit haben? Ihr Schuldgefühl. Das Gefühl, als Mutter versagt zu haben. Sie findet keine Lösung, bei der sich das Leben des Kindes und ihr eigenes Leben als Erwachsene miteinander in Einklang bringen lassen.
Aber darüber spricht Nora mit ihrem Mann nicht. Wieder wächst das Schweigen zwischen ihnen. Sie liegt im Bett und schaut auf seinen Rücken, den er ihr zugedreht hat, einen männlichen Rükken, der sie kalt anstarrt. In den Stunden zwischen Nacht und Tag, in denen das Licht nur schwach ist und die Gespenster lebendig werden, liegt Nora im Bett und denkt, daß es besser wäre, allein aufzuwachen – als mit einem anderen Menschen aufzuwachen und einsam zu sein.
Denk an das Kind, Nora. Den Mittelpunkt deines Universums. Denk an das Gemeinsame, das uns hält – uns zu berühren und zu umarmen.
Der kleine Zettel auf deinem Kissen: „Mama, mein Mund ist voller Küsse."
Nein, Nora vergißt ihr Kind nicht. Sie ist sogar eine sehr liebevolle Mutter. Obwohl sie manchmal auch versagt. Aber sie gibt ihr Bestes. Und kann man mehr erwarten? Nein.
Nora hat einen Liebhaber.
Nora muß lieben und geliebt werden. Liebe gibt ihr Selbstbestätigung. Liebe gibt ihr Geborgenheit. Wenn sie liebt, ist alles erlaubt. Und weil sie nichts mehr in Frage stellt, bemerkt sie nicht, daß die größte Intensität ihrer Liebe vom Schmerz ihres Verlangens vervielfacht wird.
Sie hat einen Liebhaber, und das ist alles.
Sie geht umher in atemloser Leidenschaft, und alles um sie herum nimmt eine neue Dimension an, alles wird lebendiger.
Liebende haben nicht das Gefühl, gesündigt oder falsch gehandelt zu haben; sie bitten auch nicht um Vergebung; sie glauben, über den Regeln der Schicklichkeit zu stehen, jenseits von Gut und Böse, außerhalb der Erfahrungen aller anderen Menschen.
Noras Ehebruch wird durch Liebe rein.

Als er noch ihr Liebhaber ist, reisen sie in ein warmes Land. Sie hält seine Hand, während er liest, und sie überkommt große Ruhe, weil alles so wunderbar normal ist. Es beunruhigt sie nicht, daß es lange Augenblicke gibt, in denen er nicht an sie denkt. Manchmal dreht er sich um und sieht sie glücklich an, und hin und wieder ist Unbehagen in seinen Augen. Dann weiß sie, daß er an seine Frau und seine Kinder denkt, und ihr wird klar, daß er sie beide liebt, seine Frau und sie. Als hätte er ihre Gedanken gelesen, legt er sein Buch beiseite. „Ich kann nicht ohne dich leben", belügt er sie im Sonnenschein. Sie glaubt ihm, bis er einschläft und sie dabei fest umschlungen hält. Und während sie so liegen, erwacht in ihr das Schuldgefühl für einen Augenblick, ihre Loyalität gegenüber der Verantwortung, die sie trägt. Doch nur für einen kurzen Augenblick – bis er sich wieder und wieder zu ihr umdreht und sie dabei jedesmal ganz sanft und zärtlich küßt.

„Nach der Hochzeit kommt es zu einer gefühlsmäßigen Gegenreaktion, manchmal zu einer starken, manchmal zu einer schwachen; aber sie kommt unweigerlich, früher oder später, und beide Seiten müssen sie überwinden, wenn sie den Wunsch haben, daß der Rest ihres Lebens mit der Strömung verlaufen soll."

Rudyard Kipling

Eine Zeitlang lebt Nora nicht bei ihrem Mann. Sie sagt ihm, sie wolle die Scheidung. Sie will seinen Schmerz nicht sehen und zieht mit ihrem Kind in eine kleine Wohnung.
Eine Zeitlang wartet Nora darauf, daß der andere Mann frei wird. Er lebt in einem anderen Land, und sie beschließen die Trennung auf Probe.
Bei einem Gespräch mit dem Liebhaber weint sie am Telefon: „Ich bin so einsam, bitte komm her."
Er sagt ihr, er brauche Zeit.
Sie fleht den Liebhaber in Briefen an: „Ich bin krank ohne dich, bitte rette mich."
Und er sagt ihr, seine Frau werde Selbstmord begehen, wenn er sie jetzt verlasse.
Sie wird wegen Trunkenheit am Steuer festgenommen und ruft ihn von der Polizeiwache aus an. Sie sagt ihm, sie befinde sich in ernsthaften Schwierigkeiten – ob er kommen könne, nur für einen Tag, um sie in den Arm zu nehmen.
Er teilt ihr mit, daß er seine Familie nicht verlassen könne, bevor die Kinder die Schule beendet hätten und aus dem Hause seien.
Nora packt ihre Koffer, bringt die Tochter bei ihrer Mutter unter und will einen Ozean überqueren, um einen möglichst großen Abstand zwischen sich und ihre angstvolle Liebe zu bringen.
Ihre Mutter weint beim Abschied, obwohl sie nur einen Monat

fortbleiben wird. Ihr Kind weint, weil ein Monat für das Mädchen eine Ewigkeit ist. Nora weint nicht.
Sie ist in einem fernen Land und sehnt sich nach ihrem Liebhaber. Und denkt an ihren Ehemann. Sie trifft alte Freunde, tanzt in Nachtclubs, geht ins Kino und ins Theater. Sie begegnet einem Mann mit blauen Augen, die auf sie herabschauen, und verbringt eine Nacht mit ihm. Am nächsten Morgen schickt sie ihrem Liebhaber ein Telegramm und teilt ihm mit, daß sie mit einem anderen Mann geschlafen habe und jetzt alles aus sei. Sie könne nie mehr zu ihm zurück.
Vierundzwanzig Stunden später sitzt ihr Liebhaber in der Hotelhalle. Er sitzt dort zwei volle Tage und Nächte. Sie weigert sich, ihn unter vier Augen zu treffen.
„Aber ich habe doch meine Frau verlassen!"
Zu spät.
Zu lange hat er ihren Schmerz nicht sehen wollen. Es ist zu spät, weil er erst gekommen ist, als *er* Schmerz empfand.
„Ich habe keine Zeit. Ich habe eine Verabredung."
„Ich muß jetzt auf mein Zimmer und mir die Zähne putzen."
Eine Minute später klopft er an die Tür. Er hält eine Zahnbürste in der Hand, und sein Lachen ist ganz Unsicherheit: „Kann ich mit dir zusammen die Zähne putzen?" Und sie denkt an all die Stunden, in denen sie am Telefon geweint hat, und an all die Stunden, in denen er zu beschäftigt war, um mit ihr zu reden. An seine Frau, die ohne ihn Selbstmord begehen würde. Und sie betrachtet den Mann mit dem unsicheren Lachen und der Zahnbürste in der Hand und weiß, daß von der wunderbaren gemeinsamen Zeit ihr dieses Bild am besten im Gedächtnis bleiben wird, jetzt, wo alles vorbei ist.
Noras Ehemann nimmt sie wieder auf und sagt, sie sollten das vergangene Jahr aus ihrem Leben streichen. Sie beobachtet seinen Schmerz. Und sein Schmerz wird zu ihrem Schmerz. Seine Einsamkeit wird zu ihrer Einsamkeit. Und in dieser Einsamkeit sind sie vereint. Nora akzeptiert, daß es einige Dinge geben wird, die sie nie mehr tun kann, daß einiges in ihr nie Erfüllung finden wird. Dafür weiß sie aber, mit wem sie alt werden will.
Noras Mann beobachtet sie jeden Tag mit seinem weißen Gesicht. Keine harten Worte. Nur das weiße, schmerzverzerrte Gesicht.
Eines Tages, eines Morgens – wacht sie auf, ohne ihren Liebhaber zu vermissen. Und sie hofft, er möge wieder glücklich werden und wie zuvor mit seiner Familie leben. Glücklich ohne sie. Sie hofft das wirklich. Und sie berührt das schmerzerfüllte, verzerrte Gesicht ihres Mannes liebevoller als je zuvor. Und er erwacht für einen Augenblick und erkennt einen Ausdruck in ihren Augen. Am frühen Morgen schlafen sie ein, wobei sich ihre Stirnen berühren. Wie die von Pferden.

Es ist nicht leicht und braucht lange Zeit, aber Frau und Mann und Kind leben wieder zusammen. In der Zeit der Trennung haben sie etwas über sich gelernt – vielleicht kennen sie sich selbst jetzt etwas besser.
Ihr Glück ist nicht vollkommen. Ihre Freundschaft ist nicht vollkommen. Da sind viele Wunden. Aber sie haben überlebt. Und sich in einem Augenblick gefunden, als sie beide meinten, alles sei vorüber.
Nora denkt immer an die Liebe. Aber sie macht sich jetzt weniger Sorgen, hat weniger Angst, sie könnte ihre Gefühle nicht dem angleichen, was sie als junges Mädchen für Liebe hielt.
„Was ist Liebe? Ist das, was ich habe, Liebe?"
Die neuerwachte Zärtlichkeit zwischen den beiden – daß sie einander haben. Jetzt. In einem einfachen Glück.
Vielleicht ist das Liebe. Ihre Art der Liebe.
Nora geht in ihrer Arbeit auf. Es macht ihr Freude, mit dem Gefühl nach Hause zu kommen, daß sie alles erreicht hat, was sie sich vorgenommen hatte. Freude über das Vergnügen an einer gelungenen Arbeit.
Sie kann ihre Arbeit aber nie so mit nach Hause nehmen wie er. Es gibt ein Telefon, und sie muß rangehen, wenn er nicht kann. Ihn entschuldigen, wenn er zu beschäftigt ist. Dem endlosen Geplapper von Freundinnen zuhören, weil die sie für unfreundlich halten würden, wenn sie ihnen sagte, sie stecke mitten in der Arbeit. Und dann ist da noch das Kind, das Zuwendung braucht und Hilfe bei den Schularbeiten. Es müssen Papiere ausgefüllt werden. Und dann ist da noch die Mutter mit ihren Wünschen.
Seine Arbeit, auch wenn sie darin besteht, Zeitschriften zu lesen (wichtig für den Job), oder wenn er auf dem Sofa ein Nickerchen macht (sich auf ein Problem konzentriert), seine Arbeit wird von allen an ihrer Ehe Beteiligten so sehr viel mehr respektiert, auch von ihr selbst. Seine Erschöpfung. Seine Erschöpfung, die ganz normal ist, wenn er nach einem langen Tag im Büro nach Hause kommt. Ihre Erschöpfung ist bloß Nervosität.
Er wird für *seine* Arbeit gelobt; einige Menschen fragen sich, woher *sie* die Stirn nimmt, arbeiten zu gehen, wo sie sich statt dessen um ihr Kind kümmern sollte – und um ihren Mann. Seine Leistung im Beruf wird mit ihrem Mißerfolg zu Hause verglichen.

Bei der Arbeit ist Nora immer noch glücklich. Es ärgert sie aber auch, wie unfair Gesellschaft, Freunde und Familie bei der Bewertung von Arbeit sind. Sie ist wütend, weil *sie Schuldgefühle* haben muß, etwas zu tun, wofür *Männer gelobt* werden. Sie ist vor allem auf sich selbst wütend – schleppt das Gefühl mit sich herum, sie genüge den Anforderungen nicht, obwohl sie auf ihre Leistungen eigentlich stolz sein könnte.

„Ist die Ehe nicht ein ungelöstes Problem, wenn seit Anbeginn der Welt behauptet wird, daß die Menschen in dieser Institution aus ihr auszubrechen wünschen, und die Menschen außerhalb dieser Institution nichts sehnlicher wünschen, als hineinzukommen?"
Ralph Waldo Emerson

Eines Tages heiratet Noras einziges Kind. Nora weint, aber das sieht niemand. Nora fällt nicht in Ohnmacht. Es rührt Nora zu sehen, daß Vater wie Tochter leicht „plattfüßig" auf den Altar zugehen – beide watscheln ein wenig wie Enten –, aber nur Nora beobachtet das. Sie ist gerührt und liebt die beiden sehr, als wäre sie beider Mutter. Sie ist überzeugt, nur sie allein wisse, wie es wirklich in ihnen aussieht. Und sie ist froh, daß sie diese Erfahrung hat machen dürfen. Daß sie dem Mann und dem Kind dieser Ehe so nahe hat sein können. Sie so lange gekannt zu haben. Daß sie die Veränderung ihrer Gesichter und ihrer Körper hat miterleben dürfen. Sie spürt die Wärme beider in den Handflächen, die sie auf dem Schoß zusammenpreßt.

Noras Mutter ergreift den Arm der Braut und sieht zu ihr auf. Tränen strömen über ihre alten Wangen. Sie ist die Mutter der Mutter des Kindes.

Je älter Nora wird, um so weniger Verwendung finde ich für meine Kommentare als Erzähler. Es ist, als würde sich Noras Ehe aus eigener Kraft entwickeln. Was normalerweise die Beobachtung eines außenstehenden Dritten ist, entwickelt sich mehr und mehr zu Noras eigenen Überlegungen. Entweder nimmt sie meine Persönlichkeit an – oder ich ihre.

Am Morgen der Trauung ihrer Tochter sagt Nora zu ihrem Kind: „Obwohl wir vor den meisten Menschen Masken aufsetzen, wollen wir unserem Ehegatten unser wahres Selbst zeigen." Nora erzählt ihrer Tochter nicht, daß ein Ehegatte den anderen in der Maske manchmal leichter erkennt. Manchmal ist man sehr verletzlich, sehr einsam, wenn man sich selbst entblößt darbietet. Manchmal ist es, als wäre man unsichtbar. Nora weiß dies, sagt ihrer Tochter aber: „Laß ihn wissen, daß du auch unsicher bist – obwohl andere meinen, du seist stark. Andere mögen dich für tapfer halten – aber du bist oft ängstlich. Andere mögen dich für großzügig halten, aber du solltest ihn wissen lassen, daß du auch egozentrisch und selbstsüchtig sein kannst."

Nora wird bei der Hochzeit ihrer Tochter weder ohnmächtig noch möchte sie ihre Tränen zeigen, doch wie ihre eigene Mutter braucht sie viele Worte, um ihrem Kind die Schönheit der Liebe zu beschreiben: „Alles an dir, was gut ist, das *Beste*, ist von nun an für deinen Mann bestimmt." Dabei hofft Nora verzweifelt, ihr Kind werde sich ihr auch weiterhin anvertrauen – sie so lieben wie vorher, nur anders.

Nora hat Angst. Nora hat Angst vor der Einsamkeit. Sie hat Angst, ihr Fundament verloren zu haben. Sie hat nur kurze Zeit Angst – aber immer noch Angst.

In der Hochzeitsnacht ihrer Tochter versteckt sich Nora unter der Bettdecke und weist die Berührungen ihres Mannes ab und empfindet Zorn bei seinem Versuch, mit ihr schlafen zu wollen, obwohl sie nicht erklären kann, warum. Sie liegt im Dunkeln und hat ihr Kind an einen anderen verloren. Und sie findet keine Worte, um ihren Verlust zu beschreiben.

Schweigend liegen Ehemann und Ehefrau da. Schweigend verbringen sie lange schlaflose Stunden zusammen – weit voneinander entfernt.

Der Mann, der sie oft nicht zu verstehen schien, steht am Morgen leise auf. Er bringt ihr auf einem Tablett Kaffee und eine angebrannte Scheibe Toast, und daneben liegt ein Zettel:

„Liebe Frau.

‚Werde alt mit mir!

Das Beste liegt noch vor uns.'

In Liebe, dein Ehemann und Robert Browning."

Heute ist Nora Mitte Vierzig. Sie hat die Bindung zu ihrem Mann erneuert. Sie scheint in ihrer Liebe geborgen zu sein. Sie ist mit ihm glücklich. Oft. Sie ist zufrieden. Ist sie es wirklich? Sie braucht um keine verlorene Identität mehr zu kämpfen. O ja, es gibt Tage, an denen sie sich nach ihrer Jugend zurücksehnt. Es gibt Zeiten, wo sie sich bei der Frage ertappt, ob es möglich ist, die abgespaltene Hälfte zu finden, die ein Paar zu einem Ganzen macht.

Nora hat sich immer nach Symbiose gesehnt. Aber jetzt wird ihr klar, daß es eine solche Verschmelzung vielleicht gar nicht gibt. Jedenfalls nicht auf Dauer. Für niemanden. Und sie begreift, daß eheliche Liebe auch dies ist: daß zwei Einsamkeiten sich gegenseitig beschützen.

Ehe bedeutet, mit der Ehe seinen Frieden zu machen.

Ich weiß nicht, wie Noras Ehe sich entwickeln wird. Ich kann ihr nur bis hierher folgen. Aber ich möchte nicht, daß diese Ehe endet. Weil ich der Erzähler bin, entscheide ich jetzt einfach, daß die beiden weitermachen sollen, bis daß der Tod sie scheidet.

Kennen Sie den Film *Der Auswanderer*? Kennst du diesen Film, Nora? Die Hauptpersonen Kristina und Karl Oskar hatten zueinander nie von Liebe gesprochen. Aber als Kristina Tausende von Kilometern von ihrer Heimat entfernt im Sterben lag, saß Karl Oskar an ihrem Bett, hielt ihre Hand und sagte sehr leise und mit viel Bestimmtheit: „Du und ich sind die besten Freunde."

Schöner kann man es nicht sagen.

Ja, Nora, ich möchte, daß du bei deinem Mann bleibst, daß du erfährst, wie es ist, diese Hand in deiner zu halten, diese Hand, die du so gut kennst, dein ganzes Leben lang. Seid die besten Freunde.

Erlaube mir, Nora, dich an eine Nacht bei deiner Großmutter vor vielen, vielen Jahren zu erinnern:
Sie ist alt, und du bist ein kleines, sechsjähriges Mädchen. Ein kleines Mädchen, das vor kurzem seinen Vater verloren hat. Ihr beide kauert euch auf dem Sofa zusammen und sprecht über ihren Mann Halfdan, der auch vor kurzem gestorben ist – nur wenige Wochen vor seinem Sohn.
Eine alte Frau mit der Seele eines jungen Mädchens, die dir ihr Herz öffnet, ihre Liebesgeschichte mit dir teilt, weil sie spürt, daß ihr verwandte Seelen seid. Und während Großmutter spricht, siehst du, wie ihre Geschichte sich vor dir entrollt: Du siehst ihn in seinen Hausschuhen, die zu groß sind, über den Fußboden schlurfen. Großmutter hat Socken an. Es ist Nacht, und Großvater ist aufgestanden, um die Standuhr aufzuziehen. Er hat Angst. Er hat Angst vor dem Sterben. Er weiß, daß er bald sterben *muß*, und sieht in der stehengebliebenen Uhr ein böses Vorzeichen. Großmutter tröstet ihn, umarmt ihn, tadelt ihn ein wenig und scherzt mit ihm.
Jetzt weint deine Großmutter. Es macht ihr nichts aus, daß du zusiehst. Lange Zeit bleibt sie stumm – nur die Tränen strömen. Dann erzählt sie dir von Großvaters letzten Monaten, wie sie ihr Handgelenk nachts mit seinem zusammenband, damit sie es merkte, wenn er aufwachte oder wenn sein Schlaf gestört war.
Und dann schließt die alte Dame die Augen und verstummt.
Spät, sehr spät: Großmutter auf ihrem Sofa, und du, das kleine Mädchen, auf deiner Matratze auf dem Fußboden. In den frühen Morgenstunden stehst du auf, um ins Bad zu gehen, und gibst dir die größte Mühe, den Schlaf der alten Frau nicht zu stören. Du gehst über einen weichen Teppich, machst kein Geräusch, und hast gerade die Tür so weit geöffnet, daß nur ein kleiner Lichtschimmer die Dunkelheit erhellt. Dann hörst du eine schläfrige Stimme fragen, oh, wie sanft:
„Ist etwas nicht in Ordnung, Halfdan? Kann ich dir helfen, Liebster?“

Nora beobachtet den Mann, den sie so gut kennt. Er sitzt gedankenverloren in seinem Lieblingssessel. Älter geworden. Wann geschah das? Sein Haar klebt dünn und grau am Schädel. Sie geht nicht zu ihm hinüber und sagt ihm auch nicht, daß sie ihn liebt. Sie bleibt in der Türöffnung stehen und denkt: „Du bist mein Schicksal. Du bist nicht der schönste Mann, dem ich begegnet bin. Auch nicht der klügste. Aber du hast deine Liebe *mir* anvertraut. Du hast mich sehen lassen, wie verletzlich du bist. Du hast vermutlich von einem glücklicheren Eheleben geträumt, als ich es dir gegeben habe. Du hast dir ganz sicher eine leidenschaftlichere Frau vorgestellt, eine bessere Hausfrau. Aber du bist bei mir geblieben. Ich weiß, daß du dich vor dem Alter fürchtest. Und daß du Angst hast,

allein zu sein. Du brauchst vielleicht jemanden, der sich um dich kümmert."
Liebe macht uns verletzlich, Liebe macht uns empfänglich für Verletzungen.
„Ich verspreche dir, daß ich mit meiner Ehe behutsamer umgehen werde als mit irgend etwas sonst."
Das sind Noras Gedanken.

„Die Liebe verträgt alles, glaubet alles, sie hoffet alles, sie duldet alles. Die Liebe höret nimmer auf."

Irgendwo in der Bibel

Nora schlug nie eine Tür hinter sich zu – sie ließ immer einen Spalt offen.

Olympische Hochzeitsnächte

oder wie's die alten Götter machten

Sie ist so schön, daß ein Volk vor ihr in die Knie geht. Eigentlich ist sie ja viel schöner als Aphrodite, und so jung noch und lecker wie Erdbeeren mit Schlagsahne und knusprig wie frische Brötchen. Ein Volk baut Tempel für seine sterbliche Göttin, die Tochter des Königs, das Fräulein Psyche.

Wer die Schönheit im eigenen Lande hat, muß nun wirklich nicht mehr nach Knidos pilgern oder nach Kythera, wo die Heiligtümer der wahren Göttin stehen. Also feiern die Leute keine Feste mehr für die Dame vom Olymp, lassen ihre Blumen verfaulen, ihre Tempel verschmutzen, und die Asche am Altar ist kalt.

Das kann nicht gutgehen. Wer Aphrodite kennt, weiß, wie schnell sie wütend wird. Und tatsächlich, eines Tages ruft sie nach Amor, ihrem frechen Sohn. Der kommt gerade mal wieder vom Ehepaar-Verwirren zurück, von einer nächtlichen Erdentour, wo er treue Gatten mit seinen Liebespfeilen auf Abwege zwingt. Was soll er jetzt tun? Aphrodite sagt: Schieß auf Psyche. Mach sie unsterblich verliebt in ein Scheusal.

Schon läuft die olympische Maschinerie an: Ein Orakel weissagt dem König, er solle seine Tochter Psyche zur Hochzeit schmücken und auf den Berg vor der Stadt führen. Dort werde ihr Gatte, ein geflügeltes Schlangentier, die Jungfrau zur Hochzeitsnacht holen. Die Eltern sind starr vor Schmerz. Die Tochter schwimmt in Tränen. Die Untertanen begleiten den Trauerzug mit Brautfackeln.

Gebadet und gesalbt liegt Psyche im Brautbett. Mitten in der Nacht begibt sich Amor zu ihr aufs Lager und macht sie zu seinem Weib

Und Zephyr, der Gott des Westwinds, hüllt das schluchzende Kind in eine Wolke und weht es ins Schloß von Amor. Der wird nämlich einen Teufel tun, Otterngezücht an ihren köstlichen Leib zu lassen. Er hat sich doch längst in Psyche verliebt, läßt sie von unsichtbaren Dienerinnen baden und salben und ins Schlafzimmer legen – aufs Brautbett. Da schläft sie ein. Und wacht mitten in der Nacht auf. Denn Amor hat sich in Menschengestalt zu ihr aufs Lager begeben und macht sie gerade zu seinem Weib. Und weil es stockfinster ist, kann Psyche nichts erkennen, und er sagt ihr auch: Nie darfst du mich besehen. Und am Morgen – Amor ist längst verflogen – kommen die unsichtbaren Geister wieder und trösten die Neuvermählte, die ihre verlorene Jungfräulichkeit beklagt.

Die erste Nacht war ihr unbehaglich. Aber schon nach der dritten findet sie Gefallen an der Liebe. Und Amor verplaudert mit ihr himmlische Nächte. Tags langweilt sie sich. Sie hätte so gern ihre Schwestern mal wiedergesehen. Will ihnen wohl auch das Schloß zeigen. Dem Unsichtbaren schwant Fürchterliches. Natürlich. Menschenkinder sind voller Neid. So auch die Schwestern. Sie sagen, sie wüßten, daß Psyche mit einem Wüstling schläft. Sie solle sich des Nachts ihren Schlangen-Gatten doch mal bei Licht besehen. Das tut die verliebte Törin, sieht einen Gott, zittert vor Lust, und ein Tropfen des kochenden Öls ihrer Lampe fällt auf Amors Schultern. Der himmlische Jüngling erwacht, zürnt gewaltig, fliegt auf und davon. Und die schwangere Psyche sitzt wieder mal weinend da.

Jetzt straft Aphrodite. Sie jagt die Schöne als Sklavin durch die Welt und in die Unterwelt, aus der sie einen Topf Schönheit – fest verschlossen – für die Göttin holen soll. Aber Psyche kann ihre Neugier nicht bezwingen, öffnet das Gefäß und fällt um. Dem Schönheitstiegel entstieg ewiger Schlaf. Aus dem erweckt sie Amor, der ihr längst vergeben hat. Er klettert mit der Hochschwangeren auf den Olymp, versöhnt sie mit der Mutter, stellt sie Zeus vor, der gleich einen bechert mit dem appetitlichen Kind, einen Nektar natürlich, damit sie unsterblich wird und mit ihr die Tochter in ihrem Bauch, Voluptas, die Göttin der Lust. Dann feiern alle Olympier Hochzeit, zechen und tanzen und singen und dösen und lassen sich von Amors Hochzeitsnacht erzählen. Nein, eine so romantische hat kaum einer erlebt.

Hera ist zum Beispiel in Euböa, als Zeus, der Bruder, ihr nachstellt, sie in eine Höhle schleppt und mit ihr schläft. Das war ihre „Hochzeitsnacht". Zeus erzählt das etwas anders. Er habe sie in den Wäldern bei Argos erblickt, sei ihr nachgeschlichen, habe ein Gewitter aufziehen lassen, sich als Kuckuck in ihrem Kleid versteckt und sie schließlich in Göttergestalt genommen. Dabei mußte er heilige Eide schwören, sie auch zu heiraten.

Aphrodite hat mit Hochzeitsnächten nichts im Sinn. Mit Ehen

noch weniger. Sie ist ihrem Mann und Halbbruder Hephaistos vor allem untreu. Als der sie eines Tages nackt mit Ares im Ehebett ertappt, wirft er ein unsichtbares Netz über beide, ruft die Götter zusammen und zeigt ihnen das Spektakel. Die Kinder, die sie danach vom Kriegsgott bekommt, heißen Daimos und Phobos – Furcht und Grauen.

Furcht und Grauen möchte Aphrodite am liebsten in Brautbetten verbreiten. Bei Psyche hat sie kein Glück. Da ersetzt der eigene Sohn das von ihr gewünschte Ungeheuer. Bei Atalante wittert sie eine Chance. Atalante, die wunderschöne Jägerin, ist nämlich Jungfrau aus Überzeugung. Alle liebestollen Freier, die es nicht schaffen, sie beim Wettlauf zu überholen, werden von ihr erschlagen. Und der nächste, bitte. Das kann die Göttin der Liebe nicht dulden. Also verhilft sie Hippomenes zum Sieg. Und siehe da, Atalante ist zum erstenmal von einem Mann entzückt. Das verwirrt nun den Sieger so, daß er – ohne Dank und Opfer für die Göttin – seine Hochzeitsnacht überstürzt vollzieht, und das ausgerechnet in Aphrodites Tempelbezirk. Voller Zorn verwandelt sie die beiden Turteltauben in Löwen, denn Löwen, so glaubt man, können sich nicht mit ihresgleichen paaren, sondern nur mit Leoparden.

Artemis ist ebenso empfindlich, wenn man sie über der Lust vergißt. König Admetos von Pherai bekommt das in der Brautnacht zu spüren. Um Alkestis heiraten zu können, verlangt der Brautvater Pelias, er müsse einen Löwen und einen Eber vor die Hochzeitskutsche spannen. Wer kann das schaffen? Es müßte sich schon ein Gott einmischen. Apollon tut es. Und so ziehen denn, ganz gegen die Natur, ein Löwe und ein Eber die Jungvermählten ins neue Heim. Vor lauter Glück vergißt der Gatte, der Artemis zu opfern,

Atalante ist für ihre Schnelligkeit berühmt. Wer sie heiraten will, muß sie im Zweikampf besiegen. Wer unterliegt, stirbt. Hippomenes besiegt die Jungfrau mit Hilfe von Aphrodite. Die nämlich streut goldene Äpfel auf den Weg, die Atalante einsammelt – und so den Lauf verliert

steigt statt dessen ins Brautbett – und verläßt es schreiend wieder: Die Göttin hat hundert Schlangen hineingelegt.
Athene verstrickt sich in die blutigste Hochzeitsnacht. Die Schutzgöttin des Krieges und der Wissenschaft unterstützt König Danaos bei einem mörderischen Unternehmen. Seine fünfzig Töchter sollen die fünfzig Söhne seines Bruders Aigyptos heiraten. Da der Vorschlag nicht von Danaos kommt, glaubt der zu Recht an Verrat und Entmachtung. Athene schmiedet mit ihm einen Gegenplan. Und so gibt er seinen fünfzig Töchtern je einen Dolch mit ins Brautgemach. Sie sollen die Gatten erstechen. Für neunundvierzig Jungfrauen ist das kein Problem. Denn neunundvierzig angeheiterte Freier fordern den Vollzug. Nur die Älteste, Hypermnestra, verliebt sich in ihren Lynkeus, weil der ihre Jungfräulichkeit achtet. Sie warnt ihn, er flieht, rettet sein Leben und kehrt später zu ihr zurück. Die anderen bringen derweil dem Vater neunundvierzig abgetrennte Köpfe ins Gemach. Und Athene vergibt den Mörderinnen.
Die heiraten kurz darauf neunundvierzig Männer aus dem Volk. Geschenke müssen die Herren nicht mitbringen. Im Gegenteil. König Danaos legt noch Geld drauf, weil sie so mutig sind und ihren blutbefleckten Bräuten ins Bett folgen. Erst nach ihrem Tod werden die Mädchen bestraft. Im Tartaros müssen sie einen löcherigen Krug bis in alle Ewigkeit mit Wasser füllen.
Zeus hat zwar diese Bluthochzeit der Danaïden geduldet, aber er selbst ist nur an lustvollen Nächten beteiligt. Darunter gibt es eine fruchtbare, die Hera ihm nie verziehen hat: die Hochzeitsnacht mit Alkmene.
Alkmene ist Amphitryon frisch angetraut, aber die Ehe muß noch vollzogen werden. Das schöne Kind jedoch ist erst dann bereit, sich ihrem Manne hinzugeben, wenn der die Taphir, ihre Feinde, besiegt hat. Also zieht Amphitryon an der Spitze des thebanischen Heeres erst einmal in den Krieg.
Zeus sieht derweil mit Wohlgefallen auf Alkmene. Sie soll seine letzte sterbliche Geliebte sein. Mit ihr will er einen Helden zeugen. In der Nacht von Amphitryons Rückkehr kommt Zeus dem Gatten zuvor. Frech erscheint er Alkmene als ihr Mann, der nun sein Weib besiegen will. Um seinen letzten irdischen Seitensprung auch recht genießen zu können, befiehlt der Gott der Sonne, die Nacht zu verdreifachen. Dann legt er sich zu Alkmene und zeugt mit ihr den Zwilling Herakles.
Als der wahre Amphitryon in aller Herrgottsfrühe zu Alkmene kommt und sich mit ihr ins Brautbett legen will, muß sie lachen. Er habe doch nun wirklich die ganze Nacht schon mit ihr verbracht. Was habe er? Da hüllt Zeus beide in Vergessen ein. Und Amphitryon vollzieht die Ehe und zeugt im Morgengrauen den zweiten Zwilling Iphikles.

Die vertauschte Braut

Wie Jakob glaubt, sein Weib Rahel zu beschlafen

Als Jakob zu seinem Onkel Laban ins Zweistromland kommt, verliebt er sich Hals über Kopf in dessen Tochter Rahel. Denn Rahel ist schön wie eine junge Kuh, und plaudern kann sie über Gott und ihre Welt. Stundenlang schwatzen die beiden zwischen Schafherden am Brunnen vor dem Ort, und Kinder wollen sie zeugen „nach ihrem Bilde". Also gehen sie zum Vater. Der will dem Neffen lieber Lea geben, weil sie die Ältere ist und zuerst unter die Haube kommen muß. „Aber Lea hatte ein blödes Gesicht", heißt es im Alten Testament, 1. Mose 29 Vers 17. Nein, nein, es soll schon Rahel sein.

Dafür will er Laban auch vor der Hochzeit sieben Jahre dienen. Sein Brautgeschenk sozusagen. Als Jakobs Mutter einst geheiratet – Rebekka, die Schwester Labans –, da wurde sie von Isaak dem Vater förmlich abgekauft mit goldenen Stirnreifen, Armringen, Kleinodien, Gewürzen und Gewändern. Jakob hat gerade sein Bündel bei sich, ein paar Kleider, und sonst nichts. So bezahlt er den Kaufpreis mit seiner Arbeit auf dem Feld.

Sieben Jahre schmachtet Jakob nun nach seinem zukünftigen Weib. Und das blüht auf in dieser Zeit, ist am Ende der Frist neunzehn Jahre und noch Jungfrau, wie sich das gehört. Beischlaf vor der Brautnacht, das gibt es in alttestamentarischen Zeiten nicht, der wird mit dem Tod bestraft. Es sei denn, eine Jungfrau

Als Jakob die Jungfrau Rahel erblickt, verliebt er sich auf der Stelle in sie. Um sie heiraten zu können, muß er ihrem Vater sieben Jahre dienen

wird auf freiem Feld verführt, wo niemand ihr Schreien hört und niemand den Schänder sieht.
Laban richtet nun die Hochzeit aus, lädt alle Leute des Orts ein, schlachtet zwei Rinder und vier Schafe, läßt genügend Rauschtrank anschleppen, Datteln, Süßbrot, Knoblauch, Gurken und schenkt der Braut einen kostbar bestickten Schleier. Alle sind frisch gebadet und haben reichlich Duftöl verbrannt. Nun feiern sie und reden und essen und tanzen und trinken, und knapp nach Mitternacht wird der Bräutigam mit Gesang um den Hof geführt und dann ins stockfinstere Bettgemach geschoben.
Jakob hätte gern ein kleines Licht gehabt, damit er sein Weib auch sehen kann. Ausgeschlossen, sagt Laban, er solle seine geile Zunge zähmen, auch die Brautfackeln auf dem Hof würden gleich gelöscht werden, eine Schande sei es, sich einem Vater gegenüber, der sein Liebstes verliert, so lüstern zu zeigen.
Also sitzt Jakob still auf dem Bett und schaut in die Finsternis. In der Hand hält er eine frische Blüte, die er der Angebeteten gleich reichen wird. So ist es Sitte. Dann bringt Laban die Tochter. Lakonisch heißt es in der Bibel: „Des Morgens aber, siehe, da war es Lea."
Was in der Nacht passierte, steht nicht bei Mose. Das steht im Roman *Joseph und seine Brüder*. Bei Thomas Mann spannt Jakob die Schenkel und denkt an sein Geschlecht. Denkt auch an das dröhnende Gelächter der Hochzeitsgäste, die Witze gerissen hatten an der Tafel: Ja, man könne auch schon mal versagen in solchen Momenten. Schlimm sei das. Und Weiber würden so was übelnehmen.

Jakob beschwert sich nach der Hochzeitsnacht bei seinem Schwiegervater Laban. Der hatte ihm nämlich statt Rahel die ältere Tochter, Lea mit dem „blöden Gesicht", ins Brautbett gelegt

Da hockt er nun mit seiner Lust – bis die Braut ins Zimmer geschoben wird. Gott, ist die schüchtern und schweigsam, so kennt er sie gar nicht, erstarrt offenbar in Ehrfurcht vor dem, was da kommt. Dafür redet Jakob ununterbrochen und lockt die Jungfrau zärtlich, bis sie schließlich bei ihm liegt. Dann aber ist das Labanskind dem Jakob „eine herrliche Gesellin diese ganze wehende Nacht hindurch, groß in der Wollust und rüstig zu zeugen". Neunmal hätten sie es miteinander getrieben, erzählen die Hirten frühmorgens voller Bewunderung. Denn in solchen Nächten wird gelauscht.

Jakob ist nach der gewaltigen Anstrengung so erschöpft, daß er vom schmalen Bett auf den Boden rutscht und einschläft. Als er aufwacht, quillt trübrotes Morgenlicht durch die Luken der Brautkammer. Benommen erhebt er sich, seine schlafende Rahel zu betrachten – da ist es Lea.

Und Jakob weint bitterlich, weil er Rahel will. Allein an sie hat er doch die ganze Nacht gedacht. Und Lea weint, weil sie gehofft hatte, durch lustvolle Übungen den überraschten Mann am Morgen von ihrem häßlichen Gesicht ablenken zu können. Der Betrogene stürzt aus der Kammer und brüllt nach Laban, der betrunken zwischen schnarchenden Weinleichen liegt, die den Weg nicht mehr nach Haus gefunden. Er beschimpft den Schwiegervater gewaltig, nennt ihn Betrüger, Teufel, Drache. Da kann der nur lachen. In ihrem Lande sei's nun mal so Sitte: Die Älteste heiratet zuerst.

Aber er habe sieben Jahre um Rahel gedient!

Er habe um seine Tochter gedient, lallt Laban. Und Lea sei seine Tochter.

Und Rahel? Die wolle er ihm also nicht geben?

Natürlich. Jetzt schon, wo die Ältere verheiratet sei. Nach einer Woche könne er auch Rahel haben. Natürlich nur gegen einen Brautpreis von nochmals sieben Jahren Arbeit.

Jakob hält die Woche mit Lea durch, die nach altem Brauch sein Eigentum geworden ist. Dann „ging er auch zu Rahel ein und hatte Rahel lieber als Lea". Das nimmt nun Gott ihm übel. Deshalb macht er Rahel unfruchtbar und Lea schwanger, erst mit Ruben, dann mit Simeon. Dieser Simeon wird der Stammvater von Judith sein. Und Judith die Mörderin von Holofernes.

Mord nach dem Beischlaf

Warum Judith Holofernes das Haupt abschlägt

Judith lebt in Bethulien, einer Stadt in Palästina. Sie ist Witwe und wunderschön. Ihr Mann war zur Zeit der Gerstenernte gestorben. Nun fastet sie alle Tage, trägt Trauer und den Leidschurz um die Hüften. Ob sie ihren Mann Manasses tatsächlich so geliebt hat, erfährt niemand aus dem Buch *Judith* der Genesis.
In Friedrich Hebbels Tragödie *Judith* aber steht: „Sechs Monate war ich sein Weib – er hat mich nie berührt." Judith glaubt, ihr Mann sei in der Hochzeitsnacht wahnsinnig geworden. Als beide heiraten, ist sie kaum vierzehn Jahre alt. Sie ist beklommen, ängstlich, als der Abend naht, dabei ist der „so lockend, so verführerisch; der warme Wind hob meinen Schleier, als wollt' er sagen: Nun ist's Zeit."
Als sie gesalbt ist, kommt Manasses, schaut sie an, „erst schüchtern, dann dreist und immer dreister", dann segnet seine alte Mutter sie und läßt die beiden allein. Er bestürmt Judith, küßt sie, sie flieht ins Bett, ruft ganz ängstlich voller Mut: „Komm!" Aber er kommt nicht. Will – aber kann nicht. Steht bleiern da mit aufgerissenen Augen. „Ich kann ja nicht", sagt er dumpf und wankt zum Fenster, „ich kann nicht." Und scheint Entsetzliches zu sehen.
Da weint Judith. „Ich kam mir verunreinigt vor", sagt sie. Und ruft ihn wieder sanft, streckt die Arme nach ihm aus, aber er geht in die Knie und betet, und ihr ist, „als ob ich einfröre in meinem Blut". Als sie am nächsten Tag aus schwerem Schlaf erwacht, steht er an ihrem ungenutzten Brautbett und sieht voll Mitleid auf sie herab. Da reißt etwas in ihr, „und ich brach in ein wildes Gelächter aus und konnte wieder atmen". Aber die Angst bleibt. „Meine Schönheit ist die der Tollkirsche", sagt sie, „ihr Genuß bringt Wahnsinn und Tod."
Der Tod kommt sechs Monate später. Da erst faßt Judith sich ein Herz, will wissen, was gewesen in der Hochzeitsnacht. Manasses wird ein letztes Mal wach, sagt mit schwerer Zunge, jetzt könne er's erzählen – doch stirbt.
Drei Jahre und vier Monate nach Manasses' Tod belagert Holofernes, der Feldherr der Assyrer, die Stadt Bethulien. Da die Regenzeit vorbei ist und die Brunnen außerhalb der Mauern liegen, wollen die Stadtväter kapitulieren. Da greift Judith ein. Niemand wird sich ergeben, sagt sie. Sie wird mit dem Feind verhandeln.

Und legt ihr Bußgewand ab, zieht die Witwentracht aus, salbt sich mit duftenden Ölen, ordnet ihr Haar, kleidet sich kühn, legt Schrittkettchen an, Armbänder, Fingerringe, Ohrringe, allen Schmuck, den sie besitzt. Ja, sie wird ihn betören, verführen, bestrafen. In den Apokryphen des Alten Testaments ist nur die Ahnung einer Begierde zu spüren. Judith betet zum Gott ihres Stammvaters Simeon. Auch dem habe der Herr ein Schwert in die Hand gegeben, damit die Jungfrauen gerächt würden, die von den Sichemiten mißbraucht worden waren. Das gab ein Blutbad. Alle wurden erschlagen, die „den Gürtel einer Jungfrau zur Schändung lösten, die Schenkel zur Schmach enthüllten und den Schoß zur Beschimpfung entweihten". So weit wird auch Holofernes gehen. Also wird sie zu ihm gehen, wird ihm sagen, sie sei den Hebräern davongelaufen, um ihm zu dienen.
So „flieht" sie aus der Stadt, wird ergriffen und ins Zelt des Feldherrn geschleppt. Der ruht gerade auf seinem Lager unterm Mückennetz, in das Purpur, Gold und Smaragde eingewebt sind. „Das

Judith schlägt Holofernes, dem Feldherrn der Assyrer, das Haupt ab und rettet damit ihr Volk. Die schöne Witwe war in Holofernes verliebt, doch der hatte sie mit Gewalt genommen. „Köpfen", schreibt Sigmund Freud 1917, „ist uns als symbolischer Ersatz für Kastrieren wohlbekannt."

Herz des Holofernes aber geriet ihretwegen in Wallung", heißt es bei *Judith* 12 Vers 16. „Eine Schande wäre es", so denkt er, „ein solches Weib laufen zu lassen, ohne Verkehr mit ihr gehabt zu haben." Klappt ja wie am Schnürchen. Natürlich will sie mit ihm essen. Auch Wein wird sie nehmen. Und setzt sich zu ihm, und trinkt einen Becher und zwei, er aber zehn und mehr, bis er um Mitternacht volltrunken ins Bett fällt – wo sie ihm dann das Haupt abschlägt. Und damit ihr Volk rettet.

Hebbel sexualisiert diese scheinbar nur patriotische Erzählung ganz bewußt. Seine Judith ist eine unbefriedigte junge Frau, die Lust hat auf einen starken Mann. Sie gibt sich als Patriotin und versteckt dahinter ihre erotischen Gelüste. Sie ist doch noch so jung. „Ein Mädchen ist ein törichtes Wesen", sagt sie, „das vor seinen eigenen Träumen zittert und das doch nur von der Hoffnung lebt, nicht ewig ein Mädchen zu bleiben. Für ein Mädchen gibt es keinen größeren Moment als den, wo es aufhört, eins zu sein."

Dieser große Moment ist gekommen, als Judith nach dem Mahl Holofernes in die Kammer folgt. Als sie das breite Lager sieht, wirft sie sich auf die Knie und stöhnt: „Verschone mich!" – und will doch genommen werden. Aber Holofernes ist zu direkt, reißt ihr das Brusttuch ab, preist ihre Brüste. Und küßt sie mitten auf den Mund. Und sie beißt ihn in die Lippen. Da sieht sie sein Schwert. Weiß nun, was sie tun wird. Aber erst danach.

So unterliegt sie dem Kampf, ergibt sich. Er wird ihre Schändung mit seinem Kopf bezahlen. Sie weiß: Wenn er tot ist, wird sie ein Held sein. „Ein Held wie Holofernes."

Sie geht wieder in die Kammer. Sieht seinen ruhigen Schlaf. Wie? Nach dieser Stunde mit ihr kann er schlafen? Und dann lächelt er auch noch gelassen. Entehrt sie sicher noch ein zweites Mal im Traum! Jetzt hat sie Kraft, jetzt kann sie töten. Ergreift sein Schwert mit beiden Händen – und schlägt sein Haupt ab.

„Köpfen ist uns als symbolischer Ersatz für Kastrieren wohlbekannt", schreibt Sigmund Freud 1917 in *Tabu der Virginität*. Und so ist Judith für ihn die Frau, die „den Mann kastriert, von dem sie defloriert wurde". Denn die Defloration hat nicht nur die eine Folge, „das Weib dauernd an den Mann zu fesseln", Defloration „entfesselt auch eine archaische Reaktion von Feindseligkeit gegen den Mann". Empört ist Judith nach Freud nicht über den Beischlaf. Empört ist Judith über die Arroganz und die Rücksichtslosigkeit, mit der Holofernes sie aufs Kreuz gelegt hat. Dafür lohnt es sich, eine Heldin zu werden.

Massensex mit einem Helden

Wie Alexander der Große Hochzeit in Susa feiert

Mann und Frau verhalten sich wie Sonne und Erde, wie Kraft und Stoff: Der Mann ist der Frau weit überlegen. Das sagt Aristoteles, und Alexander lernt es. Der griechische Philosoph, „dünnbeinig und kleinäugig", ist gerade von der Insel Lesbos gekommen, um den 13jährigen Königssohn von Makedonien zu unterrichten. Das ist im Jahr 343 vor Christus.

Die Eltern – Philipp und Olympias – haben bald den Eindruck, der Junge sei sexuell ziemlich verklemmt. Sie holen eine teure Hure aus Thessalien, die soll ihm erst einmal die erotischen Grundgriffe beibringen. Alexander jagt sie voller Zorn aus dem Schlafzimmer. Ist der künftige Held am Ende impotent? Keine Spur. Er ist kerngesund, schläft längst mit einem älteren Freund – wie sein Vorbild Achilles mit Patroklos. Und im Laufe der Jahre kommen vier Mätressen, drei Ehefrauen, ein Eunuch und, so tuscheln die Leute, eine Amazone hinzu.

Die Sitten sind vergleichsweise locker. Als Alexander hört, seine Schwester habe ein Verhältnis, findet er das völlig in Ordnung. Warum soll sie nicht ihren Spaß haben. Schon der Lehrer von Aristoteles, Platon, plädierte für freie Liebe. Er empfand es als Unsitte, daß Bräute keusch sein sollten. Er pries den „freien Verkehr" und fand auch, daß man sich vor der Ehe nackt gesehen haben sollte, „soweit es wenigstens der Anstand zuläßt".

Als Alexander achtzehn ist, heiratet sein Vater die siebte Frau, Eurydike, eine Makedonin. Fünf Gemahlinnen ist das ziemlich gleich. Alexanders Mutter aber fürchtet um ihren Einfluß. Und wenn die Neue auch noch einen Sohn bekommt? Nicht auszudenken. Es wäre das Ende von Alexanders Laufbahn. Das weiß auch der. Und er ist impulsiv und jähzornig, und als alle an der Hochzeitstafel sitzen und trinken und lachen, da provoziert er einen Streit, greift zum Schwert und verfehlt den Vater knapp. Alexander und seine Mutter Olympias werden verbannt. Sie fliehen zum König von Epirus – seinem Onkel, ihrem Bruder.

Knapp zwei Jahre später wird dieser König von Epirus mit Alexanders Schwester verheiratet, und Philipp hat just auch noch einen Sohn bekommen, einen makedonischen Erben, einen reinrassigen sozusagen, der mehr gilt als Alexander, dessen Mutter keine Makedonin ist. Das muß man doch feiern.

Der erste landfremde König, der über Griechenland herrscht, lädt Abordnungen aller hellenischen Stadtstaaten ein und Musiker und Dichter und Schauspieler und Athleten. Auch Alexander darf wieder an den Hof. Sie sind doch keine Barbaren. Nein, von diesem Fest sollen die Enkel im Abendland noch erzählen. Eine Jahrhunderthochzeit, das ist es, was er plant. Und zu den Götterbildern, die der König in die Arena tragen läßt, hat er auch eins von sich selbst gestellt: Philipp, der Zeus von Makedonien.
Der betritt nun – als Sterblicher – das Rund, schwer gezeichnet von zwanzig Kriegsjahren: hinkend, einäugig, bärtig, um Narben zu verdecken. Steht da ohne Leibgarde, denn ein Führer verbündeter Mächte braucht im Angesicht der Götter keine Bewacher. Er steht zwischen Alexander und seinem Schwiegersohn. Da stürzt der Höfling Pausanias auf ihn zu und ersticht ihn. Olympias soll den Mörder gedungen haben. Alexander ist jetzt jedenfalls König und kurz darauf oberster Feldherr für den Krieg gegen die Perser.
Erst neun Jahre später, als Alexander schon „der Große" ist und seine Krieger ihn wie einen Gott verehren, wird er heiraten. Da ist die Schlacht am Granikos längst geschlagen, Milet erobert, der Gordische Knoten durchschlagen – was ihn laut Orakel zum Herrn über ganz Asien macht –, der Euphrat ist überquert, die Schlacht bei Issos geschlagen, Gaza erobert, der Tigris überschritten, Babylon gestürmt, Susa besetzt, Persepolis geplündert und verbrannt, der Hindukusch bezwungen, und im Frühjahr 327 nimmt Alexander den Sogdianischen Felsen ein.
Die ganzen Jahre über schläft der Eroberer Nacht für Nacht auf seiner Bibel, der *Ilias*. Und wieder und wieder liest er die Verse über den griechischen Feldherrn Achilles. Und wie sein Held und Vor-

Zwei Jahre vor seinem Tod feiert Alexander der Große ein monströses Fest: die Massenhochzeit von Susa. Neunzig Offiziere und der Feldherr selbst heiraten persische Jungfrauen. Alexander will damit die Vereinigung von Orient und Okzident erreichen

bild die schöne Gefangene Briseis nimmt, so heiratet Alexander jetzt Roxane, die schöne gefangene Fürstentochter aus der sogdianischen Felsenfestung. Da ist er 29 Jahre, also für einen Hochzeiter schon ziemlich alt. Seine Freunde wundern sich auch, daß der Schüler von Aristoteles, der sich so lange geweigert hat, eine Frau zu nehmen, nun ganz plötzlich vor Roxane dahinschmilzt, einer Perserin auch noch, die man sich sonst allenfalls als Mätresse hält. Jedenfalls feiern sie ein verschwenderisches Fest, auf dem fürchterlich getrunken wird. Das hat Alexander vom Vater gelernt: trinken, singen, tanzen, essen, trinken. Und der schwere Wein, den die Griechen mit Wasser verdünnen, fließt bei Makedonern pur durch den Schlund. Nach zehn Litern von dem Teufelszeug am Abend stirbt der eine oder andere auch schon mal.

Zunächst aber beginnt das Fest mit einer ritterlichen Attitüde. Alexander und Roxane durchschneiden nach persischem Hochzeitsritus einen Laib Brot mit dem Schwert, und jeder ißt seine Hälfte. Damit sind sie eins. Dann erst wird gebechert. Und spät in der Nacht geleiten die Gäste den Feldherrn und sein Weib mit lautem Gesang „Hymen, o Hymenaios, komm…" ins Schlafgemach.

Hymen, der Gott der Vermählung, ist für die Jungfernhaut zuständig. Wenn's also ins Brautbett geht, muß er zur Stelle sein. So taucht er auch wieder auf im Gemälde, das der griechische Maler Aetion für das Hochzeitspaar malt: Roxane sitzt auf dem Bett, die Augen zu Boden geschlagen, Alexander steht neben ihr, Hymen leuchtet ihm mit der Fackel, und lauter lächelnde Liebesbengel entkleiden die beiden.

Drei Jahre nach diesem Ereignis und zwei Jahre vor seinem Tod inszeniert Alexander eine Hochzeit, die als monströses Fest in die Geschichte eingehen wird: die Massenhochzeit von Susa.

Nach schweren Verlusten in Indien und im Makran will der Feldherr jetzt durch Gefühl und Lust vollziehen, wofür er zehn Jahre in ganz Asien Blut hat fließen lassen – die Vereinigung von Orient und Okzident. Kurz nach seinem Einzug in Susa läßt er durch Herolde verkünden, zur Mittsommernacht wird Hochzeit gefeiert. Neunzig seiner Offiziere sollen mit persischen Frauen vermählt werden. Das ist für viele ein Affront. Asiatinnen sind für Griechen wie für Makedoner stets nur Mätressen gewesen. Kinder aus solchen Verbindungen wurden nie als hellenische Bürger anerkannt. Das war eine Standesfrage. Und der Stand geht eben über alles.

Alexander ist das jetzt ziemlich gleich. Er selbst ist ja schon mit einer Orientalin verheiratet. Und so webt er weiter an seiner Legende. Sein Traum war immer, ein großes Reich zu erkämpfen, in dem auch die Eroberten ihre Rechte bekommen. Und jetzt zerrt er diesen Traum mit Gewalt in die Wirklichkeit hinein. Und er weiß genau, wo er seine Offiziere packen kann. Sie haben kräftig Schulden gemacht auf den Feldzügen, einige haben gar Haus und Hof daheim verwettet. Dies alles wird er jetzt bezahlen, dazu auch noch eine Mitgift lockermachen. Reine Bestechungsgelder sind das. Weiß er. Aber die Geschichtsschreibung ist wichtiger. Und siehe da, plötzlich finden alle Alexanders Idee fabelhaft.

In den Palastanlagen von Susa wird ein Zelt aufgebaut. Dreißig Fuß hohe Säulen, die mit Edelsteinen besetzt sind, tragen das Dach. Im achthundert Meter langen Wandelgang um diese Festhalle herum hängen die kostbarsten Stoffe, mit eingewebten Tieren. Der Saal selbst ist purpur und scharlach ausgeschlagen. Um die Riesentafel herum stehen mit Teppichen ausgepolsterte Diwane für die Brautpaare. Im Hintergrund des Zelts, durch schwere Vorhänge getrennt, zweiundneunzig Brautkammern, auf deren Betten Kleider, Schleier und Schmuck bereitliegen. Neunzig Kammern also für die Offiziere, zwei für Alexander selbst. Der heiratet nämlich auch noch einmal mit, und zwar gleich zwei Prinzessinnen entmachteter Perserkönige, die ältere Tochter von Darius und die Jüngste von Artaxerxes III.

Das Gelage wird wie üblich von Trompetenstößen eröffnet. Dann ziehen 9000 Gäste des Königs ein, die feine Gesellschaft aus dem Morgenland, danach 90 Offiziere in frischer Uniform. Als die Weinbecher kreisen, treten nach persischer Sitte die verschleierten Bräute ein. Jede sucht ihren künftigen Gatten, der zieht sie auf seinen Diwan, küßt sie, und schon beginnt das Fest. Alexanders Zeremonienmeister hat alles säuberlich notiert, hat die Aufzüge beschrieben, die indischen Zauberer und Seiltänzer und persischen Magier, die Flötenbläser und Schauspieler aus Attika, die Sänger und Schleiertänzerinnen. Nie wieder tritt Alexander seinen asiatischen Untertanen so höflich und gut erzogen entgegen.

Im Laufe der weinseligen Nacht werden die Paare immer kühner, fangen an zu kichern und zu kosen und zu schmusen. Und als neunzig Feldzügler und ein Held so nach und nach die persischen Töchter, die meist noch Kinder sind, zum Vollzug der Ehe in ihre nur durch Stoff getrennten Kammern schleppen, will für den Rest der Nacht keine Ruhe mehr aufkommen.

Der Versager im Brautbett

Wie die Römer prüde wurden

Meine Gaben sind das gute Benehmen, die Zurückhaltung, die Beherrschung meiner Sinne, die Furcht vor den Göttern, die Liebe zu meinen Eltern und dir zu gehorchen." Das sind die sechs Gebote einer römischen Ehefrau zu Beginn des zweiten Jahrhunderts vor Christus – dem Mann zu gehorchen und dem Trieb zu mißtrauen. Der römische Komödienschreiber Plautus läßt diesen Tugend-Katechismus von Alcumena (Alkmene) aufsagen, als sie gerade die ziemlich lange Nacht hindurch von Jupiter in Gestalt des Amphitruo (Amphitryon) beglückt worden ist und sich nun wundert, daß ihr „richtiger" Amphitruo, der just aus der Schlacht zurückgekehrt, sie schon wieder ins Bett ziehen will. Das ist doch nicht normal! Soviel Lust hat allenfalls ein Gott, kein Gatte, wenigstens kein römischer. Der denkt natürlich gleich, Alcumena habe ihn betrogen. Kann ja nicht ahnen, daß der tolle Olympier mal wieder auf irdischer Liebespirsch gewesen ist. Nein, sie muß ihn hintergangen haben.

Da sagt Alcumena ganz ruhig und ganz bescheiden die Tugenden auf, die sie beherrscht: Eine römische Frau zähmt ihre Lust, das wisse er doch, das ist doch schon seit Generationen so. Wer sich hingibt, tut es aus Gehorsam und Respekt dem Gatten gegenüber. Einer Römerin, die auf sich hält, ist diese Disziplin zur zweiten Natur geworden. Der Verlust der Lust hat schließlich auch Gewinn gebracht: Autorität im Heim, Spaß an Intrigen, blitzblanke Ehrbegriffe, die bis ins Heldentum befolgt werden.

Gefühle sind ein schlechtes Fundament für die Ehe. „Wenn du deine Frau beim Ehebruch ertappst, kannst du sie ohne Gerichtsurteil töten, und zwar ungestraft", sagt der alte Staatsmann Cato in einer Rede über römische Sitten. Sein Zeitgenosse Plautus denkt ähnlich frauenfeindlich. Leidenschaft und Wollust zerstören jedes vernünftige Zusammenleben, müssen rausgehalten werden aus der Ehe.

Kaum eine frührömische Ehe wird aus Liebe geschlossen. Wie denn auch? Die Mädchen, die geheiratet werden, sind doch erst zwölf oder dreizehn, also Kinder noch. Wichtig ist, daß die Familien zusammenpassen, die Geldverhältnisse stimmen, die Macht vergrößert wird und das Kind eine Jungfrau ist. „Sic virgo, dum intacta manet, dum cara suis est", dichtet Catull von der Jungfrau,

die jeder mag, solange sie intakt ist. Gefühle kann man sich bei einer Kurtisane leisten. Bei seiner Frau die Kinder.
Nie wäre es zu Catos Zeiten einem Dichter eingefallen, ein Liebespaar auf der Bühne heiraten zu lassen. Die Römer hätten ihn ausgelacht. Plautus wagt sich ja schon weit nach vorn, wenn er Alcumena ihren Amphitruo begehren läßt. Eine sehr fragwürdige Einstellung zur Ehe ist das. Sie wird im Stück auch gleich wieder zurechtgerückt – vom Ehemann, der zwar gerade von Jupiter gespielt wird, aber egal, auch ein Gott hält sich nach genommener Lust strikt an römische Pedanterie. Wie ein Beamter hebt er also an: „Leb wohl, Alcumena, sei brav und gib wie immer auf unser Haus acht..." So hätte sich Juno ihren Mann gewünscht!
Bei Plautus verbringt Jupiter auch nicht die Hochzeitsnacht mit der Heldin. Undenkbar, daß eine Römerin sagt: Die Ehe wird erst vollzogen, wenn du siegreich aus der Schlacht zurück bist. Das wäre ja noch toller, dem Gatten den Leib für die erste Pflichtübung zu versagen.

Warum verbringen römische Paare ihre Hochzeitsnacht im Dunkeln? fragt der Philosoph Plutarch. Und er antwortet im Geist der Zeit: Weil ein Römer seine Frau anders behandelt als diese Kurtisane

Ihre Hochzeitsnacht verbringen römische Paare im Dunkeln. Plutarch fragt „Warum?" und antwortet im Zeitgeist: Weil ein Römer seine Frau nicht wie eine Kurtisane behandelt. „Die eheliche Liebe", schreibt er, „hat etwas Schamhaftes." Und der Scham begegnet man mit Hochachtung und ohne Licht.
Dreißig Jahre später werden die Römer von einem jungen Komödienschreiber geschockt, der die Sitten der Väter mit Füßen tritt. Terenz heißt der junge Wilde und sein Held Pamphilus. Der heiratet – weil's der Vater nun mal will – die Tochter des Nachbarn. In der Hochzeitsnacht kann er seiner jungen Philumene die Ehre nicht erweisen. Es geht einfach nicht. Er liebt die Kurtisane Bacchis, nicht sein angetrautes Weib. Und was er nicht liebt, das kann er auch nicht beschlafen. Soll sie doch die Ehe brechen, ist ihm alles recht, man kann sich ja scheiden lassen.
Und rührt sie nicht an. Rührt aber auch bald die Geliebte nicht mehr an, die zickig wird aus Eifersucht. Da geht er fremd, liebt blind herum. Doch Philumene war vor der Hochzeit vergewaltigt worden und ist schwanger. Nach alter Sitte müßte Pamphilus sie verstoßen. Tut er aber nicht. Er liebt sie jetzt sogar. Und am aufgeklärten Ende war er selbst natürlich der Vergewaltiger.
Die Römer sind entsetzt. Buhen das Stück aus. Unglaublich, dieser Terenz. Keine Ehrfurcht vor dem Recht und einer ordentlichen Hochzeitsnacht. Was sich diese jungen Leute nur denken.

Raub der Jungfrau

Wie Kaiser Claudius von Messalina betrogen wird

Im Juni 39 nach Christus heiratet ein merkwürdiges Paar in Rom – Messalina und Claudius. Sie ist fünfzehn und schon eine Schönheit. Er ist neunundvierzig und hinkt, stottert, hat spindeldürre Beine von einer Kinderlähmung, und häßlich ist er auch und obendrein noch so idiotisch, daß Seneca der Jüngere, der Dichter und Philosoph, ihn später in der Schmähschrift *Apocolocyntosis* verewigen wird.

Darin beschreibt er den Kaiser als Verstorbenen, der sabbernd durch den Himmel humpelt. Kaum hat Herkules das Ungeheuer dort gesehen, glaubt er, da sei noch eine dreizehnte Aufgabe zu erfüllen. Doch als er die Sache erledigen will, stellt er fest: Der Mann ist völlig ungefährlich, der Mann ist nur verrückt.

Das ist er natürlich nicht. Und er wird sogar ein bedeutender Kaiser werden, ein glänzender Administrator. Seneca verteufelt ihn aus politischen Gründen, denn Seneca ist der Lehrer von Nero, und Nero und seine Mutter arbeiten gegen Claudius.

Claudius selbst, der tatsächlich oft verrückt zu sein scheint, wird später erklären, er habe sich schwachsinnig gestellt, um den Giftanschlägen, den Morden und Massenhinrichtungen Caligulas zu entkommen, der damals noch herrschte. Tatsächlich ist Claudius der Überlebende und in der kaiserlichen Nachfolge nun der nächste. Das mag für Messalinas Eltern ein Grund gewesen sein, das ungewöhnlich schöne Kind mit dem stadtbekannten Idioten zu verheiraten.

Als Claudius neunundvierzig Jahre ist, heiratet er das schönste Mädchen von Rom – Messalina. Die hofft, daß ihr häßlicher Gatte das große Schlachten des Caligula überleben und selber Kaiser werden wird. Ihre Wünsche erfüllen sich bald nach der Hochzeit

Immerhin, Erfahrungen hatte Claudius gesammelt. Wenn er keine Lust mehr hatte, an seiner Geschichte über die Etrusker zu schreiben, besuchte er Spelunken und Bordelle. Und Gladiatorenkämpfe waren sein Schönstes. Er hatte sich auch zweimal verheiratet und ein paarmal verlobt. Livia Medullina war am Hochzeitstag gestorben, von Plautia Urgulanilla wurde er geschieden, weil sie lesbisch war, und von Aelia Petina, weil sie unerträgliche Launen hatte.

Und nun also Messalina, die schöne, appetitliche Frühreife aus feinem Hause. Das wollen die neugierigen Römer schon sehen, wie *la belle* zu *la bête* in den Palast einzieht.

Am Hochzeitstag werden Messalina erst einmal nach alter Sitte sechs Zöpfe geflochten, die mit geweihten Bändern zusammengehalten werden. Seit dem frühen Morgen schon salbt eine Sklavin der Braut das Gesicht mit Kümmelcreme ein, die den Teint blaß und begehrlich macht. Ihr fester, weißer Körper duftet nach Asphodillblättern, ihre Zähne sind mit einer neumodischen Paste aus zerstoßenem Horn und destilliertem Urin blitzblank geputzt, die weiße Tunika reicht ihr bis an die Knöchel, und der orangefarbene Schleier, der das Gesicht halb verdeckt, wird von einem Kranz aus Myrten und Orangenblüten gehalten. So tritt Messalina vor den Bräutigam und die Gäste, die im Triclinium, dem großen Eßsaal, auf sie warten.

Claudius und Messalina zerteilen vor zehn Zeugen einen Fladen aus Weizen. Danach legt eine alte Matrone, die Pronuba, die rechte Hand der Brautleute ineinander, die beiden schwören sich Liebe und Treue – und sind Mann und Frau.

Das Hochzeitsmahl, das wie jedes gute Römeressen liegend eingenommen wird, dauert bis in den späten Abend. Doch bevor die beiden ihre erste Nacht miteinander verbringen, gibt es noch ein hübsches Verdauungsspiel: Der Bräutigam muß die Braut jagen und rauben. Das ist ein alter Brauch, den die Römer wieder hervorgeholt haben, er erinnert an den *Raub der Sabinerinnen*, eine unmögliche Geschichte.

Als Romulus nämlich 753 vor der Zeitrechnung auf dem Palatin die Stadt Rom gegründet hatte, wollte er sie auch bevölkern. Aber Frauen waren Mangelware im Troß von Romulus. So lud er aus der Nachbargegend die Sabiner ein. Die sollten sich seine neue Stadt doch mal ansehen, es gäb' auch Brot und Spiele. Natürlich kamen sie und guckten Pferderennen und Theater, und als niemand was Böses dachte, packten die unbeweibten Römer alle unbemannten Frauen und schleppten sie ab; und in dieser Nacht der brutalen Vereinigung wurden die Ahnen für eine Weltstadt gezeugt.

Ein Römer muß sein Weib in der Hochzeitsnacht „rauben“. Die Sitte geht auf eine alte römische Sage zurück, auf den „Raub der Sabinerinnen“. 753 v. Chr. läßt Romulus nämlich sabinische Jungfrauen rauben, damit Rom bevölkert wird

Nun ist also Claudius dran. Sattgegessen rutscht er vom Diwan, hinkt hinter Messalina her und erwischt sie am Zipfel der Tunika. Sie befreit sich, flüchtet zur Mutter, zetert und brüllt, so will es der Brauch. Aber das hilft ihr gar nichts. Claudius packt zu, jetzt zappelt sie in seinen Armen, ein Fackelträger leuchtet, und der künftige Kaiser trägt seine Beute humpelnd ins neue Heim, dic Gäste johlend hinterdrein.
Am Straßenrand stehen neugierige Römer. Sie wollen den Hinkefuß sehen, der Caligulas Schlachthaus bisher überlebt hat, den alten Irren, der nun das schönste Mädchen von Rom ins Brautbett legt. Sie rufen „Vivat!" und kichern hinter seinem Rücken.
Claudius geht ins Hochzeitshaus. Messalina bleibt draußen, bestreicht die Schwelle mit Öl. Dann fragt der Ehemann: „Wie heißt du?" Sie antwortet mit dem rituellen Satz, der auf ewige Vereinigung anspielt: „Ubi tu Gaius ibi ego Gaia." Zwei Diener tragen sie nun über die Schwelle, die Gäste verabschieden sich, wünschen gutes Gelingen.
Nur die Pronuba darf mit ins Haus. Sie murmelt glückbringende Formeln am Brautbett und überläßt die beiden ihrer lustvollen Pflicht. Und Messalina, die bald die große Hure der Stadt sein wird, ist neugierig in dieser warmen Juni-Nacht und läßt sich dies und das zeigen. Ein paar Wochen später weiß sie, daß sie schwanger ist. Mit Octavia. Der künftigen Frau von Kaiser Nero.
Zwei Jahre später – als Caligula ermordet und Claudius sein Nachfolger wird – ist Messalina Kaiserin von Rom. „Ist es wirklich Messalina, die Kaiserin, die ihren geschmeidigen Körper dem seiden- und perlenglänzenden Prunkbett Claudius Cäsars entzogen hat und jetzt leise, wie eine Wölfin, durch die obszöne Straße Suburas streunt?" schreibt der französische Surrealist Alfred Jarry in seinem römischen Sittenbild *Messalina*. Aber natürlich ist sie es, die kaiserliche Kurtisane. „Nur wer nicht schläft, ist ihr Gatte", schreibt Jarry. „Und Messalina ist in ihren Schnürstiefelchen, die so scharlachrot sind, als sei sie, nachdem die Kraft des Claudius erschöpft war, durch eine blutige Furt gewatet, dem entgegengeeilt, der nicht schläft." Und viele schlafen nicht. Sie holt sich, wen sie will, nimmt, genießt, wirft weg. Läßt auch den einen oder anderen töten. Es gibt ja genug.
Aber eines Tages vergißt sie die ganze Bande ihrer Liebhaber, denn eines Tages im Jahre 47 lernt sie Gaius Silius kennen, einen feschen Römer der Society. Historiker Tacitus nennt ihn „den schönsten jungen Mann Roms", und Juvenal, der Satiriker, steigert dessen Schönheit zum „formosissimus". Messalina ist entflammt. Es ist Liebe auf den ersten Blick. Das erlebt sie mit ihren 23 Jahren zum erstenmal. Sie will ihn, koste es, was es wolle.
Es kostet sie zunächst ein wenig Einfluß. Dann ist er Konsul. Ihn kostet es die Ehe. Er ist brav und läßt sich von Junia Silana schei-

den. Claudius kostet es eine ganze Menge Möbel. Messalina plündert nämlich den kaiserlichen Palast, holt weg, was sie dem Geliebten schenken will. Und es kostet Claudius auch fast das Leben. Das kostet am Ende Messalina und Silius den Kopf.

Für die Liebe ihres Lebens inszeniert Messalina die Hochzeit des Jahrhunderts. Es ist ein total verrücktes Schauspiel, das sie da veranstaltet. Und niemand weiß, ob sie überhaupt von Claudius geschieden wurde, bevor sie zu Silius ins Brautbett steigt. Der römische Schriftsteller Sueton schreibt in seinem Bericht über die Ereignisse, Claudius sei ein Liebhaber der alten Wahrsagekunst gewesen, und böse Vorahnungen hätte er stets mit Sorgfalt deuten lassen.

So habe nun eines Tages Messalina Claudius von einem Traum erzählt: Ihr Ehemann werde bald sterben. Zu schrecklich, das muß verhindert werden, wie wäre es also, wenn sie da zum Schein einen anderen heirate? Bis die Vorahnung sich erfüllt habe?

So oder ähnlich könnte das Claudius eingeleuchtet haben. Außerdem war Messalina nach acht Jahren Ehe kaum noch Gast in seinem Bett. Da hatte längst Agrippina Platz genommen. Claudius war auch viel zu zerstreut, um zu bemerken, wie ungeniert seine Frau ihn bereits mit Silius betrog. Man tauschte ja gelegentlich Frauen aus. Das war nicht ungewöhnlich. Kaiser Augustus hatte Livia von Tiberius übernommen. Und von dem war sie gerade schwanger. Und Cato hatte seine Frau einem Freund überlassen. Daß die Leute sich darüber so aufgeregt hatten, lag nur daran, daß sich der geldgierige Politiker die Aktion hatte gut bezahlen lassen. Scheidung ist in Rom überhaupt kein Problem. Wenn beide einverstanden sind, genügt gar eine mündliche Erklärung, damit der Partner wieder heiraten kann. Und Messalina will ja nur zum Schein eine neue Ehe eingehen. Um den Kaiser zu retten. Also los. Messalina heiratet ihren Silius in der Villa auf dem Pincius. Die Römer wollen es kaum glauben. Ihre Messalina. Wahnsinnig, das Weib. Schleicht erst Nacht für Nacht durch die Hurengassen, läßt sich nackt taxieren und dann ins Bett ziehen, und nun heiratet die Frau des Kaisers ihren Geliebten. In Rom ist doch wirklich alles möglich.

Nein, es ist nicht die feinste römische Gesellschaft anwesend. Wer was zu verlieren hat, bleibt auf Distanz. Tacitus schreibt, die Hochzeit wurde „vom Volk, vom Senat und vom Heer gesehen". Wenn der Senat erst nach dem Volk genannt wird, hat der Senat sich hübsch rausgehalten aus der Geschichte.

Das bekommt dem Fest bestens. Ohne die offiziellen Langweiler, die nur Formen wahren wollen, feiern die jungen Leute ein veritables Bacchus-Fest. Sie prassen und trinken, bis ihnen schlecht wird. Und als Silius seine Braut raubt, ist der Jubel groß. Das ist doch eine andere Entführung als die des hinkenden und stottern-

den Vorgängers. In Robert von Ranke Graves historischem Roman *Ich, Claudius, Kaiser und Gott* überbringt Narcissus seinem betrogenen Herrscher den ersten Bericht:
„Es ist festgestellt, daß Silius sie in seine Arme gerissen hat, daß er vor allen Gästen ihren Körper mit unzähligen Küssen bedeckt hat, nachdem er zu diesem Zweck ihr Gewand zerrissen hatte. Sie hat geschrien und gelacht, und dann hat er sie in das Brautgemach getragen, worin sie länger als eine Stunde geblieben sind. Darauf sind sie in die Gesellschaft zurückgekehrt und haben fortgefahren, zu trinken und zu tanzen." Es ist eine echte Orgie, die da gefeiert wird. Und das Brautpaar verbringt den Rest seiner Hochzeitsnacht zwischen halbnackten Freunden, Umarmungen und Küssen im tollen Park der Villa, also mitten in den Gärten des Lucullus.
Es heißt, Messalina will Silius zum Kaiser machen. Bei Mord kennt sie sich aus. Es heißt, daß Claudius das nicht glauben will. „Man war sehr erschrocken", schreibt Tacitus, „weil man Claudius' Leichtgläubigkeit und seine Anhänglichkeit an seine Frau kannte und von den vielen Hinrichtungen wußte, die auf Messalinas Befehl ausgeführt worden waren."
Man mußte den Mann also endlich aufklären. Und plötzlich wissen alle Freunde des Kaisers, die noch etwas werden wollen, Bescheid. Sie stürzen zu dessen Füßen, wehklagen und mahnen. Sei *dies* nicht merkwürdig? Und *das* nicht sehr seltsam? Wie, das wisse er gar nicht? Ja, heute träfen sich die Verschwörer, und danach solle der Mord geschehen.
Da beschließt der „verrückte" Kaiser Claudius, das frischgetraute Paar in einer Blitzaktion hinrichten zu lassen.

Aubrey Beardsley schuf diese Messalina, die nach einer tollen Hochzeitsnacht auf dem Weg zur Hinrichtung ist

Der Bräutigam am Nagel

Wie König Gunther sich von Brünhild demütigen läßt

Als Siegfried bei König Gunther um Kriemhild anhält, macht der mit dem schönen Blonden gleich einen Kuhhandel. Ja, er könne seine Schwester heiraten, wenn er zunächst ihm bei seinem Werbefeldzug gegen Brünhild helfe. Natürlich macht Siegfried das, da ist er ganz eilfertig, denn er steht als Niederländer aus Xanten in Rang und Würden schließlich unter Gunther, dem Burgundenkönig aus Worms.

Das ist die Zeit, als die Antike endet und das Mittelalter beginnt, als die Völker wandern und sich neue Länder suchen, die Zeit um 450 herum, als der Hunnenkönig Attila über Europa fegt, dem Ostreich den Krieg erklärt, Metz niederbrennt und Orléans belagert, das dann von den Westgoten unter König Theoderich befreit wird. Mit den Germanen am Oberrhein hat Attila sich verbündet. Und so wird denn auch Kriemhild nach Siegfrieds Ermordung mit einem Burgundertroß zum Hunnenkönig Etzel (Attila) reisen, der im *Nibelungenlied* um ihre Hand anhält und die schöne Witwe auch bekommt. Er muß sich allerdings vom Brautwerber sagen lassen, daß er vor der Hochzeitsnacht keinen „heimlichen Umgang" mit Kriemhild haben darf. Da geraten Sage, Mythos und Wirklichkeit schon aneinander. Attila soll 453 mit der Germanin Hildiko Hochzeit gefeiert haben. Und die hat den Hunnen, die Geißel Gottes und Europas, dann in selbiger Nacht im Brautbett erwürgt.

Siegfried, der den Drachen erstochen und Zwerg Alberich die Tarnkappe entrissen hat, wird jedenfalls erst einmal mit König Gunther nach Island fahren, um das spröde Prachtweib Brünhild zu besiegen, die Königin auf Isenstein.

Die will nur den zum Manne nehmen, der schneller laufen und Felsbrocken weiter schleudern kann als sie selbst. Gunther weiß, ohne Siegfrieds Kraft und Kappe ist da gar nichts zu machen. Und selbst der hat alle Mühe, diese mächtige Jungfrau zu übertreffen. Gunther ist denn auch vor Schreck ganz stumm, als das Frauenzimmer mit einem wilden Schrei des Entsetzens unterliegt – und sich ergibt. Dabei macht sie keinen Hehl daraus, daß sie sich über Gunthers Kraft ziemlich wundert und eigentlich mit Siegfried als Freier gerechnet hat, denn ihm war sie einst versprochen worden.

In Worms wird Doppelhochzeit gefeiert. Und da geht es auch schon los. Als Brünhild die schöne Rivalin bei Siegfried sitzen sieht, weint sie. Und als der blonde Recke nicht einmal die Ritterspiele mehr abwartet, sondern mit Kriemhild im Arm das Brautgemach aufsucht, wird sie starr. Und

„Als Siegfried der Degen bei Kriemhild lag
Und er da der Jungfrau so minniglich pflag..."

weiß sie, was sie tun wird.

„Im weißen Linnenhemde ging sie ins Bett hinein.
Der edle Ritter dachte: ‚Nun ist das alles mein!'"

Aber da täuscht Gunther sich gewaltig. „Ich will noch Jungfrau bleiben", sagt sie, „Herr König, merkt euch das." Da wird er wütend. Wozu hat er sich denn so abgerackert? Um sie im Brautbett unberührt zu lassen? Er nimmt sie in den Arm. Sie drängt ihn zurück. Er ringt mit ihr. Sie lacht. Er zerreißt ihr das Nachthemd. Sie greift zum langen Gürtel, bitte, er will es wohl nicht anders haben. Bindet ihm die Füße zusammen und die Hände, verknotet ihn zum krummen Bündel Mensch und hängt ihn an den Nagel an der Wand.

Welch eine Demütigung! Gunther wimmert und bittet und schwört, er werde sie unberührt lassen. Sie sagt, er solle Ruhe geben, sie möchte schlafen. In der Nacht sterben ihm die Hände und die Füße ab, und das Blut quillt ihm aus den Nägeln. Er ist verzweifelt, glaubt zu sterben und fleht am frühen Morgen aufs

Brünhild, die starke Jungfrau, war einst dem blonden Recken Siegfried versprochen worden. Sie ist tief enttäuscht, als dann der Burgundenkönig Gunther um ihre Hand anhält und Siegfried dessen Schwester Kriemhild zum Weib nimmt

neue, ihn abzunehmen, bevor das Gesinde ins Schlafgemach kommt. Das tut sie dann. Und er legt sich weit entfernt von seinem Schreckensweib ins Bett.
Als der Verschmähte dem fröhlichen Siegfried von der nächtlichen Niederlage erzählt, lacht der. Nur keine Panik. Er mache das schon. Gunther solle in der kommenden Nacht den Riegel der Tür offen lassen. Der Rest sei Spaß in der Tarnkappe.
Als der zweite Abend kommt, „da legt sich Siegfried der Königin bei" im stockfinsteren Gemach. Sie warnt ihn. „Nun laß es, Gunther", sagt sie. Aber Siegfried drängt. Da wirft sie ihn aus dem Bett, daß er mit dem Kopf gegen den Schemel schlägt. Der Kampf beginnt. Und Siegfried verliert ihn fast. Was wäre, wenn der Drachentöter diesem Weib unterliegt? Nicht auszudenken. Die Frauen würden jubeln und anfangen, ihre Männer zu unterdrükken. Das gibt Kraft.
So boxt er sie aus dem Bett. Sie rennen durchs Gemach, nehmen sich in die Zange, sie drückt ihn so gewaltig an die Wand, daß ihm „das Blut aus den Nägeln" spritzt. Und dazwischen springt total verängstigt Gunther hin und her und hängt „in seinen Sorgen mancherlei Gedanken nach".
Doch die muß er schnellstens vergessen, als Siegfried sich aus der Umklammerung lösen kann. Er wirft Brünhild so brutal aufs Bett, daß sie aufschreit laut, denn „des starken Siegfrieds Kräfte schmerzten übel die Braut".
Dann ist es endlich soweit. Brünhild kapituliert, Siegfried hält und Gunther übernimmt. Erst ängstlich, dann lustvoll und beglückt. „Hei! Wie von der Minne die große Kraft ihr entwich!" Und während der geschundene Gunther aufblüht und die bitter betrogene Braut zu seinem Weibe macht, schleicht Siegfried aus der Tür. In der Hand hält er stolz eine Trophäe: Brünhilds Gürtel. Diesen Raub wird der Recke mit dem Leben büßen.

Beischlaf verscheucht den Teufel

Wie im Mittelalter Lohengrin und Tristan freien

Vor Reckenweibern wie Brünhild vom Rhein wird das ganze Mittelalter hindurch gewarnt. Es sind wohl die üblichen Herren-Ängste vor Xanthippen und Amazonen, vor Frauen wie Penthesilea, die Männer erst morden, bevor sie sie lieben.

Auch durch Persien geistert damals eine Walküre. Die reitet, schießt, jagt und kämpft in Feldzügen ganz vorn an der Spitze. Jedem Mann, der sie nehmen will, spaltet sie den Kopf mit ihrem Schwert. Einen, der gar nicht lockerlassen mag, reitet sie, wie es heißt, „in einem kalten Orgasmus in den Tod".

Der Vater ist entsetzt, die Männer am Ort beschließen, das Weib muß durch Heirat gezähmt werden, und wählen einen Mann für sie. Während der Zorn in ihr wächst, spielt sie die zärtliche Braut. Und alle denken schon, sie hätte sich tatsächlich verliebt. So folgt ihr der Verlobte denn auch freiwillig ins Lustgemach. Da gurrt und lockt sie, legt langsam ihre Kleider ab, und als auch er am Ende nackt und gierig vor ihr kniet, reißt sie ihm den Mund auf und stößt ihren eisenbeschlagenen Gürtel in seinen Schlund – als Zeichen sexueller Überlegenheit. Der horchende Vater rettet den Schwiegersohn, bevor ihr Schwert auf ihn niedersaust.

In England schlagen Albine und ihre Schwestern den unerwünschten Ehemännern in der Hochzeitsnacht die Köpfe ab. Gezähmt wird nur die *Widerspenstige* – lange vor Shakespeare. Im 13. Jahrhundert schreibt Sibote, ein Dichter aus Thüringen, vom reichen Rittersmann, der seine kratzbürstige Tochter unter die Haube bringen will. Sie kreischt und tritt und spuckt, er ist es leid. Ja, der erstbeste, der um sie anhält, soll sie haben. Egal, ob Rittersmann oder Knecht. Natürlich kommt ein Ritter, und der tötet auf der Fahrt mit seiner Braut ins neue Heim sein Pferd, sattelt sein kräftiges Weib und reitet auf ihm weiter. Sie soll gleich wissen, wo's längs geht und wer oben liegt in der Hochzeitsnacht.

Das macht Shakespeare später ähnlich brutal. Petruchio rührt sein widerspenstiges Käthchen in der Hochzeitsnacht nicht einmal an. Sagt der Hungrigen, das Mahl sei total verkocht. Schickt sie mit leerem Magen ins Bett. Predigt ihr kurz von Enthaltsamkeit – und pöbelt rum, wie Käthchen das sonst selbst getan, wirft mit Töpfen und Hähnchenschenkeln nach ihr, und sie kann vor Schreck und Hunger nicht schlafen und sehnt sich nach – Ruhe und Petruchio.

Hochzeiten werden im Mittelalter ganz ungeniert gefeiert – mit Musik und Tanz und einem Bad zu zweien

Es gibt im Mittelalter kaum eine Hochzeitsbeschreibung, in der nicht von der Nacht die Rede ist. Dabei ist das „jus primae noctis", das Recht der ersten Nacht, noch bis heute ein ewiges Mißverständnis. Keinem Grundherrn wäre es eingefallen, sich eine Köchin, Wäscherin, Schweinehirtin oder Putzmagd am Tag deren Hochzeit ins eigene Bett zu legen, um mit ihr die Nacht zu genießen.
Das Mittelalter steckt voller Symbole. Und das „jus primae noctis" ist Symbol für die Vollziehung der Ehe, das Recht auf Abgabe, genauer, die Pflicht, zu zahlen. Wenn ein „Höriger" – also einer, der zum Hof gehört – sich eine Frau nimmt, muß er seinem Herrn, dem Grundbesitzer, eine Abgabe zahlen. Damit erkauft er sich das Recht für die erste Nacht, die Symbol für die Ehe ist.
Diese erste Nacht wird ungeniert mit Tanz und Alkohol inszeniert. Denn Alkohol enthemmt, und beim Tanz darf man sich schon mal eindeutig berühren. Die mittelalterliche Frau hat übrigens bei der Wahl ihres Mannes nichts zu sagen. Sie wird geheiratet. Sie sollte nur nicht unter vierzehn sein. Da hat man einfach zu schlechte Erfahrungen mit Schwangerschaften gemacht. Es sterben ja mit vierzehn und fünfzehn noch genug Kinder am ersten Kind.
Wenn die Gäste nun geschlemmt, gezecht und getanzt haben, beginnt der öffentliche Teil der Hochzeitsnacht. Von Eltern und Freunden wird zunächst der Bräutigam mit Musik und Juchhe ins Schlafgemach begleitet, ausgezogen und ins Bett gepackt. Dann führt ihm Vater oder Mutter die Braut zu, die ihre letzten Ratschläge bekommt: „Also her dir si gelegen bi und her darnach intslafen si ...", wenn er also nach dem Beischlaf eingeschlafen ist, „so zieh dir heimlich sein Hemd an", sagt die Mutter zur Tochter. Mit diesem Hemd soll sie seinen Kopf einfangen, der dann unentrinnbar am Busen oder sonstwo weich gebettet ist, und dann „solt du ober in gen an sine hemde, daz wirt dir vromen", es wird sich also noch mal was machen lassen, wenn sie sich dann auf ihn legt. Mit solchen Empfehlungen wird nun die Jungfrau dem Mann zur Seite gelegt, ein Geistlicher spricht seinen Segen – und überläßt das Paar der Praxis. Am nächsten Morgen sind die Freunde wieder zur Stelle, klopfen selten an, überraschen das Brautpaar lieber. Warum sie denn so lange geschlafen, die beiden, und wie oft sie's denn probiert hätten? Und einmal wird morgens eine Braut gefragt: „Wo ist das Hemdlein hingekommen, das wir euch nächtens ließen? Wer hat es genommen?"
Lohengrin natürlich, wer denn sonst. Lohengrins Frau wird so gefragt. Sie hat, wie es eine züchtige Braut zunächst im Angesicht des Fürchterlichen tut, das Hemd der Nacht um ihre Beine und Füße gebunden, sozusagen eine Festung aus feinstem Leinen gebaut, die der Bräutigam erst einmal zu erobern hat. Denn die Hochzeitsnacht ist in der höfischen Ritterliteratur immer erst „ein

Kampf der Liebe", den die Braut zu erleiden hat, nicht der Mann, wie bei Brünhild.
Tristan ist das ganze Getue um die erste Nacht eher lästig. In der Version des Ulrich von Türheim war der fahrende junge Rittersmann auf der Suche nach einem Herrn, dem er seine Kriegsdienste anbieten wollte, am Hof des Herzogs Jovelin hängengeblieben. Dort lebt er nun schon eine ganze Weile und wirbt schließlich um die Tochter des Hauses. Isolde heißt sie und ist nicht zu verwechseln mit Tristans gleichnamiger Geliebten. Der Handel ist perfekt. Wenn Tristan bleibt, bleibt auch ein guter Krieger. Die Tochter hat ohnehin einverstanden zu sein. Sie weiß, der Eltern Wille ist auch ihr Wille, selbst „wenn ich darüber betrübt wäre". Also wird ein herrliches Fest gefeiert, und am Ende sagt die Frau Mama: „Ihr sollt gehen und euch zusammen in ein Bett legen."
Da steht auch schon die ganze Sippschaft auf, und ab geht's ins Schlafgemach. „Herr Tristan ging zu Bett", heißt es in der Variation von Heinrich von Freiberg, „und legte sich mit großer Freuden nieder. Isolde wurde ihm dorthin von der Frauenschar zugeführt. Ihre Mutter legte ihm die liebliche Tochter in seinen Arm." Und dann werden kleine Reden gehalten, und das Bett wird gesegnet, und hier noch ein Ratschlag und dort noch ein Scherz. Als die Gesellschaft endlich draußen ist, springt Tristan aus dem Bett und verrammelt die Tür mit einem Riegel.
Dieser Ehe ist das Abenteuer mit der Geliebten Isolde schon vorausgegangen. Gottfried von Straßburg erzählt Jahre zuvor die populäre, aber unvollendete Geschichte von Tristan, der für König Marke um Isolde anhalten soll. In der Hochzeitsnacht führt Tristan dem König Isoldes Verwandte Brangäne ins Bett, und der merkt den Betrug nicht, „ime was eine als ander".
Tristan ist es nicht egal, wen er im Bett hat. Ungewöhnlich ist nur, daß er in der Hochzeitsnacht von König Marke ebenfalls im Brautzimmer schläft – wie der König glaubt, mit Brangäne. Es gibt viele mittelalterliche Dichter, die diese Szene variiert haben. In einer soll der König vor dem Beischlaf erst beten. Doch das dauert dem zu lang. In einer anderen will Isolde bei Tristan ihre Jungfräulichkeit wahren – ist dann aber ziemlich verärgert, als Tristan seine Rechte nicht erzwingt.
Gottfried von Straßburg erzählt von der Sitte, jungen Paaren würde in der Hochzeitsnacht Wein gebracht, damit sie wieder zu Kräften kämen. Er suchte in seinem Epos wohl eher eine gute Gelegenheit für Isolde, die treue Brangäne im Brautbett des Königs abzulösen. Am Morgen danach jedenfalls – wenn das Weib willig war und vor allem Jungfrau – hat sich die Gattin ein Geschenk verdient, eine Morgengabe sozusagen, einen Schmuck, einen Gürtel, einen Silberkelch oder einen Nibelungenhort – den jedenfalls schenkt Siegfried seiner Kriemhild.

Hochzeitsnächte beginnen öffentlich. Eltern und Freunde begleiten die Brautleute mit Juchhe ins Schlafgemach, dann spricht der Geistliche seinen Segen und überläßt das Paar der Praxis

Daß Frauen nächtens nicht tollkühn werden, dafür sorgt frühzeitig die Kirche. In mittelalterlichen Beichtbüchlein werden Priester angehalten, immer mal wieder bei ihren frischgetrauten Schäflein anzufragen, wie denn ihre Position im Bette sei. Solange ein Gatte nicht unten liegt, ist alles im Lot. Denn des Mannes Reitstellung ist nun mal des Herrn Wille. Der habe schließlich gewollt, „daß die Frau dem Manne untertan“ sei. Als abschreckendes Beispiel wird gerne Aristoteles genannt, der „geile alte Philosoph“, der sich aus Gier der jungen Phyllis hingibt. Und was tut die? Sie sattelt und sie reitet ihn. Gnade also Gott dem Weib, das zum Zügel greift. Die Sünde ist groß, und die Sühne verlangt etliche Nächte Enthaltsamkeit.

Lustvolle Leute scheren sich nicht darum. *Des Teufels Ächtung* heißt ein Schwank aus dem frühen 13. Jahrhundert. Darin versucht ein Mann, seiner Braut Herr zu werden. Doch Priester haben die Jungfrau ganz schön verängstigt, ohne daß die überhaupt begriffen hat, worum es denn nun geht, und was sie nun nicht darf. Da sagt ihr schlauer Mann, der Beischlaf sei besser als die Beichte, er verscheuche den Teufel sofort. Und plötzlich kann das keusche Kind gar nicht genug haben von der frommen Handlung.

Vor Reckenweibern und widerspenstigen Bräuten wird das ganze Mittelalter hindurch gewarnt. Es sind die alten Männer-Ängste vor Amazonen und Xanthippen

Erst die Hure, dann die Braut

Wie Friedrich II. und Friedrich III. ihre Bräute behandeln

Ich deflorierte Isabella Brienne ohne Lust", schreibt Friedrich II., römisch-deutscher Kaiser, König von Sizilien und Jerusalem und Erster nach Gott, in seinen privaten Papieren. Sein Diener „hatte sie nach Art der Chirurgen nur so weit aufgedeckt, wie zur ungehinderten Erledigung dieses Staatsgeschäfts nötig war". Was der Staufer geschrieben haben könnte, schreibt in Wahrheit Horst Stern in seinem Buch über den *Mann aus Apulien.*

Tatsächlich schickt Friedrich II. 1225 seinen Vertrauten zum Grafen von Brienne. Dort soll er für ihn um die Hand der Prinzessin Isabella anhalten. Es wird bei der Gelegenheit gleich alles peinlich genau beredet und vertraglich abgesichert: Aussteuer, Mitgift, Morgengabe. Einzige Unsicherheit bleibt das Aussehen der Braut. Da hat es schon böse Überraschungen gegeben. Auf beiden Seiten natürlich. Doch die Frau hat eben nicht zu klagen. Da aber auch ein königlicher Bräutigam die einmal Auserwählte nach erster Ansicht dann nicht mehr in die Wüste schicken kann, weil er ja mit ihr vor allem die Krone heiratet, läßt man rechtzeitig Erkundigungen einziehen.

Friedrich der Staufer ist 30 Jahre alt, als er die 13jährige Isabella heiratet. Nach dem „Beylager" erhält er vom Vater der Braut die Krone von Jerusalem

Im Spätmittelalter werden Hofmaler geschickt, die ein Konterfei der Dame malen. Jan van Eyck wird für Philipp den Guten von Burgund portraitieren und Hans Holbein für Heinrich VIII. Doch mit dem Realismus ist das damals so eine Sache. Heinrich ist entzückt, als er Anna von Cleve in Öl sieht. Über das ältliche Fräulein in Fleisch und Blut ist er dann eher entsetzt.

Zu Friedrichs Zeiten wird die Brautschau noch auf ganz andere Weise vorgenommen. Gesandte erkundigen sich zunächst einmal unauffällig nach groben Gebrechen wie Buckel oder Pferdefuß. Wenn es dann zum Hochzeitsvertrag kommt, werden Vertraute des Königs geschickt, die sich „de occultarum corporis partium dispositione", also über die Beschaffenheit der geheimen Körperteile informieren. Und das heißt ziemlich genau: Die Braut hat vor den Gesandten ein paarmal nackt auf und ab zu gehen.

Friedrich der Staufer scheint dennoch recht lustlos ans Werk der Defloration gegangen zu sein. Was soll ein 30jähriger, weitgerittener Weltmann schon mit einem 13jährigen Mädchenkörper im Bett anfangen? So hat man ihm denn auch, schreibt Stern, geraten, sich kurz vor diesem Staatsakt noch einmal in die Sarazenerin

Na'na zu ergießen, um, ermüdet, ernsthafte Verletzungen bei der Kindkaiserin zu vermeiden.
Nach getaner Tat erhebt er sich vom Lager, läßt die Lädierte liegen und diktiert einen Brief an Isabellas Vater. Nach Erhalt dieses Schreibens möge der, wie versprochen, den Titel „König von Jerusalem" ablegen und die Krone für ihn auf dem Altar der Grabeskirche deponieren. Die Ehe mit seiner Tochter sei vollzogen.
Die meisten Fürstenehen werden auf diese Weise geschlossen. Der Herrscher läßt werben, beschauen und einen Vertrag schließen. Erst dann sieht er seine Frau zum erstenmal.

Friedrich III. ist einer der wenigen Herrscher, der mit seiner Braut zufrieden ist. Leonore von Portugal, die er 1452 in Rom heiratet, ist nicht nur schön, sondern auch klug. Das wird der Kaiser in seiner Hochzeitsnacht merken

Kaiser Friedrich III. schickt 1451 Baron Georg Volckenstorf und den Rechtsgelehrten Ulrich Riederer nach Lissabon, um die älteste Tochter König Eduards von Portugal, Leonore, begutachten zu lassen. Die Herren überschlagen sich förmlich vor Begeisterung bei ihrer Rückkehr, und so läßt Friedrich um ihre Hand anhalten. Die Mitgift wird auf 60 000 Goldstücke festgelegt.
Am 12. November 1451 legt Leonore mit einer gewaltigen Flotte in Lissabon ab. 2000 Mann begleiten sie auf Luxus-Schiffen, die mit golddurchwirkten Teppichen behangen sind. Nach der Meerenge von Cadiz geraten sie in ein furchtbares Unwetter, die meisten Segel zerreißen, bei einigen Schiffen brechen gar die Masten. Wochenlang ist die Flotte verschollen. Gerüchte breiten sich in Italien aus. Leonore sei ertrunken, sagen die einen. Andere erzählen, sie sei in Afrika gefangen, diene jetzt den Barbaren als Sklavin. In Wirklichkeit werden Leonores Schiffe nicht weit von Marseille von Seeräubern geentert. In solchen Kreisen spricht es sich natürlich herum, daß da ein kostbarer Brautschatz durch die Meere segelt. Der Angriff wird zurückgeschlagen. Die Räuber entkommen in Rettungsbooten.
Anfang Februar 1452 landet die kaiserliche Braut in Pisa. Friedrichs Geschichtsschreiber, Aeneas Silvius Piccolomini, der spätere Papst Pius II., beschreibt das junge Mädchen bei ihrer Ankunft: „Sie war eine Jungfrau von mittlerer Statur, sechzehn Jahre alt", schwarze Augen, kleiner Mund, rote Wangen, weißer Hals, „sie war eine in jeder Beziehung reizende Gestalt, an der kein Fehler zu sein schien."
Interessanter aber ist, daß der Humanist Piccolomini ihren Geist „weit" über ihre Schönheit stellt. „Die königliche Prinzessin sprach ohne Dolmetsch, führte ernste Gespräche, gab verständige Antworten, wußte alles richtig auseinanderzuhalten." Das ist wohl einmalig in einer Zeit, in der Frauen intellektuell total vernachlässigt werden. Es ist schon ungewöhnlich, wenn damals eine Braut außer Stickerei auch die Sprache ihres Zukünftigen beherrscht. Aber dann noch „verständig" mitreden zu können, davon träumen Frauen noch nicht einmal.

Am 22. Februar sieht der Kaiser Leonore in Siena zum erstenmal. Als sie ihm entgegen schreitet, wird er bleich. Er findet seine Frau viel zu klein. Aber als sie dann vor ihm steht, „gewann er seine frühere Farbe wieder", springt vom Pferd und umarmt die Braut, die schöner ist, als er zu hoffen gewagt.
Von Siena aus reisen die beiden auf der alten Kaiserstraße nach Rom. Papst Nicolaus hatte ihnen den besten Weg empfohlen, der einigermaßen räuberfrei war. Er hatte auch geraten, im Winter zu reisen, „weil im Sommer der glühend heiße italienische Boden den Deutschen, die in Folge ihres Blutreichtums am ganzen Körper schwitzen würden, schädlich und sogar tödlich" sein könne.
In Rom werden Friedrich und Leonore im Petersdom vom Papst gekrönt, danach ziehen sie weiter zu Friedensgesprächen nach Neapel. Dann will der Kaiser mit seiner Braut nach Deutschland fahren. Aber ohne Beilager?
Leonore ist furchtbar enttäuscht. Und ihr Bruder Alfonso sagt dem Kaiser: „So willst Du denn meine Nichte als Jungfrau mit nach Deutschland nehmen, sie dort erst erkennen, und wenn sie Dir dann mißfällt, uns zurückschicken?" Nein, das komme überhaupt nicht in Frage, er möge sich hier in Neapel „mit der Jungfrau fleischlich vermischen".
Da gibt Friedrich nach und beschließt am Sonntag Quasimodogeniti, also am 16. April 1452, die Ehe zu vollziehen. Er befiehlt, nach deutscher Sitte das Lager herzurichten. Auf das legt er sich angekleidet, läßt sich auch Leonore angekleidet in den Arm geben, denn er fühlt sich gar nicht gut, ist nicht bei Kräften. Der König von Neapel deckt die beiden zu, die geben sich einen Kuß, mehr geschieht nicht.

Wenn die Braut erst mal im Bett liegt, kann der Bräutigam nicht mehr zurück. Deshalb schicken Fürsten Gutachter, die die Auserwählte nackt vor sich auf- und abgehen lassen

Aber das wissen die portugiesischen Jungfrauen nicht. Die denken, Friedrich und Leonore trieben es jetzt unter dem Laken miteinander, finden solche „mos teutonicus“ unglaublich, laufen kreischend aus dem Gemach und beschimpfen noch im Abgang den König von Neapel, daß er so etwas zulasse. „Dieser aber schaute dem fremdländischen Brauche mit sichtlichem Ergötzen lächelnd zu.“

In der folgenden Nacht soll das Beilager „concubitus ex nudis“, also ohne Kleider, stattfinden. Nun nehmen aber die Frauen aus Portugal die Sache in die Hand. Sie wollen ihre Herrin nicht noch einmal in einer derartigen Situation erleben. Sie machen sich über das Brautbett her, schwenken Rauchgefäße über dem Laken, sprechen Zaubersprüche, lassen ihre Priester kommen, die das Lager segnen sollen, das inzwischen schon ganz feucht ist vom Weihwasser.

Als der Kaiser von diesem Zirkus hört, läßt er sich auf der Stelle ein anderes Bett herrichten. Er mißtraut den hysterischen Jungfrauen, befürchtet auch, daß die mit ihrem Getue irgendeinen bösen Zauber ausgelöst haben. In ihr Bett jedenfalls wird er sich nicht legen, und bittet seine Frau, in seines zu kommen.

Die läßt ihm ausrichten, es sei der Geist des Propheten und nicht der des Satans, der über dem Laken schwebe, er solle nur ruhig zu ihr kommen. Sie jedenfalls bleibe in ihrem Bett. Dreimal läßt Friedrich sie bitten – Leonore rührt sich nicht. Der Mann habe sich zum Weib zu begeben, nicht umgekehrt. Also gut. Der Kaiser kommt und bittet herzlich, sie möge ihm in sein Schlafgemach folgen. Als sie den Kopf schüttelt, ergreift er ihren Arm, zieht sie aus dem Bett, umarmt sie sanft und sagt, er bitte sie zum letztenmal. Da lächelt sie und gibt nach. „Und so ward auf diese Weise, indem man den Zauberkünsten aus dem Wege ging, in einem anderen Bette der eheliche Beischlaf vollzogen.“

Die katholischen Priester Portugals haben das nicht gern gesehen. Sie hielten die Ausräucherungen für dringend notwendig. Hatte es nicht auch Tobias in seiner Hochzeitsnacht getan, der Held aus der Bibel?

„Iß, trink und sei fröhlich“, sagt Raguel zu Tobias, denn er soll seine Tochter Sara heiraten. Und Sara zu heiraten, das ist so eine Sache. Sie hatte nämlich schon sieben Ehemänner, und alle sieben sind in der Hochzeitsnacht prompt nach dem Beischlaf gestorben. Als das Brautmahl beendet ist, tritt nun auch Tobias, Saras achter Freier, in die Horror-Kammer ein. Er stürzt sich nicht blind auf das schöne Kind, der räuchert den Raum erst einmal ordentlich aus. Legt Herz und Leber vom Fisch in Glühasche, was so gewaltig stinkt, daß der Dämon aus Sara entweicht, nach Oberägypten absaust und dort von einem Engel gefesselt wird.

Doch noch immer traut Tobias dem Frieden nicht. Er zieht Sara

aus dem Bett, bittet sie, mit ihm zu beten, kniet nieder, hebt die Hände zum Himmel und fleht und bittet und sagt am Ende zu Gott: „Nicht der groben Sinnlichkeit wegen heirate ich diese meine Schwester, sondern in lauterer Absicht.“ Sie sagen „Amen“, legen sich ins Bett und schlafen miteinander.
Vater Raguel hebt derweil im Garten ein achtes Grab aus. „Dieser wird ja auch sterben“, sagt er. In aller Herrgottsfrühe schickt er die Magd in die Brautkammer. Die kommt zurück und sagt: Er lebt. Da preisen alle Gott und feiern vierzehn Tage Hochzeit.

Sara hat sieben Ehemänner in der Hochzeitsnacht verloren. Tobias, der achte, räuchert die Brautkammer so lange aus, bis der Engel den Dämon aus seinem Weib Sara herauszieht. Erst dann schläft er mit ihr – und überlebt

Die Nackten küssen sich vorm König

Wie die Borgias mit der Ehe spielen und Geschäfte machen

Das Kind ist elf, als es mit dem Spanier Don Cherubin verlobt wird, das Kind Lucrezia, Tochter von Kardinal Rodrigo Borgia. Aber irgendwas paßt dem Vater nicht. Und irgendwann später im selben Jahr 1491 wird sie dann plötzlich noch mal verlobt, mit dem Spanier Don Gasparo. Dabei ist sie vom ersten Bräutigam gerade erst entlobt. Macht nichts. Eine Heirat kommt ja im Moment ohnehin nicht in Frage. Lucrezia – für die Verloben endlich mal ein neues Spiel ist – soll noch ein paar Monate warten, bevor sie einem Gatten ins Bett gelegt wird.

Aber dann passiert etwas, worauf Rodrigo Borgia voll Sehnsucht gewartet hat: Am 25. Juli 1492 stirbt Papst Innozenz VIII. Nun will Borgia erst einmal Papst werden, dann wird er weitersehen. Die drei Kardinäle, die mit Rodrigo um den Stuhl Christi rangeln, sind bald ausgeschaltet. Ihr Bestechungsgeld war zu knapp bemessen. So wird der Heilige Stuhl am Ende an den Meistbietenden verkauft, an Rodrigo Borgia, der Papst Alexander VI. wird.

Giovanni Sforza ist der erste Mann von Lucrezia Borgia. Als er sich von ihr scheiden lassen muß, soll er vor Gericht schwören, die Ehe mit ihr nicht vollzogen zu haben

Der Heilige Vater hat jetzt ganz andere Pläne mit seinem schönen Töchterchen, das von Zeitgenossen in höchsten Tönen gepriesen wird. Lucrezia ist mittelgroß, zierlich, hat goldgelbe Haare, blaue Augen, eine schön profilierte Nase, einen etwas zu großen Mund, dafür aber blendendweiße Zähne.

Sie ist jetzt zwölfeinhalb Jahre und soll einen reichen Fürsten aus erlauchtem Geschlecht heiraten, Giovanni Sforza. Der spanische Verlobte wird per Gericht zum Rückzug gezwungen.

Sforza ist für den Papst eine adlige Schachfigur, ein Springer, den er bald opfern wird. Im Augenblick stärkt er allerdings das Bündnis, das Alexander VI. mit Venedig und Mailand eingegangen ist – gegen König Ferdinand von Neapel. Sforza dient da zunächst als Mittler zwischen Mailand und dem Vatikan, sozusagen als feiner Briefträger hoch zu Roß. Sforza ist Witwer. Seine Frau war im Kindbett gestorben. Das ist ein gutes Zeichen, denn von diesem Manne sind Nachkommen zu erwarten. Ein bißchen alt ist er, für Lucrezia sogar steinalt, nämlich 26 Jahre. Und wie langweilig, total uninteressiert an Komödien und Malerei und Musik. Denkt immer nur an seine diplomatische Mission. Kurz vor der Heirat bekommt Lucrezia noch ein Schwesterchen, der Kardinal hatte es gesät, der Papst geerntet. Und dann, am 12. Juni 1493, wird Hochzeit gefeiert

im Vatikan. Mit Musikanten und Komödianten und zwölf Kardinälen, dem Adel des Landes, der Konkubine des Papstes, dem Magistrat von Rom. Es ist ein lautes, weltliches Fest, das da tanzend und singend in den päpstlichen Hallen gefeiert wird.
Spät am Abend gibt seine Heiligkeit noch ein intimes, häusliches Mahl zu Ehren des Brautpaares. In der Nacht zwischen drei und vier Uhr wird die Tafel aufgehoben, und Giovanni und Lucrezia gehen Geschenke auspacken.
Der Herzog von Mailand läßt Schmuck mit Diamanten und Rubinen für gut tausend Dukaten überreichen, ein Hausfreund Trinkgeschirr aus vergoldetem Silber, auch für tausend Dukaten, der Kardinal Monreale Ringe für dreitausend Dukaten, und dann gibt's Pokale satt, etliche Ballen Goldbrokat, und Seine Heiligkeit läßt ein Paar silberne Waschbecken mit allen dazugehörenden Gefäßen durch den Herzog von Ferrara schenken.
Im Morgengrauen wird immer noch getanzt, nur irgendwann verschwinden der Papst und ein paar Ehrengäste auf ein halbes Stündchen. Sie bringen die Brautleute ins Bett. Über die Feier des Beilagers ist nichts geschrieben worden. Das ist gut so. Denn als die Ehe ein paar Jahre später geschieden wird, weil Sforza seine Dienste in der Liga erledigt hat und damit entbehrlich geworden ist und der Papst mit seiner Tochter auch mal wieder ganz andere politische Ziele im Auge hat, muß Giovanni Sforza vor Gericht schwören, er habe die Ehe mit Lucrezia nie vollzogen, nicht in der Hochzeitsnacht und auch nicht später.
Aus Zorn über soviel degradierte Männlichkeit füttert Sforza die Gerüchte, daß Lucrezia dafür ausgiebig mit ihrem Bruder Cesare und gar ihrem Vater, dem Papst, das Laken geteilt habe.
Ein Jahr nach Lucrezias Hochzeit, am 11. Mai 1494, notiert der päpstliche Zeremonienmeister Johannes Burcardus den Vollzug einer zweiten Trauung. Lucrezias Bruder Gofredo heiratet in Neapel Sancia von Aragon, die illegitime Tochter des Königs Alfons II. von Neapel und Sizilien.
Nachts um drei Uhr, nach einem vierstündigen Essen, werden die Brautleute in „die geheime Kammer" gebracht. Die beiden werden von Frauen entkleidet und zusammen ins Bett gelegt. „Als sie so nackt unter Leinentuch und Decke dalagen", schreibt der Zeremonienmeister, treten der päpstliche Legat und der König ein. „In ihrer Gegenwart wurde das Paar von den Damen bis zur Nabelgegend aufgedeckt, und der Bräutigam küßte ohne Scheu die Braut ab."
Und während die beiden Liebenden sich weiter miteinander vertraut machen, plaudern König und Legat etwa eine halbe Stunde miteinander, verabschieden sich dann mit allen guten Wünschen vom jungen Paar, das nun den Rest der sinnlichen Übung ohne Zeugen genießen darf.

Auch Lucrezia soll endlich das große Los ziehen. Ihren zweiten Mann hatte ihr Bruder Cesare ermorden lassen. Jetzt soll sie den Erbprinzen von Ferrara heiraten, Alfonso von Este, einen Witwer, 24, reich, einflußreich, nützlich. Und Lucrezia, die jetzt 21 ist, scheint auch diesem Druck phlegmatisch nachzugeben. Sie tobt nicht. Sie protestiert nicht. Sie sagt mal wieder nur „ja".

Der Mann aus Ferrara aber denkt „nein". Unglaublich, dieses mörderische Angebot aus dem Vatikan. Nicht, weil Lucrezia ein Bastard ist. Davon gibt es in den besten Familien genug, bei den Sforzas, den Malatestas, den Bentivoglios. Italien steht in der Blütezeit der Bastarde. Aber Lucrezia ist ein Pfaffen-Bastard. Schlimmer geht's ja nicht. Und die Inzest-Gerüchte, die Gattenmorde, die skandalösen Hurenfeste in päpstlichen Gemächern, das spricht sich doch rum.

Aber am Ende läßt sich mit diesen Teufeln im Vatikan Geschäfte machen. Ein Zeitgenosse schreibt aus Rom: „Die Mitgift wird im

Lucrezia Borgia, die Tochter von Papst Alexander VI., heiratet mit 21 Jahren zum drittenmal. Alle Männer hat der Vater ausgesucht – aus politischem Kalkül

Ganzen dreimal hunderttausend Dukaten betragen." Ohne Geschenke, versteht sich. Allein eines von Lucrezias Kleidern ist mit Steinen im Wert von 15000 Dukaten besetzt. Das alles gibt Papst Alexander freiwillig seiner Tochter mit. Da soll er doch auch für den zukünftigen Sohn noch einmal in die Tasche greifen. Der Herzog fordert also für Ferrara die Erlassung des jährlichen Tributs an die Kirche. Der Papst ist entsetzt. Allein solch Ansinnen schädigt schon die kanonischen Gesetze. Aber was soll er tun? Der Herr von Este hat ein Druckmittel. Kaiser Maximilian – der die Borgias haßt – versucht mit allen Mitteln die Heirat zu hintertreiben. Also muß man ihm schnell zuvorkommen und sich großzügig zeigen.

Am 1. September 1501 wird der Ehebund „ad verba" geschlossen. Am 30. Dezember wird im Vatikan die Trauung vollzogen. Ohne den Bräutigam. Der hat nur seinen Ring geschickt, den Lucrezia, wie sie sagt, „aus freier Wahl" empfängt. Und nachdem der Papst die Sittsamkeit und Keuschheit seiner Tochter vor Ferraras Gesandten gepriesen hat, ist die Zeremonie beendet.

Ein gewaltiger Hochzeitszug, eine Kavalkade, bewegt sich nun mitten im Winter fast fünf Wochen von Rom nach Ferrara, mühselig, im Schrittempo manchmal, wenn sich die Sänftenträger von Lucrezia und ihren Hofdamen durch aufgeweichte Wege kämpfen müssen. Über Foligno, Nocera, Gualdo und Gubbio geht's nach Pesaro, der Stadt ihres ersten Mannes. Pesaro gehört jetzt Lucrezias Bruder Cesare. Der hat die Stadt auf die Straße gejagt. Und das Volk schwenkt die Borgia-Farben und ruft: „Viva duca Lucrezia!"

Am 31. Januar 1502 erreichen sie das Kastell Bentivoglio, ein paar Stunden Galopp von Ferrara entfernt, für den Troß zwei Tage. Also noch zwei Nächte, und sie wird zum erstenmal mit dem dritten Mann schlafen.

Doch um zehn Uhr abends klopft es an ihre Tür. Ein Bote meldet den Bräutigam. Und der steht auch schon im Gemach. Außer Atem. Ist heimlich hergeritten in Verkleidung. Wirft Kapuze und Umhang ab und sagt, er bleibt. „Lucrezias Schicksalsstunde. Gott steh' ihr bei", heißt es in Mary Lavater-Slomans Lucrezia-Chronik. Alfonso bleibt fast drei Stunden und verplaudert davon die kürzeste Zeit. Als er sich nach Mitternacht wieder aufs Pferd wirft und nach Ferrara jagt, soll er „glücklich" ausgesehen haben und „voll freudigen Erstaunens".

Am Hochzeitsabend, der zwei Tage später in Ferrara mit allem Pomp zelebriert wird, werden Reden über Reden geschwungen. Reden sind eine wahre Marotte der italienischen Renaissance. Und wenn die Poeten und Dichterlinge und Freigeister damals in ihren Elaboraten auch meist die Ehe verspotten und Teufel und Hetäre zu ihrer Muse machen, applaudieren sie an solchem Abend schon mal dem Eheglück. Es dauert ja nicht lange. Und die Opfer können sich danach im Zynismus baden, im Pfuhl der sündigen Schriften. Am Hochzeitsabend aber vergleichen sie Lucrezia mit der schönen Helena – ach, noch schöner sei sie, und unvergleichlich sittlicher. Was natürlich ein Affront ist. Denn als Alfonsos Gesandter Monate zuvor aus Rom Stichwörter für die verschiedenen Reden liefern soll, schickt er eine Depesche, in der es lakonisch heißt: „Was alles dieser Papst getan hat, das ist allgemein bekannt. Wer daher die Rede zu halten haben wird, der findet ein weites Feld vor sich.“ Wie denn auch immer die „pulcherima virgo“ zu verstehen ist, die allerliebste Jungfrau, die Ariost – der berühmte Poet an Ferraras Hof – in seiner sprühenden Hochzeitsrede preist, ihm, dem Meister, geht es vor allem um Stil, Dramatik, Verrücktheit der Reime. Und so versinkt bei ihm in einem gewaltigen Wortgemälde Rom endgültig in Ruinen, weil sie, die Göttin Lucrezia, nach Ferrara entschwebt ist.

Alfonso von Este, der Erbprinz von Ferrara, ist Lucrezias dritter Mann. Noch vor dem Hochzeitsfest reitet er der Braut, die aus Rom anreist, heimlich entgegen und schläft mit ihr

Der Prinz will in der Nacht ein Bier

Wie England und Spanien miteinander verheiratet werden

Im Winter desselben Jahres 1501 heiratet im kühlen Britannien der junge Thronfolger des Hauses Tudor eine Spanierin: Prinz Arthur von Wales erhält Katharina von Aragon zur Frau.

Über zwei Jahre feilschen die Unterhändler beider Häuser um die Mitgift und die politischen Treueschwüre. Wie soll gezahlt werden? In Juwelen, Goldgeschirr, Grundbesitz oder geltender Währung? Und wann? Und Handel wollen sie miteinander treiben, aber zu welchen Bedingungen und mit welchen Waren? Über die politischen Ziele ist man sich schneller einig. Das kriegslüsterne Frankreich soll in die Zange genommen werden – von Süden und Norden zugleich.

Spanien ist eine harte Nuß geworden. Denn Spanien kann inzwischen fordern, ist eine Weltmacht, hat Granada erobert, die Mauren aus Europa gejagt, und die erfolgreichsten Eroberer fahren unter spanischer Flagge. Neun Jahre ist es erst her, da hat Kolumbus Amerika entdeckt. Das bedeutet, in Spanien geht die Sonne nicht mehr unter. Wer mit dieser Supermacht verbunden ist, kann frohlocken.

Katharina von Aragon heiratet Prinz Arthur von Wales. Als er stirbt, wird die Hochzeitsnacht der beiden zum Tagesgespräch bei Kaiser und Papst

Das tun die Engländer schon 1499. Da wird der Ehevertrag nämlich unterzeichnet. Aber die Kindsbraut ist erst dreizehn Jahre alt. Das ist Königin Isabella zu jung fürs Bett. Das Mädchen, sagt sie, soll noch zwei Jahre in Spanien behütet werden. Da kann König Heinrich noch so drängeln, die Infantin bleibt zu Hause.

Nun schreiben sich die Brautleute vorerst auf dem Papier zärtliche kleine Liebesschwüre auf latein, die von ihren Hauslehrern durchgesehen und verbessert werden. Zwei Jahre geht das so, bis Katharina fünfzehn ist und Abschied nimmt von Vater Ferdinand und Mutter Isabella, dieser starken Königin von Spanien, die ihr Kind wochenlang aufgeklärt hat über die fremden Sitten in England und auch recht und schlecht über die eheliche Liebe. Gottlob zieht die Tochter nicht allein, Priester und Diplomaten begleiten sie ins fremde Land und ein ganzer Troß von Hofdamen.

Wieder mal setzt sich ein Hochzeitszug in Bewegung, gewaltiger als bei Lucrezia Borgia, denn eine Reise von Spanien nach England war damals eine gefährliche Sache.

Der Zug bricht in Granada auf. Bei glühender Sommerhitze geht es über Toledo, Medina, Valladolid. Maulesel tragen die Mitgift und die Brautausstattung, drei Monate dauert es, bis sie im Hafen La Coruña ankommen, viele Wochen liegen sie dann dort fest, weil es stürmt und vom Himmel schüttet. Die Überfahrt ist fürchterlich. Ein Schiff des Brautgeschwaders geht unter. Keiner wird gerettet. Zwei Monate fehlt in England jedes Zeichen der Spanier. Erst im Oktober werden die Schiffe in Plymouth gesichtet.

Katharina betritt verschleiert englischen Boden. Ein spanischer Brauch, orientalisch streng. Erst nach vollzogener Trauung wird die Braut sich Arthur zum erstenmal zeigen. König Heinrich und sein Sohn nehmen diese merkwürdige Sitte als erste Herausforderung, das neue Bündnis zu prüfen. Man sei hier in England, sagt der König kühl, da gebe es keine Verschleierungen, und überhaupt, es sei ja noch schöner, die Braut nicht angucken zu dürfen. Gleich jetzt würde man Katharina seine Aufwartung machen. Wie bitte? Der spanische Botschafter ist entsetzt. Es sei heute schon viel zu spät, und die Señorita sei müde. Tatsächlich? Dann würde man der Braut halt am Bett einen Besuch machen. Um Himmels willen, nur das nicht, also bitte, dann in einer Stunde.

Katharina kommt tatsächlich unverschleiert, und die Scheu der jungen Leute ist bald verflogen, ein Dolmetscher übersetzt ihren Small talk. Die Infantin ist Ende fünfzehn, gesund, frisch, appetitlich und recht hübsch. Arthur ist erst vierzehn und einen Kopf kleiner als Katharina, auch dünner und schwächer, aber das wächst sich wohl mit der Zeit zurecht.

Die Hochzeit wird am 14. November 1501 mit Pomp und Gloria gefeiert. Englands Adel richtet nach alter Sitte Turniere, Gelage und Tanzvergnügen aus. Es ist die aufwendigste, die rauschendste Hochzeit, die London je gesehen hat. Ein Brautzug aus Englands und Spaniens Hochadel bewegt sich kostbar gekleidet zur St. Pauls-Kathedrale. Der Erzbischof von Canterbury vollzieht die Trauung. Danach geht es im feierlichen Zug zum Palast des Bischofs von London. Der hat das Hochzeitsgelage spendiert. Unter seinem Dach werden die Frischvermählten auch ihre Hochzeitsnacht verbringen.

Nach dem Mahl ist es auch schon soweit. Der Bischof geleitet die beiden ins Brautgemach. Der gesamte Hof ist voller Neugier, drängelt ums Bett herum, gafft Arthur und seine Spanierin an, die im Nachtgewand auf seidene Kissen gebettet werden. Der Bischof segnet die gepolsterte Basis, auf der gleich ein erster Versuch gestartet werden soll, das Haus Tudor am langen Leben zu erhalten. Alle beten miteinander für eine fruchtbare Ehe. Höflinge bringen noch einmal Wein und Gewürzkuchen für die frisch Getrauten, sie sollen schließlich gestärkt sein, ein letzter Segen, und die beiden sind allein.

Es geht hoch her in dieser Nacht. Ob die beiden Königskinder im bischöflichen Bett eine Kissenschlacht gemacht oder versucht ha-

ben, einen Thronfolger zu erturnen, ist nie geklärt worden. Die Wachen vor der Tür des Brautzimmers werden später – als die Nacht zum Tagesgespräch und zum Politikum wird – folgendes aussagen:
Mitten in der Nacht sei Arthur – nach vielen Geräuschen, die auf Eindeutiges haben schließen lassen – vor die Tür getreten. Er habe Durst, soll er gesagt und sich dringend ein Glas Bier erbeten haben. Das habe die erhitzte Hoheit dann in einem Zuge ausgetrunken. Auf die Frage, was den Bräutigam so durstig gemacht, habe der Prinz geantwortet: „Meine Herren, Spanien ist ein heißes Land, und ich bin mitten in Spanien gewesen.“ Auch habe er mit einem vielsagenden Lächeln hinzugefügt, daß es „seltsam schön“ sei, verheiratet zu sein.
Am folgenden Tag wird ein amtliches Protokoll erstellt, in dem es heißt: „Und so erfüllten die beiden edlen Herrschaften den Zweck

Heinrich VIII. spricht 1514 zum erstenmal von Scheidung, weil Katharina von Aragon ihm keinen Sohn geboren hat. Als der Papst in die Trennung nicht einwilligt, gründet der König seine eigene Kirche – die High Church

und irdischen Sinn des Sakraments der Ehe." Und wenige Tage nach der Trauung schreibt auch Heinrich VII. an Königin Isabella und ihren Gatten Ferdinand: „Die Ehe unserer Kinder ist nun wie im Himmel so auf Erden geschlossen."

Ein halbes Jahr später stirbt der schwächliche Arthur. Und Katharina wird Witwe. Mit sechzehn Jahren. Ein Meisterwerk der Diplomatie platzt wie eine Seifenblase. Stirbt mit Arthur. Aus und vorbei.

Was nun? Was mit der Aussteuer? Was mit den Verträgen? Der spanische Botschafter hofft, daß die Infantin schwanger sei. Warum denn nicht? Sie haben sich doch ein halbes Jahr geliebt, die beiden. Er spricht mit Katharinas Beichtvater. Der sagt, die Ehe sei nicht nur gut, sondern auch fruchtbar gewesen. Hurra. Das heißt, Katharinas Kind wird Thronerbe sein, sie selbst, wenn Heinrich VII. stirbt, Regentin. Dann kann endlich dieses England nach spanischem Willen regiert werden.

Aber Katharina ist nicht schwanger. Und ihre beste Freundin – die erste Hofdame Doña Elvira – weiß, daß der nächste Schritt ein diplomatischer sein muß. Sie schwört, das Königskind sei Jungfrau, sei unbefleckt, unberührt, sei keusch, sie wisse das aus intimer Kenntnis.

Mit einer Jungfrau läßt sich wieder planen. Eine Jungfrau kann auch wieder heiraten. Zum Beispiel Arthurs Bruder, den jungen Heinrich. Der ist zwar erst elf Jahre, aber kräftig und gesund und ziemlich groß für sein Alter. Wenn nach kirchlichem Recht die Ehe eines Mannes mit der Witwe seines Bruders auch Sünde ist, so sieht die Sache doch schon anders aus, wenn die Ehe mit dem Bruder nie vollzogen worden ist.

Als die merkwürdige Hochzeitsnacht von Arthur und Katharina in England und Spanien, in der Kanzlei des Kaisers und des Papstes zerredet und zerpflückt worden ist, kann die neue Heirat beschlossen und verkündet werden.

Im Frühjahr 1509, nach schweren Demütigungen der Infantin, ist es endlich soweit. Im kleinsten Kreis, ohne Pomp und Pauken, wird die vielleicht verhängnisvollste Hochzeit der Weltgeschichte gefeiert: Katharina von Aragon heiratet Heinrich VIII. Als der Papst es später ablehnt, die Ehe wieder zu scheiden, weil Katharina keinen Sohn bekommt, trennt Heinrich sich von Rom und erfindet seine eigene Staatskirche, die High Church. Sie ist Katholizismus ohne Papst und Klöster, sie ist Protestantismus mit Bischöfen und Zölibat. Und an die Spitze dieses frivolen Zwitters wird sich der künftige König selber setzen.

Als 1514 zum erstenmal von Scheidung die Rede ist, heiratet Heinrichs Schwester Marie. Sie ist hübsch, leidenschaftlich und zu allem bereit. In Gottes Namen, auch den alten Ludwig XII. von Frankreich würde sie heiraten – wenn's denn den Geschäften nützt

und wenn sie nach dessen Tod heiraten dürfe, wen sie wolle. Und sie weiß, wen sie will, den jungen Brandon, den Heinrich zum Herzog von Suffolk gemacht. Schwört er's? Ja, er gibt sein königliches Wort.
Im Juli heiratet Marie den alten Ludwig von Frankreich in England. Sie wird ihn nie im Leben sehen, diesen siechen, gichtigen Greis voller Pockennarben und Skrofeln. Marie wird nämlich mit dem König in Vertretung vermählt. In einem extra dafür hergerichteten Brautzimmer.
Zur Zeremonie legt Marie ihre Gewänder ab und begibt sich in Gegenwart feinster Zeugen ins Bett. Dann tritt der Marquis von Rothelin-Longueville „in seinem Wamse und einem Paar roten Strümpfen, aber mit einem nackten Bein ans Bett". Und mit eben diesem nackten Bein berührt er die Prinzessin, und das heißt, die Heirat ist vollzogen.
Am Gatten selbst wird Marie die Zeremonie nicht wiederholen müssen. Er stirbt, bevor sie mit ihrem Geliebten Suffolk in Frankreich eintrifft.

Heinrich VIII. wird als König Blaubart in die Geschichte eingehen. Nach Katharina von Aragon folgen noch fünf weitere Frauen: Anna Boleyn, Jane Seymour, Anna von Cleve, Katharina Howard und Katharina Parr

Der Drache wird durch Kitzeln schwanger

Was Erasmus von Rotterdam über Jungfrauen schreibt

Sei gegrüßt, du Grausame, du Herz von Stein und Diamant!“ ruft Pamphilus seiner Braut Maria zu. Ach, sie ist so spröde, will ihm einfach vor der Hochzeit nichts von ihrer Keuschheit opfern. Nicht mal einen Kuß ist sie bereit zu geben. Dabei denkt er schon an ganz andere Freuden. „Zudem werden wir an unsern Kindern wieder jung werden“, sagt er lockend.

„Aber darüber geht meine Jungfräulichkeit verloren“, erwidert sie. „Warum denn nicht“, meint er, es sei ja auch „der Wein gesegneter, der getrunken wird, bevor er Essig“ ist. Und überhaupt, die Blüte einer Jungfrau sei schließlich nicht dahin, wenn sie geheiratet habe. Im Gegenteil, er kenne viele Mädchen, die „bleichsüchtig und hinfällig“ waren, bis sich ein Mann ihrer erbarmte. Dann seien sie regelrecht aufgeblüht.

Trotzdem gelte die Jungfräulichkeit als etwas „Köstliches und Löbliches“, sagt Maria. Na ja, es sei schon etwas Herrliches um eine Jungfrau, findet Pamphilus, „aber was gibt es Naturwidrigeres als eine alte Jungfer?“

Moment mal, sagt Maria, es heißt doch „die Keuschheit gefalle Gott über alles“. Eben drum wolle er auch ein keusches Mädchen heiraten. „Unsere Ehe soll mehr eine Vereinigung der Seelen sein als der Körper“, sagt der Bräutigam und denkt dabei natürlich an Marias Körper, von dem er doch nur einen klitzekleinen Vorgeschmack ersehnt. Später könne man sich dann immer noch wie Maria und Joseph lieben. Ganz fromm und ohne alle Geilheit.

„Was höre ich?“ fragt da die Braut. Man soll die Jungfräulichkeit verletzen, um sie später in der Ehe wieder zu erlernen? Warum denn nicht, auch der Wein bekomme einem halt irgendwann nicht mehr, meint Pamphilus schon ganz erschöpft, von dem trinke man dann auch nach und nach weniger. Aber wenn er sich's recht überlege, sei die ganze Enthaltsamkeit ein falscher Weg. Denn ein Gatte wolle doch sein Weib nur dann umarmen und besteigen, wenn ihn die Sehnsucht nach Kindern übermannt.

Na wunderbar, sagt Maria, dann dürfe sie sich ihm ja immer dann verweigern, wenn die reine Lust ihn packt.

Also das hat er so natürlich nicht gemeint. Verweigern? Nein. Belehren vielleicht. Versuchen, umzustimmen. Aber verweigern nicht. Und nun wolle er zum Abschied wenigstens einen Kuß.

Gott bewahre, sagt sie da. „Du sagtest, deine Seele sei schon fast ganz in meinen Leib übergegangen. Ich fürchte, wenn ich dich küßte, würde auch das bißchen, was noch in dir ist, in mich eindringen, und du würdest ganz ohne Leben sein."
Der Humanist Erasmus von Rotterdam schreibt dieses Gespräch in höchst elegantem Latein. Es erscheint 1518 in seinen *Colloquia familiaria*, den vertrauten Gesprächen, die sofort zum Bestseller werden. Mit Witz und Intellekt läßt Erasmus – der uneheliche Sohn eines Priesters – Jungfrauen, Huren, Jünglinge, Mönche, Lüstlinge und Gelehrte über Gott, den Beischlaf und die Ehe plaudern – ungezwungen, frech und geistreich.
Xantippe, der Hausdrache, erzählt ihrer Freundin Eulalia, daß sie schon vor der Hochzeitsnacht mit ihrem Mann geschlafen habe. „Er traf mich zufällig allein", sagt sie, „begann zu schäkern, kitzelte mich unter den Achseln und in den Hüften, um mich zum Lachen zu reizen. Ich ertrug das Kitzeln nicht und fiel rücklings aufs Bett. Er beugte sich über mich und küßte mich. Was er

Erasmus von Rotterdams *Colloquia familiaria* erscheinen 1518. Diese „vertrauten Gespräche" über Gott, den Beischlaf und die Ehe werden sofort ein Bestseller. Darin sagt etwa Pamphilus zu seiner Braut Maria, er kenne viele Mädchen, die „bleichsüchtig und hinfällig" waren, bis sich ein Mann ihrer erbarmte. Er will seine Braut mit solchen Geschichten dazu bringen, mit ihm zu schlafen

außerdem tat, weiß ich nicht. Gewiß ist nur, daß wenige Tage später – uterus coepit intumescere – mein Unterleib anzuschwellen begann."
Das sei ja ein toller Kerl, sagt Eulalia. Wenn der schon im Scherzen Kinder zeuge, was passiere da erst, wenn ihm die Lust ernst sei?
Na ja, sie sei auch schon wieder schwanger, sagt Xantippe. „Auf diesem Gebiet leistet er mehr, als mir lieb ist."
Also darüber, sagt Eulalia, beklagten sich Frauen sonst nicht. Sei sie denn in der vorehelichen Hochzeitsnacht wenigstens verlobt gewesen?
Aber ja.
„Dann ist die Sünde kleiner", sagt die Freundin.
Erasmus von Rotterdam, der Kleriker, der seinen Orden verläßt, und Martin Luther, ebenfalls ein entlaufener Mönch, gehen auf dem Weg der Reformation zunächst ein Stück gemeinsam. Erasmus verteidigt den vierzehn Jahre jüngeren Kollegen sogar bei Königen und Kurfürsten, weil der charakterfest und ohne Ehrsucht sei. Aber dann geht ihm der Protestant langsam auf den Geist. Luther kämpft „im Sturm, statt in der gesitteten Bescheidenheit", er verletzt die Etikette, die Erasmus am Hofe Spaniens und Wiens, bei Heinrich VIII. und Sigmund von Polen und Franz von Frankreich zur Perfektion gebracht hat. Luther erschlägt die Leute gleich, die Erasmus mit Ironie in kultiviertem Latein nur ritzt. Reform will er doch auch. Aber die will er nicht ertrampeln und ergrölen, sondern in bestmöglichem Latein erschreiben.
Unmöglich findet Luther das. „Erasmus sticht durch den Zaun", schreibt er und will mit dem glatten Aal nichts mehr zu tun haben. Als der Rebell 1525 heiratet, glaubt Erasmus, Luther sei friedvoller geworden: „Dr. Martinus fängt an, nach der Hochzeit milder zu werden, er wütet nicht mehr mit der Feder." Aber Erasmus hat nur eine Atempause erwischt.

In Eile das Beilager abgehalten

Wie Martin Luther die Nonne Katharina von Bora heiratet

Am 13. Juni 1525 feiert um fünf Uhr ein entlaufener Mönch mit einer entsprungenen Nonne die „Kopulation". Der Teufel ist los in Wittenberg.

Die Trauung von Martin Luther und Katharina von Bora wird an diesem Dienstagnachmittag in aller Stille in Luthers Wohnung im Schwarzen Kloster vollzogen. Stadtpfarrer Bugenhagen spricht den Segen, Maler Lucas Cranach und dessen Frau, Propst Justus Jonas und Johann Apel, Professor für kanonisches Recht, sind Trauzeugen.

Ein Jahr nach Luthers Hochzeit zeichnet dessen Freund Lucas Cranach Jungfrauen, die Geistliche verprügeln und vertreiben. Luthers rebellische Predigten, vor allem aber seine Ehe, veranlassen viele Mönche, die Kutte abzulegen und sich Frauen zu nehmen

Natürlich heulen Luthers Feinde auf. Ein Mönch, der im Oktober 1524 die Kutte öffentlich abgelegt und damit seinen Orden verraten hat, der vom Papst gebannt ist, der vogelfrei ist und sich nicht darum schert, tritt nun wieder mal ein Gelübde mit Füßen: die Keuschheit. Läßt sich von einer Schlange verführen, nimmt den Apfel von Eva – heiratet. Ein Skandal ist das. Seht her, rufen die Gegenreformatoren, so verlottert ist der Mönch. Nach dieser Hochzeit, sagen sie, werden „geile Münch und Nonnen die Leitern an die Mauren der Clöstern" legen und Unzucht treiben.

Auch die Gefährten fürchten um die Sache der Reformation, und Philipp Melanchthon, Luthers humanistischer Mitstreiter seit 1521, glaubt auch, der Freund habe sich von Katharina einwickeln lassen. Luther sei doch so „überaus gutmütig", schreibt er in einem Brief, der damals viel Staub aufwirbelte. Da hätte die Nonne leichtes Spiel gehabt „und all ihre Künste darauf verwandt, ihn an sich zu ziehen".

Vor allem aber, schreibt Melanchthon, habe Luther den falschen Termin gewählt. Mitten in den Blutbädern des Bauernaufstandes. Unglaublich sei das. Es kompromittiere den Ruf aller Reformer. Ihre Autorität sei dahin. Und das wegen der fleischlichen Begierde eines Mannes, der den Glauben reformieren und die Kirche retten will. Allerdings rückt der aufgebrachte Freund am Ende des Briefes noch ein Gerücht zurecht, das ihn ärgert: „Das Geschwätz aber, daß er sie [Katharina] schon früher beschlafen habe, ist eine offenkundige Lüge."

Luther ist verletzt. „Wenn ich nicht heimlich geheiratet hätte", schreibt er, „so hätte man es verhindert, denn all meine nächsten Freunde schrien: Nicht diese, sondern eine andere!"

Aber er will keine andere. Eigentlich will er überhaupt keine. Katharina ist sozusagen eine „Sitzengebliebene“, die Luther unbedingt unter die Haube bringen will. Daß er selbst sie am Ende nimmt, kommt so:

Luthers rebellische Predigten sind längst in die Klöster eingedrungen. Er hat immer gegen den erzwungenen Zölibat gewettert, der für ihn nie Bestandteil der göttlichen Ordnung war. Mönche haben daraufhin ihre Kutte abgeworfen und sich Frauen genommen. Die wenigsten aus christlicher Überzeugung. Doch mit Luther als Feigenblatt ist für sie die Sünde erlaubt. Luther ist darüber entsetzt, sagt aber: „Es sind faule Leute, und sie suchen das Ihre; deshalb ist es besser, daß sie ohne die Kutte als in ihr sündigen.“

Eines Tages erreicht ihn aus dem Zisterzienserinnen-Kloster Nimbschen ein Hilferuf. Zwölf kleinadlige Damen wollen den Schleier ablegen, aber ihre Angehörigen sind dagegen. Ein Esser mehr ist ein Esser zuviel. Und wer will schon eine entsprungene Nonne heiraten? Sollen sie doch im Kloster bleiben, da liegen sie der Familie wenigstens nicht auf der Tasche.

Luther fühlt sich verantwortlich. Es sind schließlich seine Thesen, die die Damen zweifeln ließen. So weiht er den guten „Vater Prior“ ein, den Kaufmann Leonhard Koppe, der im Kloster Nimbschen oft Bier und Fische ablädt. Am Karsamstag 1523 lädt er auch ungewöhnliche Ware auf: Zwölf Nonnen fliehen in seinen Heringstonnen.

Am 13. Juni 1525 um fünf Uhr nachmittags werden der „entlaufene“ Mönch Martin Luther und die „entsprungene“ Nonne Katharina von Bora von Pfarrer Bugenhagen getraut. Lucas Cranach und dessen Frau gehören zu den Trauzeugen

Die „vestalischen Jungfrauen“ werden nach Wittenberg gebracht, und Luther sorgt dafür, daß die Mittellosen unter die Haube kommen. Katharina von Bora hat er ins Haus des Malers Lucas Cranach am Wittenberger Markt gebracht, dort soll sie warten, bis ein Freier gefunden ist, und das ist gar nicht so einfach.
In einer Zeit, wo Mädchen mit vierzehn heiraten, ist Katharina mit ihren 24 Jahren bereits überfällig. Und so sanft und gutmütig und geschäftstüchtig sie auch ist, die Schönheit gehört nicht zu ihren Tugenden. Die späte Jungfrau sieht eher ein wenig grob aus mit ihren harten Backenknochen, den schrägen Augen, dem breiten Kinn. Und eigenwillig ist sie auch noch, nimmt nicht jeden Mann, den Luther ihr vorschlägt. Nein, vom Doktor Glatz, dem Rektor der Universität Wittenberg, will Jungfer Katharina nichts wissen, auf den, sagt sie, hat sie „weder Lust noch Liebe“. Da möchte sie schon eher den „Doctor Martinus“ nehmen. Und so kommt es, daß Luther sich Katharina ins Haus holt. Und das wird wohl auch Zeit, denn der Bräutigam gibt selbst zu, wie verdreckt seine Wohnung im Schwarzen Kloster ist. Ein ganzes Jahr ist sein Strohlager nicht aufgeschüttelt worden. Und sein Famulus, der für Ordnung sorgen soll, ist ein fauler Hund und obendrein ein echter Drecksack. Katharina wird Ordnung schaffen und Gemütlichkeit.
Am Abend des 13. Juni 1525 heiraten die beiden, nach der Sitte im Brautbett. Und die kleine Hochzeitsgesellschaft hat die Pflicht, bei dieser sehr intimen Szene anwesend zu sein. Pfarrer Bugenhagen und die vier Zeugen stehen am Beilager, als sich der 41jährige Luther zu seiner 26jährigen Katharina legt.
Justus Jonas nimmt die Sache am stärksten mit. Er notiert am Tag darauf: „Gestern war ich dabei und sah den Verlobten auf dem Brautbett – ich konnte bei diesem Schauspiel die Tränen nicht unterdrücken.“ Doch nachdem es nun geschehen sei, erflehe er für den „trefflichen, lauteren Mann alles Glück“. Doch der Treffliche weiß genau: „Ich habe mich durch meine Heirat so gering und verächtlich gemacht, daß ich hoffe, die Engel lachen und die Teufel weinen.“
Der Schriftsteller Martin Gregor-Dellin hat ein Stück über *Luthers Hochzeit* geschrieben, ein deutsches Lustspiel. Barbara Cranach und Katharina von Bora bereiten das Beilager vor, beziehen es mit frischem Leinen, tragen den Hausaltar ans Bett, plaudern über ihre Männer und all die elenden Gerüchte, daß Katharina schon mit Luther geschlafen habe und so. „Das wird aufhören“, sagt Frau Cranach.
Bugenhagen und Jonas reden vom Brauch des Beilagers. Das sei nun mal so Sitte. Jonas möchte das nur sehr kurz zelebriert haben, „wir sind keine Kopulierer“. Und machen sich Sorgen um die Aufstände, 11 000 Bauern sind in Franken, 6000 in Württemberg erschlagen worden, „überall dasselbe Elend“.

Dann klettert Martin Luther aufs Lager, Katharina legt sich zu ihm, rückt näher. Cranach zieht Luther einen Stiefel aus, stellt ihn – zum Zeichen männlicher Herrschaft – auf die Bettkante. Und während Bugenhagen den Segen spricht, schiebt Katharina den Stiefel langsam über die Bettkante – bis er zu Boden fällt. Dann umarmt sich das Paar und küßt sich, und Jonas weint bitterlich.
Luthers Beilager ist für seine Anhänger tatsächlich eine sehr merkwürdige Sache. Sie müssen Abschied nehmen von ihrem „unbefleckten" Helden, vom Leitbild eines Asketen, vom Gottgesandten, der mit dem Scheuerbesen die Seelen kehrt und dabei alles Weltliche hinter sich gelassen hat.
Luther ist das ganze Gezeter lästig. Und das schreibt er auch in seiner Einladung für die offizielle Hochzeitsfeier, die eine Woche nach der Trauung stattfinden soll. Weil alle Welt ihn zum Teufel wünscht, hat er die bösen Mäuler nun gestopft, hat „in Eile das Beilager abgehalten", und das soll nun „am Dienstag über acht Tage" gefeiert werden, sie seien herzlich eingeladen.
Das Fest wird mit Kirchgang, Tanz, Gesang und einem Abendessen begangen. Freunde, die nicht kommen können, lassen ein „gutt byer" schicken. Von der Universität erhält das Brautpaar einen Silberbecher, vom Stadtrat 20 Gulden und ein Faß Einbekker Bier, und Kurfürst Johann spendiert ebenfalls 20 Gulden für den „lieben Luther", die der vom „Giganten von Babylonien" unter keinen Umständen annehmen will; aber die praktische Käte läßt das Sündengeld ganz locker in die Haushaltskasse rutschen.
An das „bar Zepf", das Paar Zöpfe im Bett, gewöhnt sich Luther schnell und mit Vergnügen. Der Beischlaf ist ihm „heilig". Ihm sind die Herrenthesen – Weiber seien sexuell unersättliche Hyänen –, die noch 1487 im *Hexenhammer* den Inquisitoren eingebleut wurden, immer zuwider gewesen. Aber wie die Leute das geschluckt und verinnerlicht haben! Ein reaktionärer Student schreibt eine „geile" Geschichte von Nymphomanie über die Mönchs-Huren-Hochzeit des Reformators. Ein „scheiß Poet", sagt Luther. Aber wer sich nicht alles noch aufregt, Georg von Sachsen und, sieh an, sogar Heinrich VIII. wettert gegen den lüsternen Mönch. Aber da steht „Juncker Heintze", wie Luther Englands König nennt, noch am Anfang seiner Blaubartkarriere.
Allerdings – als Luther und Käthe ein Jahr nach der Hochzeit den ersten strammen Sohn bekommen, atmen sie endgültig auf: „Homo vorax ac bibax", der große Esser und Trinker, ist nämlich kerngesund. Wie hätte sich die Meute das Maul erst zerrissen, wenn ein Aberglaube in Erfüllung gegangen wäre: Wo ein Mönch mit einer Nonne kopuliert, kommt das Kind als Monstrum auf die Welt – mit zwei Köpfen.

Hundert Soldi für die Nacht der Nächte

Wie eine Braut sich 1535 auf ihre Pflicht vorbereitet

In Breene, einem kleinen Nest in der Champagne, lebt ein schönes Zimmermädchen in einem Gasthaus. Es heißt Nicole, und die ist geschickt und arbeitet schnell. Eines Tages verloben die Eltern das nette Kind mit einem netten Burschen, und alles ist in bester Ordnung. Nur Jacquinot, der Knecht, ist traurig, denn er liebt Nicole und hätte sie gerne für sich gehabt.

Eines Tages sitzen die beiden so zusammen, und er sagt: Weißt du überhaupt, was Heiraten heißt und was dein Mann von dir in der Brautnacht erwartet? Nichts weißt du, und drum wird er dich schlagen, und deine Ehe wird die Hölle sein.

Um Himmels willen, sagt da das schöne Kind, kannst du mir nicht beibringen, was ich wissen muß? Ich will dir auch heimlich Wein dafür schenken.

Wein, sagt Jacquinot, zum Teufel, dafür ist die Lektion nun wirklich zu anstrengend. So eine rechte Vorbereitung auf die Brautnacht kostet Geld.

Ich habe hundert Soldi, sagt Nicole, mehr nicht. Aber sie kann zum Wein auch noch tägliche Mahlzeiten abzwacken, morgens, mittags, abends.

Der Handel ist perfekt. Sie treffen sich auf dem Heuboden. Und Jacquinot beginnt mit der Lektion, die Nicole durchaus gefällt. Der Lehrer ist natürlich nicht gleich zufrieden. Meine liebe Nicole, sagt er, sei nicht lässig und beweg dich. Heb das Kreuz, daß ein gesattelter Hase drunter durchlaufen kann.

Nicole merkt sich alles genau, arbeitet tüchtig, dankt, geht, kommt am nächsten Tag wieder, kommt manchmal dreimal und gelegentlich siebenmal, sie muß doch perfekt sein, wenn ihr Mann sie freit. Das geht so sieben Monate lang.

Am Morgen des Hochzeitstages holt sie sich den erschöpften Knecht ein letztes Mal. Dann gehen beide zur Hochzeitsgesellschaft. Und als alle gegessen und getanzt haben, bringen die Freunde das Brautpaar ins Bett und kichern herum und geben Nicole Ratschläge, aber die weiß zufällig viel besser Bescheid als alle ums Bett zusammen, das wird sie ihrem Mann gleich zeigen, der wird Augen machen. Dann gehen die Leute. Und schon macht der Gatte sich an die Arbeit.

Und schreckt zurück. Merkt, daß nicht er der Herr im Bett ist. Du

Nicole läßt sich vom Knecht Jacquinot in die Geheimnisse der Brautnacht einführen. Sie verspricht ihm dafür Geld und täglich drei Mahlzeiten

bist mir zu geschickt, sagt er, kennst die Sache besser als ich. Zum Teufel, sagt sie, sei doch froh. Die Lektion ist teuer genug gewesen. Hundert Soldi hat das Ganze gekostet. Und erzählt ihm, wie sie sich mit Jacquinot Tag für Tag abgerackert, jede freie Stunde genutzt habe, nur um ihm zu gefallen in der Hochzeitsnacht.
Doch ihr Mann rührt sie nicht mehr an, legt sich ans andere Ende des Bettes und schläft. Am nächsten Morgen beklagt er sich bei den Schwiegereltern. Nein, eine geöffnete Jungfrau will er nicht. Die sind entsetzt, und Jacquinot wird fortgejagt, und das ganze Dorf erfährt die Geschichte, auch der Graf. Der ist so begeistert, daß er Jacquinot kommen läßt. Gnädiger Herr, sagt der, waren das Monate. Jeden Tag hat sie mich geholt, und einmal mußte ich's ihr achtmal zeigen. Schwerarbeit war das. Und drum meint er auch, daß ihr Mann gar nicht so erzürnt sein muß, denn der hat den Weg doch gut vorbereitet gefunden.
Der Mann hat den Vorteil inzwischen auch erkannt. Er kehrt zu seiner Frau zurück. Und Nicolas de Troyes schwört, daß sich diese Geschichte 1535 zugetragen hat, im Monat Mai, zu Breene in der Champagne.

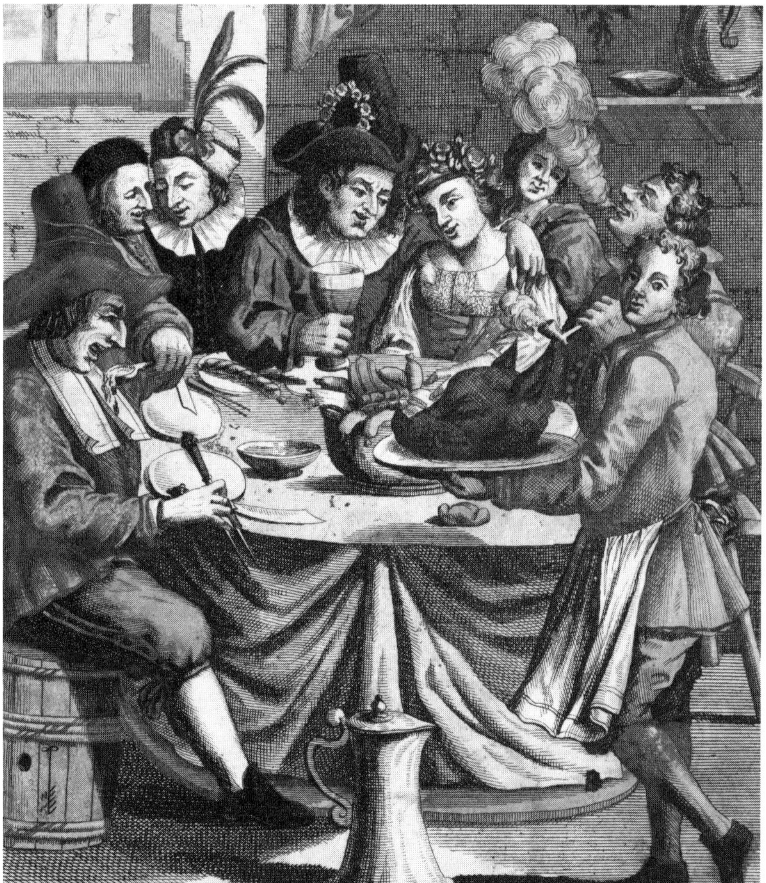

Vor der Hochzeit wird stets gut gegessen und getrunken. Danach begleiten die Freunde das junge Paar ins Brautgemach und geben gute Ratschläge für die Nacht

Annas Busen bringt es an den Tag

Was Heinrich VIII. mit seiner vierten Frau anstellt

Als Heinrich sich Anna in Öl betrachtet, nickt er zufrieden. Die kleine Cleve, von Holbein gemalt, gefällt ihm, scheint zart und gut gewachsen, doch, doch, er ist einverstanden mit seiner künftigen vierten Frau, die Lordkanzler Thomas Cromwell für ihn in Deutschland aufgetan hat.

Es war ja schwer genug, noch eine Jungfrau zu finden, die es wagte, einen vom Papst Gebannten zu heiraten, der außerdem im Ruf stand, seine Frauen unters Beil zu bringen, wenn er ihrer überdrüssig war. Gott sei Dank ist die letzte, Jane Seymour, ganz normal gestorben – im Kindbett. Er ist zum erstenmal ein echter Witwer. Unmöglich hat Heinrich sich aber vor allem durch seine zynische und frivole Kirchenpolitik gemacht, die mit der Reformationsbewegung auf dem Festland nicht mehr zu vergleichen ist. Er selbst hat sich in Englands High Church an die Stelle des Papstes gesetzt. Wer ihn leugnet, hat ausgelebt. Kopf ab. Und er hat Kirchen und Klöster plündern lassen, hat einen blutigen Staatsschatz angesammelt. Steinreich ist er dabei geworden. „Juncker Heintze wil Gott sein und thun, was ihn gelüstet“, sagt Luther verächtlich.

Als dann auch noch berichtet wird, Heinrich habe den heiligen Schrein des Märtyrers Thomas Becket in der Kathedrale von Canterbury aufbrechen und dessen Gebeine auf dem Marktplatz verbrennen lassen, ist das Maß voll. Europa wendet sich mit Ekel von diesem Kirchenschänder, und Kaiser Karl verhängt einen Wirtschaftsboykott gegen England, ausgerechnet der Habsburger, mit dessen Nichte Heinrich sich doch so gern verheiratet hätte, was der Kaiser „frech und unpassend“ findet.

Da kann der Antichrist aus dem Geschlecht der Tudor fast von Glück sagen, daß der Herzog von Cleve aus Düsseldorf seine sittenstrenge Schwester Anna hergibt, eine fromme Protestantin. Und Cromwell hütet sich denn auch, bei der Werbung eine Mitgift zu fordern. Nein, die große, ein wenig magere und leider etwas pockennarbige, aber sehr selbstbewußte Jungfrau, die gerade 34 geworden ist, wird gratis genommen.

1539, wenige Wochen vor Weihnachten, bricht der Brautzug im Rheintal auf. Über Antwerpen und Dünkirchen geht es nach Calais. Eine Flotte von fünfzig Schiffen erlebt eine turbulente Überfahrt. In Deal erwartet Heinrich seine seekranke Braut.

Anna von Cleve soll die vierte Frau von Heinrich VIII. werden. Hans Holbein malte für den englischen König ein Porträt seiner Zukünftigen. Heinrich ist von dem Bildchen entzückt, von der Braut später weniger

Heinrich ist 48 und fett. Jagt nicht mehr, sein ewig offenes Bein wässert, schmerzt, stinkt, und weil er nicht laufen mag, sitzt er meist und ißt. Seit er weiß, daß er wieder Gatte wird, läßt er sich schon mal massieren, reitet auch dann und wann wieder aus. Enttäuscht ist er wohl schon von Anna, die auf dem Bild von Holbein so hübsch und attraktiv aussieht. Spätere Zeugenaussagen wollen aber weismachen, daß Heinrich „diese Stute aus Flandern" vom ersten Augenblick an so gräßlich gefunden hat, daß er sich kurz vor der Trauung noch überlegt haben soll, sie postwendend nach Düsseldorf zurückzuschicken. Aber das hätte er sich wohl doch nicht leisten können.

Auf der Schwarzen Heide bei Greenwich jedenfalls wird eine pompöse Vor-Hochzeit gefeiert. Anna erwartet ihren Mann in einem Zelt aus Goldbrokat. Heinrich läßt sich vorm Schloß aufs Pferd heben und reitet der Jungfrau aus Cleve entgegen. Er ist in Purpur, Samt und Damast gekleidet, seine Kappe ist mit Juwelen bestickt, das Wams mit Diamanten zugeknöpft. Salutschüsse vom Tower,

Als Heinrich VIII. sich von Anna von Cleve scheiden lassen will, sucht er händeringend nach einem Grund, den Kirche und Parlament akzeptieren. Sie glauben ihm nämlich nicht, daß er die Ehe mit ihr nicht vollzogen hat

Musik aus den Zelten, Feuerwerk über der Themse – großer Bahnhof also für den vierten Versuch des mörderischen achten Heinrich.
Drei Tage später – am Tage der Heiligen Drei Könige im Jahre 1540 – ist die Trauung. Erzbischof Cranmer segnet das Paar, und Heinrich steckt Anna den Ring auf, in dem steht: „Gott schenke mir Glück für immer.“ Es folgen feierliche Messen, Bankette, Gebete, und am Abend wird gegessen und ein Maskenball beklatscht, die Frischvermählten humpeln gar ein Tänzchen miteinander, und spät in der Nacht ziehen sich Heinrich und Anna ins Brautbett zurück.
Was in dieser Nacht geschehen sein soll, wird ein halbes Jahr später in die Öffentlichkeit gezerrt und ist eine glatte Lüge.
Sicher ist, daß Heinrich und Cromwell mit der Heirat der protestantischen Prinzessin von Cleve die Reformation in England festigen wollen. Sicher ist auch, daß Kaiser Karl das verhindern will. Wenn er damit den Weiberfresser Heinrich noch vor der Welt lächerlich machen kann – um so besser. Jedenfalls läßt er dem Engländer ausrichten, daß der in Frieden leben könnte, ja, sogar Schottland erobern dürfte, wenn er einen kleinen Fehler – seine Ehe nämlich – korrigieren würde. Und dann droht er dem Protestanten von Cleve eine kaiserliche Strafexpedition an. Und da der deutsche Herzog mit dem englischen Heinrich versippt und verschwägert ist, wird die Sache vertrackt. Denn er muß ihm in der Not beistehen. So heißt es jedenfalls im Ehevertrag. Doch einen Krieg kann Heinrich sich nicht leisten. Katholiken, Calvinisten, Lutheraner, Puritaner in einem Heer und dann gegen Habsburg. Ausgeschlossen. Das wäre glatter Selbstmord.
Also geht Heinrich auf des Kaisers Wunsch ein. Warum auch nicht. Man kann ja nach der Scheidung eine Neue heiraten, eine Fromme, Kaiserfreundliche aus bestem englischen Haus, diese 19jährige appetitliche Lady Katharina Howard zum Beispiel. Er läßt ihr zur Sicherheit schon mal ein Diamanthalsband schicken.
Es geht alles ganz schnell. Cromwell, der Verantwortliche der Mesalliance, wird verhaftet, kommt in den Tower. Die verblüffte Anna muß nach Richmond umziehen, es sei eine Seuche in London ausgebrochen, was sie nicht glaubt. Kurz darauf erhält sie Post von Heinrich. Er habe da ganz große Zweifel, ob die Ehe mit ihr gültig sei. Alles würde jetzt untersucht, und er hoffe doch, daß auch sie sich dem Urteil des Gerichts unterwerfen würde. Natürlich wolle er sie fürstlich abfinden.
Nun braucht der König nur noch einen halbwegs plausiblen Grund für die Auflösung der Ehe, die so gültig ist, wie selten eine bei ihm, denn Heinrich war Witwer und Anna Jungfrau. Was also soll er der Kirchenversammlung und beiden Häusern des Parlaments unterjubeln?

Da sitzt doch Cromwell als Hochverräter im Tower. Weiß der nicht, was an der Ehe faul ist? Natürlich weiß der. Die kleinste Chance, seinen Kopf vom Block zu ziehen, muß einer doch nützen. Und so schreibt er einen Brief an Heinrich und schwört unter Eid: Die Braut, die er für Heinrich ausgesucht, habe dem gleich miserabel gefallen. Der König habe sich noch in Greenwich überlegt, sie nach Düsseldorf zurückzuschicken. Aber dann habe Anna ihm leid getan, auch, weil sie so fleißig Englisch gelernt und ihm sogar versprochen hatte, Karten spielen zu lernen. So sei es zur Hochzeit aus Mitleid gekommen. Am Morgen danach habe er, Cromwell, den König gefragt, ob Anna ihm jetzt vielleicht besser gefalle? Überhaupt nicht, habe der gesagt. Es sei eine schreckliche Hochzeitsnacht gewesen. Als er seiner Braut nämlich das Schlafgewand hochgeschoben und Annas Brust an seinem Körper gefühlt habe, sei ihm der schwere Verdacht gekommen: Die ist doch längst über dreißig und sicher nicht mehr Jungfrau! Diese Erkenntnis habe den König so bestürzt, daß er keine Lust mehr gehabt habe, sich über ihren wahren Zustand Gewißheit zu verschaffen. Seither, so habe Heinrich ihm anvertraut, sei nie mehr der Wunsch in ihm erwacht, sich seinem Weib zu nähern.
Das Stück Papier kann sich sehen lassen. Das Parlament akzeptiert. Der König sagt: „Wenn Anna als Jungfrau zu mir kam, dann geht sie auch jetzt als Jungfrau.“ Anna fügt sich. Cromwell wird trotzdem geköpft. Und Heinrich wandelt zum fünftenmal auf Freiersfüßen.

Lordkanzler Thomas Cromwell, der die vierte Frau für Heinrich VIII. ausgesucht hatte, wird von seinem König in den Tower geworfen, als dem die Cleve lästig wird. Um seinen Kopf zu retten, beglaubigt er die vom König gewünschte Version der Hochzeitsnacht

Zu schwach für die Liebe

Wie Philipp II. eine späte Jungfer und Maria Stuart ein Kind heiratet

Freitag, den 13. Juni 1554, schifft sich Philipp II., der einzige Sohn von Kaiser Karl V., zur Hochzeit nach England ein. Er soll die Tochter jener Katharina von Aragon heiraten, die gut fünfzig Jahre zuvor ebenfalls von La Coruña aus in die stürmische See stach, um Arthur zu heiraten – und später dessen Bruder Heinrich VIII.

Maria Tudor, Tochter Katharinas und Heinrichs, ist vor einem Jahr Königin von England geworden. Was macht es da, daß sie schon 38 ist? Doch, Philipp macht es was. Der 27jährige blonde, blauäugige Thronfolger Spaniens mit der berühmten herabhängenden Habsburger Unterlippe unterschreibt den Ehevertrag widerwillig, fügt sich aber eben doch der Verkuppelungspolitik europäischer Herrscherhäuser. Von seinem kaiserlichen Vater erhält er zur Belohnung den Thron von Neapel. Und aus Rom kommt die dringende Bitte: „Tut um Gottes willen, als seiet Ihr erfreut!" Denn durch diese Heirat soll England vor allem wieder in den Schoß des Papstes zurückkehren.

Als Philipp Maria zwei Tage vor der Hochzeit zum erstenmal im Audienzzimmer sieht, ist er ziemlich geschockt: Die verblühte Jungfer ist klein, mager und schlaff, hat rote Haare und keine Augenbrauen und eine Stimme wie ein Mann. Aber Philipp ist gut erzogen. Also nimmt er sie nach spanischer Sitte in den Arm, küßt sie nach englischer Sitte auf den Mund – und von diesem Augenblick an liebt Maria ihn voll Zärtlichkeit.

Sie werden in der Kathedrale von Winchester getraut. Maria läßt ihren Bräutigam eine halbe Stunde vorm Kirchenportal warten. In ihrem Alter dauert es eben länger, sich herzurichten. Sie erscheint dann in weißer Seide mit schwarzem Umhang und roten Schuhen. Nach der Trauung wird gespeist. Maria tut's von goldenen Tellern, Philipp muß von Silber essen. Die englische Überlegenheit soll demonstriert werden.

Am späten Abend segnet Bischof Gardiner das Brautbett mit dem ungleichen Paar, von dem schnellstens ein Thronfolger für England erwartet wird. Aber die Spione vor der Tür haben am nächsten Morgen nichts zu berichten, erzählen nur, daß Philipp schon seit sieben Uhr früh auf den Beinen ist. Die Königin dagegen glaubt bald, ein Kind zu bekommen. Sie täuscht sich. Es ist die beginnende Wassersucht.

Ein halbes Jahr vor Maria Tudors Tod heiratet die schottische Königin Maria Stuart den Dauphin Franz. Die Verbindung, die schon seit zehn Jahren geplant ist, wird nun Hals über Kopf vollzogen, weil dieser Philipp II. seine Frau derart gedrängt hat, bis sie schließlich Frankreich den Krieg erklärte. Philipp ist nun wild entschlossen, nach Paris zu marschieren.
Maria Stuarts Onkel, Herzog Franz von Guise aus Lothringen, kommt den Franzosen zu Hilfe, erobert ihnen im Januar 1558 Calais zurück, das 220 Jahre in englischer Hand lag. Dafür soll nun aber Maria den Dauphin heiraten, auch wenn der gerade erst vierzehn geworden ist. Viel wichtiger ist doch, daß die schottischen Streitkräfte Frankreich im Krieg gegen diesen streitsüchtigen, habsburgischen Spanier in England zur Verfügung stehen.
Da müssen die Franzosen wohl zustimmen. Auch, wenn dieses Schottland ein lächerlich unbedeutendes Land ist. Dafür ist die 15jährige Maria wohl die schönste Frau Europas. Und da man hört, daß die kinderlose Maria Tudor die Wassersucht hat, besteht sogar die Hoffnung, daß Maria Stuart – Elisabeths Cousine und damit die nächste in der Hierarchie – eines Tages Englands Königin wird. Also: Die Hochzeit ist beschlossen und verkündet.
Die Trauung findet am 24. April 1558 in der Kathedrale von Notre-Dame statt. Maria trägt ein lilienweißes Kleid, worüber die Franzosen entsetzt sind. Weiß, das weiß man doch, ist die Trauerfarbe

Philipp II. heiratet 1554 widerwillig Maria Tudor, die Tochter von Heinrich VIII. Daß der 27jährige spanische Thronfolger die verblühte Jungfer von 38 Jahren zur Frau nehmen muß, hat politische Gründe: Spanien und England wollen Frankreich in die Zange nehmen

französischer Königinnen. Für Maria aber ist Weiß die schönste Farbe. Und der schwächliche Franz findet das auch in Ordnung, denn er liebt Maria über alles, sieht sie dauernd an. Sie hat so ein sanftes, sinnliches Gesicht mit träumerischen Augen und einer herrlichen Haut, was in der Zeit der Pocken besonders auffällt, rotblondes Haar, einen langen Hals, zarte Knochen und wunderschöne, schmale Hände.

Die schottische Königin Maria Stuart heiratet den Dauphin, als der ein Knabe von vierzehn Jahren ist. Der schwächliche Franz kann die Ehe nicht vollziehen, aber die Brautleute behaupten, sie seien Mann und Frau

Während des üppigen Hochzeitsessens im Justizpalast kann die anmutige junge Frau die schwere Krone nicht mehr auf dem Kopf halten. Der Vater des Bräutigams, König Heinrich, läßt sie von einem Kammerherrn abheben. Der steht nun hinter ihr und trägt das kostbare Stück. Ein böses Omen, ein Fingerzeig des Schicksals, sagen die Leute – später.

Noch am Hochzeitstag schreibt Maria Stuart einen begeisterten Brief an ihre Mutter in Schottland. Der König und die Königin seien wahnsinnig nett zu ihr, und Franz, den Bräutigam, fände sie überhaupt ganz wunderbar, und sie freue sich auf ein gemeinsames Leben mit ihm.

Das beginnt am späten Abend im Brautbett. Der Knabe Franz ist mit seiner schwächlichen Gesundheit wohl schon nach dem Austausch von Zärtlichkeiten zufrieden und erschöpft. Und Maria ist, wie er, noch ein Kind. Und durchaus nicht aufgeklärter als ihr Gatte. Von dem sagen die Ärzte vor der Hochzeitsnacht, er sei so unterentwickelt, daß es zu einer körperlichen Beziehung und gar mit fruchtbaren Folgen überhaupt nicht kommen könne.

Maria sagt nach der Hochzeit, sie führe bereits eine vollkommene Ehe. Das stimmt gewiß, denn die jungen Leute mögen sich ja. Und wo neugierige Höflinge und Schranzen in gebückter Erwartungshaltung stehen und wissen wollen, was denn nun alles passiert ist in der Nacht, da lächelt ein junges Mädchen natürlich vielsagend, auch wenn es gar nicht weiß, was überhaupt passiert sein könnte, und die liebevolle Umarmung ihres Mannes schon für den Vollzug der Ehe hält. So berichtet denn auch der venezianische Gesandte prompt vom bestandenen Beischlaf.

Als die zarte Maria ein paar Wochen später ohnmächtig wird und man munkelt, sie sei sicher schwanger, da beginnt sie sofort, lose, weite Kleider zu tragen, und das mit Stolz und Spaß. Als sich bis Ende September allerdings keine Rundungen zeigen, ist Maria traurig und wechselt die Gewänder.

Kurz vor seinem 17. Geburtstag stirbt ihr Mann. Wahrscheinlich an einem eitrigen Ekzem. Sein Gesicht war schon seit Monaten mit feuerroten Flecken übersät. Der junge Kerl sieht so schrecklich aus, daß er bestes Futter für Gerüchte ist: Lepra habe er, sagen die Leute, und er bade im Blut frisch geschlachteter Kinder, um gesund zu werden. Als Maria nach seinem Tod nach Schottland zurückkehrt, sind alle bei Hofe sicher: Sie ist noch Jungfrau.

Die Lerche jagt ihn aus dem Bett

Wie Romeo und Julia ihre Hochzeitsnacht verbringen

Willst du schon geh'n?" fragt Julia. „Der Tag ist ja noch fern. Es war die Nachtigall und nicht die Lerche, die eben jetzt dein banges Ohr durchdrang." Aber Julia weiß längst, daß es die Lerche ist, die singt, und daß sie Romeo aus dem Brautbett drängen muß, sonst wird man ihn umbringen, er hat doch ihren Vetter Tybalt erstochen, er, der Montague, der Feind des Hauses Capulet.

Was ist nicht alles geschehen in den letzten 24 Stunden. Erst eine Nacht zuvor, am Sonntag, haben sie sich ewige Liebe geschworen, Julia hoch am Balkon ihres Zimmers, er hängend an den Gitterstreben. Ja, sie wollen heiraten, heimlich, gleich Montag morgen, er kennt den Pater Lorenzo, sagt Romeo, der wird alles mit ihm vorbereiten.

Lorenzo, dieser Franziskaner der Hochrenaissance, dieser Weise in der Kutte, er kennt die Glut der Liebe und der Triebe, sagt: „Kommt, kommt mit mir, wir schreiten gleich zur Sache." Im frühen Mittelalter ist die Kirche immer zweiter gewesen, segnet erst nach dem Beischlaf, wie bei Siegfried und Kriemhild, die am Morgen danach in den Wormser Dom gehen. Bei Shakespeare, der 1595 sein Liebesdrama schreibt, hat inzwischen die Kirche gesiegt. „Ich leide nicht, daß ihr allein mir bleibt, bis euch die Kirch' einander einverleibt", sagt Lorenzo, der seine Pappenheimer kennt.

Nun sind die beiden Mann und Frau, Julia, das schöne Kind, das noch nicht vierzehn ist, und Romeo, der lockere Bube, der schon dies und das erlebt hat, aber erst jetzt die Liebe kennenlernt.

Julia träumt beglückt daheim, und Romeo geht auf Wolken. Und gerät in eine böse Prügelei zwischen seinen und Julias Freunden. Er will den Streit schlichten, dabei tötet der Playboy Tybalt seinen Gefährten Mercutio. Romeo ist von Sinnen, ruft „entflammte Wut, sei meine Führerin" und ersticht den Mörder, und wird von den Capulets verbannt, muß fliehen, sonst stirbt auch er.

Die Amme verhilft den Verzweifelten zum Beilager, zur ersten und letzten Nacht. Sie lieben sich und schwören, sich zu schreiben, und küssen sich und weinen, und dann singt schon die Lerche, von der Julia hofft, es sei die Nachtigall.

Doch „die Nacht hat ihre Kerzen ausgebrannt", und als Romeo mit Liebesschwüren über den Balkon hinweg flieht, naht schon Julias

Mutter. Denn während die Tochter ihre Hochzeitsnacht verlebt, hat sie bis zum frühen Morgen mit ihrem Mann Pläne geschmiedet, verkündet nun der Tochter, die werde am kommenden Donnerstag den Grafen Paris heiraten.
Wie denn? Sie ist doch schon verheiratet. Nur wissen das die Eltern nicht. Und wüßten sie's, sie würden ihr Kind verfluchen. Und so kommt es, daß sie den Scheintod-Trunk vom Pater trinkt, daß Romeo von ihrem „Tod" erfährt, sich an ihrer „Leiche" vergiftet und Julia sich ersticht, als sie, erwachend, den toten Gatten sieht.

Romeo und Julia kennen sich erst wenige Stunden, als sie sich heimlich trauen lassen. Ihre Hochzeitsnacht ist die einzige Nacht, die sie miteinander verleben

Sie liegt wie tot in den Laken

Wie Heinrich IV. erst eine Valois und dann eine Medici freit

Als Heinrich von Navarra auf dem Weg nach Paris ist, um Margarete von Valois zu heiraten, macht er im Juni 1572 in Nérac eine kleine Pause. Da verliebt er sich in die Tochter des Schloßgärtners, die Fleurette heißt und siebzehn ist und voller Leidenschaft. Als Heinrich abreist, stürzt sie sich vor Liebesgram in einen Tümpel, wird aber gerettet, und der Prinz reitet weiter – zu seiner Braut.
Die hat seine Mutter Johanna d'Albret, Königin dieses kleinen Pyrenäen-Fürstentums Navarra, für ihn ausgesucht. Es hatte sich auch eine berühmte, selbsternannte Jungfrau für ihn interessiert, Elisabeth von England. Aber da ist die Mutter strikt dagegen, denn am 17. Oktober 1564 hatte der prominente Sternendeuter Nostradamus dem Kind die französische Königskrone prophezeit. Also kann der Junge unmöglich nach England heiraten.
Den französischen Hof findet die Mutter natürlich furchtbar liederlich. Ein Sündenpfuhl. „Hier bestürmen nicht die Männer die Frauen", schreibt sie entsetzt an ihren Sohn, „es sind vielmehr die Frauen, die die Männer anflehen." Den Sohn schreckt diese Sittenverderbnis gar nicht. Er hat bei Fleurette längst seine Unschuld verloren, wovon die strenge Mutter keine Ahnung hat.

Am 18. August 1572 heiratet der Hugenotte Heinrich von Navarra, der spätere König Heinrich IV. Margarete von Valois. Kurz nach seiner Hochzeitsnacht beginnt die Blutnacht von Paris, die Bartholomäusnacht, das Massaker an den Hugenotten

Sie ist auch nicht sehr entzückt von der bevorstehenden Verbindung. Johanna und Heinrich sind Hugenotten, also strenge Calvinisten. Die Braut ist Katholikin. Auch Heinrich wurde einst katholisch getauft, 1554 war das, als er vier Monate alt war. Aber schon ab 1559 wird er protestantisch erzogen. 1562 dann, am französischen Hof, muß er wieder katholisch werden. Ein Jahr später unterrichten ihn Calvinisten.
Jetzt, auf seinem Weg nach Paris zu seiner katholischen Braut, der Schwester des französischen Königs Karls IX., warnen ihn hugenottische Freunde. Ob das nicht eine Falle ist? Dieser brutale Kerl mit seiner wüsten Mutter Katharina von Medici. Und dann diese Mischehe. Und das alles mitten in den schlimmsten Religionswirren und Glaubensschlachten. Nicht, daß er da plötzlich am Hofe als Geisel behandelt wird.
Da erfährt Heinrich auf seiner Weiterreise, daß die Mutter in Paris gestorben ist – vergiftet von der königlichen Sippe, munkeln die Gerüchtemacher –, aber Heinrich weiß, daß sie schwer krank war. Er wird die Heirat, die sie gewollt, als ihr Vermächtnis ansehen. So

wird am 17. August im Louvre Verlobung gefeiert, am 18. die Trauung. Die wird auf einem Podest vor dem Hauptportal von Notre-Dame zelebriert, denn der Calvinist Heinrich will nicht in der Kathedrale vermählt werden.
Für Margarete von Valois ist diese Hochzeit eine Tragödie. Seit Jahren liebt sie Heinrich von Guise, den Lothringer. Der leidet nun ein paar Schritte von ihr entfernt. Und sie muß den Mann aus Navarra nehmen. Da steht die schöne Braut nun in ihrer goldenen Robe unter weitem blauen Mantel „mit vier Ellen langer Schleppe", steht da und sagt im entscheidenden Augenblick „Nein". Schüttelt den Kopf. Will nicht.
Der Priester fordert sie noch einmal auf, den sakramentalen Schwur zu leisten. Aber Margarete macht den Mund nicht auf. Sieht nur ihren Guise an. Da schiebt der Bruder, König Karl IX., ihr die Faust ins Genick und drückt ihr das Haupt zu einem „Ja" tief nach unten. Der Kardinal ist es zufrieden. Es versagt einem jungen Mädchen halt schon mal die Sprache bei ungewöhnlichen Ereignissen.

Margarete von Valois will den ihr zugewiesenen Gatten, Heinrich von Navarra, nicht heiraten. Sie sagt vorm Priester „Nein"

Die katholische Zeremonie in der Kathedrale dauert anschließend vier Stunden. Heinrich begleitet seine Gemahlin noch bis an den Altar, zieht sich dann aber mit seinen Gascognern in den Bischofspalast zurück, wo sie Witze reißen und gewaltig herumtoben.
Um vier Uhr holt der Hugenotte von Navarra die Prinzessin von Valois wieder ab. Nach einem üppigen Gelage verbrüdern sich betrunkene Katholiken mit betrunkenen Hugenotten, und wie die Katholikin Margarete und der Hugenotte Heinrich die erste Nacht verbringen, beschreibt Heinrich Mann in seinem Roman *Die Jugend des Königs Henri IV.*
„Henri!" sagt sie. „Deine Gestalt ist genau von den Maßen, die den Vorschriften der Antike entsprechen." Und dafür verdiene er, belohnt zu werden. „Margot!" ruft er. „Ich bin voller Freude bereit." Und da es schon Nacht ist, duldet der Beweis keinen Aufschub mehr. Er trägt sein Weib aus dem Saal, durch Gänge bis ins Brautgemach. Soldaten salutieren.
„Das leidenschaftliche Vorhaben wurde erschwert durch das Brautkleid", schreibt Heinrich Mann, „es stand viereckig um die Hüften, Margot war darin eingesperrt wie in einen Kasten." Aber Heinrich ist geschickt, kennt sich aus. „Da war die Schale geöffnet, die Perle enthüllt. Anstatt sich erst lange darzubieten in ihrer Kostbarkeit, befahl sie den Knien ein wenig nachzugeben." Das passiert auf ihrem berühmten Bett aus schwarzer Seide. Und bevor sie noch etwas denken kann, „verging ihr Hören und Sehen, zum großen Vorteil der übrigen Sinne".
Vier Tage, bis zum 21. August, wird Hochzeit gefeiert. In der Nacht zum 24. August beginnt die Blutnacht von Paris, die Bartholomäusnacht, das Massaker an den Hugenotten.

Katharina von Medici und ihr Sohn Karl IX. inszenieren sie. Morgens um halb zwei läutet die Glocke von Saint-Germain-l'Auxerrois – das Zeichen zum Beginn der Menschenjagd. Margaretes Geliebter ist der Anführer der Schlächterbande. König Karl läßt seinen Schwager Heinrich von Navarra einschließen. Der hört die Todesschreie seiner Freunde, sieht weinend vom Fenster aus, wie sie auf dem Hof des Louvre erschlagen und zerstückelt werden. Margarete versucht, ein paar Gefährten ihres Mannes zu retten. Die meisten werden vor ihren Augen abgeschlachtet. Als ihr die Mutter am Morgen vorschlägt, sich schleunigst von diesem Hugenotten scheiden zu lassen, lehnt sie das entschieden ab.

27 Jahre später wird die Ehe zwischen Heinrich und Margarete vom Papst annulliert. Da hat der Mann aus Navarra Karl IX. überlebt, von der „verrufenen Dirne" Gabrielle drei Kinder bekommen, ist Anführer der Hugenotten gewesen, hat zwei Attentate überlebt und von König Heinrich III. auf dessen Sterbebett die Krone von Frankreich bekommen. Weil aber die Katholische Liga und Philipp II. da keinen Hugenotten dulden wollen, verwehren sie ihm den Einzug nach Paris – bis Heinrich sie matt setzt, indem er wieder einmal die Konfession ändert, das hat die Staatsraison ja oft genug von ihm erzwungen. Dann zieht er – „Paris ist eine Messe wert" – in die Hauptstadt ein, gewährt den Hugenotten im Edikt von Nantes Religionsfreiheit und räumt zusammen mit Minister Sully das Wirtschafts- und Finanzchaos auf.

Noch bevor die Ehe mit der Valois annulliert ist, verlobt Heinrich IV. sich mit Maria von Medici. Nicht aus Liebe, sondern weil Geld in der Staatskasse fehlt. Liebe bekommt er von der Marquise de Verneuil, und da gibt es noch die Ersatz-Mätresse Marie de la Bourdaisière, überhaupt ist dieser Heinrich so galant und potent, daß viele französische Ortschaften, durch die er geritten, den Ursprung mehrerer Familien auf eine königliche Beglückung zurückführen.

Er hat die Braut aus der Toskana nie gesehen, bombardiert Maria aber mit Pikanterien, daß sie voller Entzücken seiner harrt. Am 5. Oktober 1600 verkünden die Glocken von Florenz, daß geheiratet wird. Ohne Heinrich allerdings. Der läßt sich durch den Großherzog vertreten. So findet die Trauung in Prokuration statt.

In Marseille, wo Maria mit ihrem unerhörten Brautschatz eintrifft, heißt es, Heinrich werde noch von der Armee aufgehalten. In Lyon das gleiche Bild, mieser Empfang. Und wieder kein Heinrich. Sechs Tage später trifft er dann ein. Die Stadttore sind verschlossen, weil niemand ihn erwartet. Über eine Stunde steht er da und friert im bitterkalten Dezember.

Dann aber galoppiert er gleich zum bischöflichen Palast, rennt hinein, schlägt an die Tür seiner Frau und brüllt laut und unge-

schliffen um Einlaß. Und dann will er seine verschreckte Braut im Sturm erobern – so wie er Savoyen genommen hat. Maria von Medici ist so entsetzt, daß sie „versteinert vor Aufregung" umfällt und ins Bett gelegt werden muß. Liegt dann da wie eine Tote. Ihre Hofdamen flitzen kopflos hin und her, holen schließlich heiße Tücher, um den Leib ihrer Herrin damit wieder aufzutauen. „Die Königin lag für tot auf ihrem Bett und wurde mit heißen Tüchern gerieben", schreibt Heinrich Mann. „Den König empfingen stumme Vorwürfe, weil er es mit dem Beilager eilig gehabt und die Königin erschreckt hatte."
Die französischen Hofdamen schlagen die Augen gen Himmel. „Die Königin in ihrer Hochzeitsnacht führt sich auf wie ein 15jähriges Jungfräulein, was ihr schlecht zu Gesicht steht." Aber dann wird sie auch wieder warm, und Heinrich schickt die Leute raus, verschließt die Tür, schiebt den Riegel vor, und „Maria lag bereit, wie sie geschaffen war". Und dann macht sich Heinrich ans Werk.

Maria von Medici ist die zweite Frau von König Heinrich IV. Rubens malt die Hochzeit, die am 5. Oktober 1600 in Florenz stattfindet. Allerdings ohne Heinrich. Der wird von der Armee aufgehalten und läßt sich vom Großherzog vertreten. In Lyon gibt es kurz darauf eine turbulente Hochzeitsnacht

„Er hatte es mit einem umfänglichen Körper zu tun … Der Bauch bebt, seine Masse lädt seitwärts aus, da er liegt. Die gewölbten Hüften beben", schreibt Heinrich Mann.
Ganz sicher ist der König nicht wie ein Haudegen in das Schlafgemach gepoltert. So haben es Zeitgenossen mit Lust beschrieben, aber so hat Heinrich allenfalls die Magd im Heu genommen. Und auch Maria von Medici hat sich nicht über einen „wie Aas stinkenden" Ehemann beklagt, der schmutzig und unrasiert zu ihr ins Bett sprang.
Die Hochzeitsnacht verläuft für Heinrich wie für Maria zur vollsten Zufriedenheit. Er küßt sie in Gegenwart der Hofgesellschaft auf beide Wangen, da *tutti i lati della faccia,* und unterhält sich so witzig und ungezwungen mit seiner Braut, daß die alle Scheu verliert und bald mit ihm allein sein will.
Ihr Arzt wird berichten, daß in jener Nacht alles „auf die beste Weise der Welt" verlief. Und Heinrich bleibt seiner Medici die gewaltige Zeit von sechs Wochen treu. Und da er die Königin bald für schwanger hält, bittet er sie, piano piano, nach Paris aufzubrechen. Er selbst werde vorausreiten und sie dann empfangen. Und galoppiert schnurstracks zur Mätresse Henriette, und „nach einigen leichten Vorwürfen" nimmt die Marquise de Verneuil ihn in den Arm. Und nach einer Woche ist die genauso schwanger wie seine Frau Maria, die am 9. Februar 1601 in Fontainebleau einzieht.

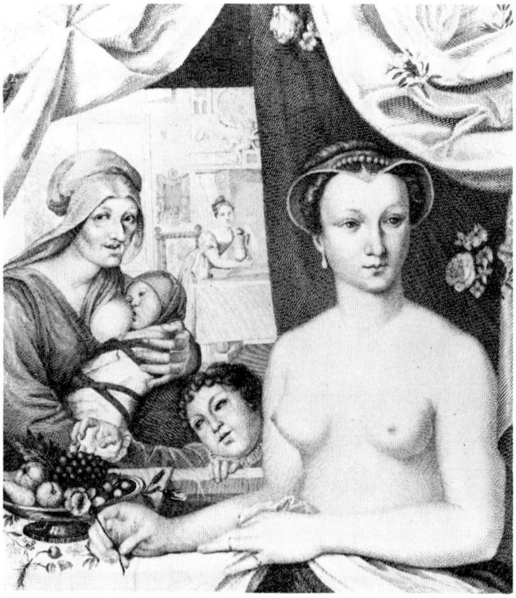

Gabrielle d'Estrées ist eine der zahlreichen Geliebten von Heinrich IV., und viele haben ihm Kinder geboren. Der sinnenfrohe König soll auch in vielen Ortschaften, durch die er geritten ist, Nachwuchs hinterlassen haben

Siebenmal in einer Nacht

Was Ludwig XIV. und Ludwig XV. in ihrer Hochzeitsnacht vollbringen

Mit neun Jahren bekommt er die Pocken, mit dreizehn wird er volljährig, mit fünfzehn studiert er politische Praxis beim Kardinal Mazarin. Der lehrt ihn, neugierig, mißtrauisch und verschlossen zu sein, stets mehr zu wissen als andere und warten zu können, abwarten. „Ich werde sehen", ist bald die stereotype Redensart vom jungen Ludwig, der mit fünfzehn in der Kathedrale zu Reims zum Stellvertreter Gottes gekrönt wird, zum König Ludwig XIV.
Im selben Jahr, 1654, wird der junge Mann von Madame Beauvais, der Ersten Kammerfrau seiner Mutter, in die Kunst der Liebe eingeweiht. Das Abenteuer bringt ihm eine Geschlechtskrankheit ein, an der sieben Monate herumgedoktert werden muß. Der französische Hof fürchtet um den Fortbestand der Dynastie. Und mit achtzehn schließlich lernt der König die Leidenschaft kennen, die große Liebe seines Lebens. Maria Mancini heißt sie und ist eine der sieben römischen Nichten Mazarins, die der *peu à peu* nach Paris kommen ließ.
Marie ist eine Märchentante, eine richtige Romantikerin, eine Phantastin. Sie hat nichts Damenhaftes an sich, ist dünn, fast mager, mit braunem Haar und gelbem Teint und frechem Mund, unendlich ehrgeizig, sagt Mazarin, unendlich zärtlich, sagt der König. Und erzählen kann sie, kennt die verrücktesten Geschichten, von Prinzen, Feen und Getümen, weiß, wie man Elfen fängt und Drachen besiegt und Kobolde zur Mittsommernacht belauscht, und immer endet alles glücklich und mit Hochzeitsglokken. Und Ludwig nennt sie seine Königin und will sie heiraten.
Das kommt natürlich überhaupt nicht in Frage, auch wenn Ludwig seiner Königin-Mutter Anna tränenreich in den Ohren liegt und ebenfalls Mazarin bestürmt, ihm diese Liebesheirat doch zu gönnen. Eher würde der seine Nichte verbannen, als neue Unruhen für Frankreich in Kauf zu nehmen. Und überhaupt, Heiraten hat nichts mit Liebe zu tun, sondern mit Raison, mit Pflicht und Landgewinn. Maria Theresia von Spanien, die Tochter König Philipps IV., wäre genau das richtige für Ludwig. Dann wäre endlich Frieden zwischen den Ländern, die seit 24 Jahren Krieg führen.
Aber will Spanien diese Heirat auch? Es gibt zwar an europäischen Höfen zur Zeit keinen interessanteren Bräutigam für die Infantin als Ludwig, aber wer weiß, ob das die Spanier wissen? Also ge-

braucht Mazarin eine List, läßt den Hof von Savoyen wissen, man habe ein Interesse an der kleinen Margarete, ja, man wolle sich mit König Ludwig an den Hof von Lyon begeben, wo beide Familien die Ehe-Angelegenheit doch in Ruhe bereden könnten. Das ist im Herbst 1658.

Von dieser Komödie mit Margarete von Savoyen hat Ludwig keine Ahnung. Er wird sich fügen, wird aber nicht von Paris aus mit der Kutsche fahren. Er habe Kopfschmerzen, sagt er seiner Mutter Anna. Und reitet zusammen mit Marie in wildem Galopp durch Frankreich – wie durch eine Traumwelt verflossener Ritterherrlichkeit. Und sie lieben sich zwischendurch auf Wiesen, vergießen bittere Tränen, daß sie ihr Glück bald begraben müssen.

„Alles am König ist groß" – so nennt Félicien Rops seine Karikatur von Ludwig XIV.

Als Ludwig in Lyon Margarete von Savoyen den Hof macht, sie sogar ganz nett zu finden glaubt, trifft ein spanischer Diplomat ein und bietet dem König die Hand der Infantin. Mazarin und Anna jubeln. Die kleine Savoyin wird mit vielen Entschuldigungen nach Hause geschickt.

Ludwig und Marie jubeln auch. Für sie bedeutet die spanische Lösung eine Galgenfrist. Und so reiten die beiden nach Paris zurück, Hand in Hand auf dem Rücken ihrer Pferde.

Marie muß aus Paris verschwinden. Der Kardinal schickt sie nach La Rochelle. Die Liebenden sind verzweifelt, schwören sich ewige Treue, schreiben sich glühende Briefe. Der Kardinal läßt Gerüchte in die Welt setzen, Gerüchte von Betrug und Untreue – das wirkt.

Ein Jahr nach der Trennung fährt Ludwig der Infantin, seiner Zukünftigen, entgegen. Am 4. Juni 1660 sieht er Maria Theresia zum erstenmal. Die 21jährige Spanierin ist eine pausbäckige Naive, klein, pummelig, mit schlechten Zähnen. Kein Wunder, sie verschlingt Unmengen von Kakaopulver und Schokolade. Spricht aber ein paar Brocken Französisch, immerhin. Und himmelt ihren Bräutigam an und freut sich auf die Hochzeit.

Die wird am 9. Juni in Saint-Jean-de-Luz an der Biskaya-Küste gefeiert. Der kleine Pummel ist mit so viel Schmuck über so schwerem Brokat behangen, daß er ohnmächtig zu werden droht. Der König dagegen hat sich mit großem Sinn fürs Theatralische von Kopf bis Fuß in Schwarz gekleidet. Hochelegant und ohne jeden Schmuck.

Am Abend wird *en famille* gespeist. Als Ludwig fertig ist, erhebt er sich und sagt sehr kühl und knapp, er gehe nun ins Bett. Aber das sei doch viel zu früh, sagt die Spanierin ganz aufgeregt zu ihrer Schwiegermutter, rutscht unruhig hin und her, wartet ab. Da läßt der König durch Boten melden, er liege nun im Bett.

Und was tut Maria Theresia? Erhebt sich, setzt sich neben die Tafel auf einen Berg von Kissen, hakt und pellt sich mit flinken Fingern aus ihrem schweren Gewand heraus, bis sie entkleidet dasteht, und sagt: „Schnell, schnell, der König wartet auf mich", winkt Königin

Anna, die begleitet die offenherzige Braut, legt sie ihrem Sohn zur Seite, segnet beide, wünscht besten Erfolg. Und die verliebte Infantin verlockt den inzwischen ziemlich entwöhnten König zu einer neuen Partie Liebe. Am Morgen bestätigen Voyeure, was sie zur Nacht gehört: den Vollzug einer spanisch-französischen Ehe. Und alle am Hof bemerken „die große Zärtlichkeit, die der König der Königin und sie ihm erwies".

1715, nach 61 Jahren Regierungszeit stirbt Ludwig XIV., der erste vollkommene Absolutist. Kurz vor seinem Tod läßt er den fünfjährigen Dauphin zu sich rufen, sagt ihm: „J'ai trop aimé la guerre, ich habe den Krieg zu sehr geliebt, ahmen Sie mich darin nicht nach…" Des Sonnenkönigs Urenkel, Ludwig XV., wird Frankreich tatsächlich einen bis dahin ungekannten Frieden und Wohlstand bringen. Aber Frieden und Wohlstand bringen selten Popularität mit sich. Dafür werden eines Tages seine Mätressen berühmter sein als er selbst: die Pompadour und Madame Dubarry. Dabei fängt alles so ängstlich und verschüchtert an. Der König ist 14 Jahre und hat noch immer keine Frau besessen. Was soll man da denken? Der Junge kann doch nicht normal sein. Sieht blendend aus, viel älter, als er ist, hat einen geradezu griechischen Körperbau, kraftvoll und elegant. Also, da muß man nachhelfen, etwa eine kleine Reise nach Chantilly unternehmen, sozusagen einen Lustausflug. Madame de Prie und ihre Schranzen von Versailles arrangieren alles. Er ist auch wirklich zu verschlossen, dieser König, klatscht nicht, überhaupt nichts erfährt man. Hat er eigentlich ein Intimleben? Eine Mätresse wäre wirklich schön, die mal wieder täglich ausplaudern könnte, was der Herrscher über diese Jungfer und jenen Intriganten denkt. Es macht gar keinen

Am 9. Juni 1660 heiratet Ludwig XIV. Maria Theresia von Spanien. Die 21jährige Jungfrau himmelt ihren Bräutigam an und freut sich auf die Hochzeitsnacht

Spaß mehr bei Hofe. Ein paar lockere Damen werden also nach Chantilly gebracht. Sie sind dem König lästig. Er jagt lieber. Und die Leute im Ort tuscheln schon und singen: „Was ist mit diesen Dirnen, die sie nach Chantilly bringen? Was, wegen einer Jungfrau müssen sie eine ganze Bande von siebzehn Huren schicken?" Spione berichten nach Paris: „Der König will keinen Versuch machen... Es ist eine Schande."

Madame de Prie ist gescheitert. Es wird keine Mätresse geben. Vorerst nicht. Aber wenn er keine Geliebte will, dann soll er doch eine Frau nehmen. So eine Königin wäre schließlich eine „Dauerinvestition", und die ließe sich auch aushorchen. Monsieur le Duc, der jugendliche Premierminister, wird beschwatzt, auf Brautschau zu gehen; der hätte auch gar nicht weit laufen müssen, denn eine seiner drei Schwestern wäre für die Festigung der eigenen Macht die beste Lösung.

Als Ludwig XV. fünfzehn Jahre alt ist und alle Dirnen fortschickt, die ihm zum Üben ins Schlafgemach geschmuggelt werden, da verheiratet man den König. Die Hochzeitsnacht übersteht er nach eigenen Angaben höchst erfolgreich

Doch da gibt es eine alte Abmachung. Ludwig ist seit Jahren formell mit einer spanischen Infantin verlobt. Die ist aber jetzt erst sieben geworden. Ein bißchen jung, um Kinder zu bekommen. Der König sollte aber endlich mit dem Zeugen anfangen. Man weiß doch nie, wie lange man lebt – zu Beginn dieses 18. Jahrhunderts. Im Februar 1725 bekommt Ludwig schwere Verdauungsstörungen, liegt mit Krämpfen und Blähungen im Bett. Voilà. Das kann schon das Ende sein. Der Hof ist in Panik. Wenn er überlebt, wird geheiratet. Das müssen auch die Spanier begreifen. Er überlebt – leicht. Und Monsieur le Duc und Madame de Prie machen sich auf die Suche. Prinzessinnen gibt es genug. Da ist die Tochter von Georg I. – leider protestantisch, und die Tochter des Herzogs von Lothringen und die Prinzessin von Savoyen und die von Hessen–Rheinfels. Aber von deren Mutter erzählt man sich, daß sie, ein Jahr nach der Geburt ihrer Tochter, einem Hasen das Leben geschenkt habe. Fällt also aus.

Dann hat Madame de Prie eine glänzende Idee. Da lebt doch in Wissembourg, im französischen Elsaß, Stanislaus, der entthronte König von Polen, mit seiner Familie. Und Maria Leszczyńska, die Tochter von Stanislaus, soll eigentlich Monsieur le Duc heiraten. Monsieur le Duc ist aber mit Madame de Prie liiert. Und die will ihn auch für sich behalten. Wie also wäre es, diese Maria dem König zu geben? Der wäre le Duc unendlich dankbar. Und die de Prie hätte keine Nebenbuhlerin, und Maria müßte ihr doppelt dankbar sein, weil sie nun Königin von Frankreich würde, ja, dafür müßte sie schon dies und das Geheimnis aus dem herrschaftlichen Schlafzimmer ausplaudern.

Für das Aschenputtel vom Elsaß ist das Wunder von Wissembourg geschehen: Der König des mächtigsten Staates von Europa hält um ihre Hand an. Stanislaus sinkt mit den Seinen auf die Knie, dankt Gott und dem Stellvertreter Gottes auf Erden und le Duc und de

Prie. Sie ziehen nach Straßburg und finden dort Hunderte von Schachteln mit Hüten und Kleidern und Schuhen und Taschen, und goldene Kutschen fahren vor, und Madame de Prie reist mit den schönsten Geschenken von Ludwig an und bereitet das fromme, gütige, einfältige, ein bißchen schlampige, aber dafür dankbare Mädchen, das 21 Jahre ist, auf den Hof von Versailles und Fontainebleau vor, wo 1725 die Hochzeit gefeiert wird.
Maria trägt eine Diamantkrone, „ein königliches Cape aus purpurrotem Samt mit dem Wappen Frankreichs, mit Hermelin eingefaßt und besetzt", das Mieder ihres Kleides ist mit Edelsteinen und Diamanten besetzt. Der junge König trägt Goldbrokat und einen schwer bestickten Umhang, am Hute prangt ein Riesendiamant und eine weiße Feder.
Nach der Zeremonie und dem Diner wird ein Feuerwerk abgefakkelt, das nicht nur Maria die Sprache verschlägt. Triumphbögen mit gewaltigen Säulen und Sonnen werden in die Luft gejagt. Und am Ende des Abends passiert das, worauf die ganze Hofgesellschaft seit Jahren wartet: Der König geht zum erstenmal mit einer Frau ins Bett. Er ist fünfzehn, sie 22 Jahre.
Das ist ein Getuschel unter den Gästen. Weiß er überhaupt, was er machen muß? Und sie? Ach wo, hat keinen Schimmer, ist viel zu fromm. Und wenn die ganze Sache schiefgeht? Nach einer Stunde melden die Spione juchzend erste Erfolgsgeräusche. Am nächsten Morgen wandelt eine verklärte Maria durchs Schloß, und der König ist bester Dinge, erzählt begeistert von geglückten Übungen. Wie bitte? Hat der König tatsächlich „siebenmal" gesagt? Das wäre ja gigantisch. Doch, siebenmal, sagt er, habe er den Beweis seiner Liebe gebracht.

Marie Jeanne Dubarry, das ehemalige Freudenmädchen, wird die Mätresse von Ludwig XV. Sie mischt sich in die Staatsgeschäfte und wird später auf Befehl Robespierres hingerichtet

Vom Vater ins Brautbett geprügelt

Wie Friedrich der Große eine Ungeliebte zur Frau nehmen muß und Maria Theresia ihre große Liebe heiratet

Es hat wirklich keinen Sinn. Er hat dem fünfjährigen Jungen eine Miniaturkompanie geschenkt. Kein Interesse. Er hat Tag für Tag unterm Fenster des Kronprinzen Kanonen abfeuern lassen, um ihm Lust auf Krieg zu machen. Ohne alle Wirkung. Er hat ihn geprügelt und gezüchtigt, hat ihn vor Zeugen in die Knie gezwungen und des Vaters Stiefel küssen lassen. Friedrich Wilhelm I., Preußens Soldatenkönig, ist verzweifelt. Was hat er da nur gezeugt. Einen Flötenspieler. Einen Hasenfuß. Einen Lumpen und Faulenzer, einen schreckhaften Bengel, der nicht trinken will und keine Witze reißen kann, der sich pudert wie ein Mädchen, der französisch parliert, Philosophen liest, sich die Haare onduliert, es ist nicht zu beschreiben. Kann nicht kämpfen, kann nicht befehlen, nicht brüllen, und auf dem Pferd sitzt er wie ein nasser Sack.

Und doch spürt der Vater, daß sein Sohn ihn verachtet und daß in diesem Haß und Hochmut eine Stärke steckt, die er nicht vermutet hat. Er wird ihn zur Raison bringen. Koste es, was es wolle. „Der Teufel soll mich holen, wenn ich ihn nicht zu seinem Vorteil umstülpe“, schreibt der König an seine Frau Sophie Dorothee. Er werde ihren Sohn, diesen „Rotzjungen … auf eine Weise traktieren, auf die er nicht gefaßt ist“.

Für kurze Zeit sieht es so aus, als entkäme der junge Fritz dem väterlichen Strafgericht durch eine Doppelhochzeit, denn er und seine Lieblingsschwester Wilhelmine sollen mit dem englischen Hof verheiratet werden – Friedrich mit Prinzessin Amalie und Wilhelmine mit dem Prinzen von Wales, den Kindern König Georgs. Also das wäre das Paradies. Und sogar ein Stück Familie, denn Friedrich hat durch seine Mutter Maria Stuart im Stammbaum.

Aber der biedere Preußenhof, an dem so sehr gespart wird, ist reich an Intrigen. Wer plaudert, kann sich ein hübsches Zubrot verdienen. Von Grumbkow, der preußische Kriegsminister, erhält vom österreichischen Gesandten in Berlin, von Seckendorff, 40 000 Gulden für die Hintertreibung der Heirat. Der Kaiser in Wien, der die deutschen Fürsten als seine Vasallen betrachtet, hat andere Pläne, als tatenlos zuzusehen, wie das protestantische Preußen sich mit dem protestantischen England verbrüdert.

Seckendorff besticht auch den Gesandten in London. Dafür streut der Horrorgeschichten aus: Friedrichs Braut werde von Tag zu Tag häßlicher, und Wilhelmines Prinz sei ein wahrer Bock, der es mit dem ganzen englischen Ballett triebe. Und der Hof lache nur über dieses spießige Preußen.

Es ist aus mit der Hochzeit. Der Soldatenkönig tobt. Da hat man seinen Sohn ja richtig eingeschätzt, diesen sentimentalen Nichtsnutz, der nur liest und auf der Flöte bläst. Friedrich Wilhelm fürchtet um sein Werk, sein Preußen, er traktiert seinen Sohn, den er hart machen will, prügelt den 18jährigen, würgt ihn, wirft ihn zu Boden, zwingt ihn, dem Vater zu verzeihen, vor ihm zu kriechen. Das hält der Sohn nicht aus.

Er will fliehen, weiht zwei Freunde ein, Keith und Katte. Der Generalssohn Katte, dieser wunderliche, geistreiche Freidenker, verkauft Edelsteine aus Friedrichs Orden, schafft Geld heran, schwärmerisch bereden sie die Flucht.

Der Plan wird entdeckt. Das Strafgericht folgt. Jetzt hat der Soldatenkönig seinen Sohn in der Hand. Der wird schwer bewacht zur Festung Küstrin gebracht. Keith flieht nach Holland. Katte wird verhaftet und vor Friedrichs Fenster enthauptet. Schluchzend bricht der Kronprinz zusammen.

Ein Jahr später darf er wieder nach Berlin. Er weiß nicht, daß seine Freilassung mit der Hochzeit seiner Schwester Wilhelmine erkauft ist. Eines Tages hatte der Vater ihr mitteilen lassen, wenn sie ihren Bruder wiedersehen wolle, müsse sie den Erbprinzen von Bayreuth heiraten. Da sie den nicht kenne, könne sie also auch nichts gegen ihn haben. Sie willigt ein in eine Ehe, die ihr zuwider ist. Die Mutter, die noch immer auf England hofft, beschwört sie, die Ehe in der Hochzeitsnacht nicht zu vollziehen. Sie solle sich ganz einfach verweigern, dann könne die Heirat annulliert werden. Wilhelmine weint, als sie getraut wird. Am Ende des Ballsaals beobachtet ein Zivilist in Grau die makabre Zeremonie – der freigelassene Deserteur Friedrich.

Für den hat der Vater auch bald eine Frau gefunden. Am 4. Februar 1732 wird der 20jährige nachts in Küstrin aus dem Schlaf gerissen. Eine Depesche vom Vater ist eingetroffen. „Ihr wißt, wenn meine Kinder gehorsam sind, ich sie sehr lieb habe." Und gehorsam möge er die Nichte des Kaisers, Prinzessin Elisabeth Christine von Braunschweig-Bevern, heiraten. „Die Prinzessin ist nicht häßlich, auch nicht schön", schreibt der Vater. „Ihr sollt mir cito Euer sentiment schreiben." Ach, wenn er das doch könnte, über seine Gefühle schreiben. Das ist doch nur so eine Floskel, der Sohn weiß das und schreibt zurück, er füge sich dem Willen des Vaters, egal, wie die Braut auch sei.

Aber zwei Tage später schon packt ihn Panik vor so viel preußischer Disziplin. Es ist doch die Höhe, daß der Kronprinz diese stumpfsinnige Prinzessin von Bevern heiraten soll. Warum nicht wenigstens wählen zwischen zweien. Auch seine Mutter ist empört. Sie schreibt an ihre Tochter: „Die Prinzessin ist schön, stockdumm und ohne jegliche Erziehung. Weiß der Himmel, wie mein Sohn sich mit diesem Grasaffen vertragen wird." Friedrich weiß, „daß es eine sehr schlechte Ehe sein wird", und denkt sogar an Selbstmord. „Ich habe noch Mittel, und ein Pistolenschuß kann mich befreien von meinem Leid und meinem Leben."

Der König zitiert Friedrich nach Berlin. Am 10. März 1732 ist Verlobung. Da sieht er die 16jährige Prinzessin, die gerade die Pocken überstanden hat, zum erstenmal. Mit Tränen in den Augen steckt er seiner Braut den Ring an, ein Prachtstück im Wert von 24 000 Talern, den der sonst so sparsame Vater aus dem Juwelenschatz seines Oheims spendiert hat.

Gleich nach der Zeremonie läßt er seine zukünftige Frau stehen und plaudert demonstrativ mit anderen jungen Mädchen. Seiner Schwester schreibt er: „Die Prinzessin hat ein ganz hübsches Gesicht... und einen sehr häßlichen Mund... ein unangenehmes Lachen, einen Gang wie eine Ente, schlechte Zähne, ist sehr schlecht angezogen, ängstlich in der Unterhaltung und fast stets stumm." Dafür habe sie aber trotz der überstandenen Pocken „einen sehr schönen Teint, einen schönen Busen... hübsche Hände, blondes Haar, ein gutes Herz." Und die Schwester tröstet ihn und schreibt, er könne sich doch wieder scheiden lassen, wenn er erst einmal auf den Thron gelangt sei.

Friedrich, Preußens Kronprinz, heiratet am 12. Juni 1733 des Kaisers Nichte, Prinzessin Elisabeth Christine von Braunschweig-Bevern. Sein Vater, der „Soldatenkönig", hatte ihn zu dieser Ehe gezwungen. Er kommandiert den Sohn auch ins Brautbett

Vierzehn Monate später, am 12. Juni 1733, wird auf Schloß Salzdahlum bei Wolfenbüttel Hochzeit gefeiert. In der Nacht vom 11. zum 12. ereignet sich noch ein Satyrspiel: Eine Eil-Stafette des Prinzen Eugen trifft in Salzdahlum ein, als der König schon zu Bette liegt. Der Kaiser in Wien wolle jetzt doch die preußisch-englische Heirat. Der König von Polen sei nämlich gestorben, und Stanislaus, der Ex-Monarch und Schwiegervater von Ludwig XV., erhöbe Anspruch auf den Thron. Das wolle der Kaiser mit Macht verhindern, er sei zum Krieg entschlossen. Aber dazu brauche er England. Und England sage, nur nach der preußischen Heirat.
Der Preußenkönig tobt. Wittert eine Verschwörung seines Sohnes und seiner Frau, die vom Bund mit England zu träumen nie aufgehört haben. Nein, er ist kein Betrüger und kein Hundsfott. Morgen wird die Bevernsche geheiratet.

„Alles schreitet jetzt zum Hochzeitsfest.
Fürsten, Edelleute, Bauern, keiner hütet
Sich vor diesem Wahnsinn, selbst die Pest
In Marseille hat nicht so schlimm gewütet.“

So reimt Friedrich kurz vor seiner Hochzeit in einer Epistel. Am Freitag um 12 Uhr ist es soweit. Die Eheverträge werden ausgetauscht. Elisabeth erhält eine Mitgift von 25 000 Talern und ein Brautbett für 500 Taler, alles aufgebracht vom Volk, das einen Hochzeitsgroschen zu zahlen hatte.
Die 25 000 Taler, die Elisabeth vom Großvater bekommen soll, werden erst nach „gehaltenem Beylager“ gezahlt. Und 20 000 jährlich sollte Friedrich nach der Zeugung eines männlichen Erben bekommen.
Gegen 18 Uhr wird das Brautpaar in der Schloßkapelle getraut, zum Ringwechsel erklingen Pauken und Trompeten, und Friedrich rollen Tränen des Zorns und der Demütigung übers Gesicht. Am Abend wird Händels Oper *Parthnope* aufgeführt, danach gibt's ein Lustspiel, und am Ende eine symbolische Darstellung von Auskleidung und Beilager mit Fackeltänzern.
Im echten Brautzimmer geht es danach weniger feurig zu. Die Prinzessin ist allein. Friedrich läßt sich nicht blicken, zieht sich um Mitternacht zurück und schreibt an seine Schwester: „Liebste Schwester! Soeben ist die ganze Zeremonie vorüber. Gott sei gelobt, daß sie überstanden ist! Ich hoffe, Du wirst es als Freundschaftsbeweis ansehen, daß ich Dir die erste Nachricht davon gebe … Ich schreibe in aller Eile und ohne Höflichkeitsformeln.“
Eile ist wohl angebracht, denn der Vater hat inzwischen erfahren, daß der Sohn nicht dort ist, wo er sein sollte: im Bett der Braut. Er prügelt ihn hinein. Jedenfalls wird dies in jener Nacht unter die Gäste gebracht. Und Feldmarschall von Seckendorff, der Österreicher, der diese Ehe vorangetrieben hat, schreibt an Prinz Eugen:

„Es schwebten allerlei Gerüchte, daß der König mit vieler Überredung und Drohung den Kronprinzen ins Brautbett habe bringen müssen, darin er nicht länger als eine Stunde geblieben und hernach sich öffentlich im Garten zu Salzthal gezeigt hätte…“

Als Friedrich sich 1732 verlobte, war ein Gast unter den vornehmen Herrschaften, der den Kronprinzen regelrecht entzückte: Franz Stephan, Herzog von Lothringen, der 1736 Maria Theresia heiraten wird. „Er ist der reizendste Prinz, den ich je gesehen habe“, schreibt Friedrich an seine Schwester. „Er hat allen erdenklichen Geist und ein edles freies Benehmen. Wir sind sehr gute Freunde, und wenn wir beisammen sind, muß man uns beide für närrisch halten, denn wir tun nichts als lachen und scherzen.“
Franz Stephan, der originelle, witzige Bursche, der zweisprachig aufwächst und nie einen französischen und auch nie einen deutschen Satz je fehlerfrei schreiben wird, der überhaupt eine haarsträubende Orthographie hat, aber ein Lichtblick auf allen Festen ist und vor Theorie und Philosophie lachend kapituliert, Franz Stephan wird, als er von Friedrichs Verlobung nach Wien zurückfährt, zum Statthalter von Ungarn ernannt. Nein, er geht wirklich nicht gern. Hat auch gar keine Ahnung von den verzwickten Verhältnissen dort. Und dann ist er auch viel zu weit von der kleinen Theresa entfernt, die ihn liebt und der er versucht, treu zu sein. Aber der Kaiser befiehlt.
Ein Jahr später, als der König von Polen stirbt und sich Friedrichs II. Schicksal in der Nacht vor seiner Vermählung noch einmal bewegt, da verändert sich auch das Leben des Lothringers. Als nämlich Stanislaus, der Schwiegervater von Ludwig XV., seine Rechte anmeldet und von Frankreich aus laut mit dem Geld seines Königs wedelt, um Polens Adel zu verführen, der ihn auch wählt, aber ihm gleich wieder den Laufpaß gibt, als die Russen über Nacht einmarschieren und protestieren – da sind die Franzosen so verärgert, daß sie österreichische Territorien in Italien angreifen, Neapel und Sizilien einstreichen und in Lothringen einmarschieren. Das ferne Rußland ist nicht anzugreifen. Also rächt man sich an Österreich. Das ist gerupft, aber am Ende gerettet.
Verloren ist das kleine Land von Franz Stephan. Die Franzosen wollen es nicht mehr hergeben, und die Österreicher wollen nicht drum kämpfen. Also soll der Prinz doch verzichten, dafür bekommt er dann Maria Theresia. Das Haus Lothringen ist empört. Franz Stephan bekommt leidenschaftliche Hilferufe von seiner Mutter, der Regentin. „Dieser Tausch“, schreibt sie, „bedeutet nichts anderes, als daß man Ihnen die Kehle durchschneidet, Ihnen und Ihrem ganzen Haus.“ Und da hat sie recht. Aber was soll der Sohn machen? Karl VI. will Frieden. Und Franz will keinen Krieg. Aber er will Maria, die Tag und Nacht von ihrem Stephan träumt und

ihm sagt, daß sie ihn braucht, ach, er würde doch auch eines Tages entschädigt sein – als Kaisereidam an ihrer Seite.
Franz Stephan dankt ab. Der Kaiser belohnt ihn am 21. Januar 1736 mit der Verlobung, der Kaiser gestattet auch, daß die beiden nun eine Korrespondenz führen: „Villgeliebter Bräutigamb", schreibt die 18jährige Maria Theresia dem 27jährigen Lothringer: „Caro viso, liebes Gesicht" und „adieu, mäusl". Zwölf Tage nach der Verlobung ist Hochzeit. In der Augustiner-Kirche wird die Trauung vom päpstlichen Nuntius vollzogen. Und als sich die beiden nach dem Festessen in ihr Schlafgemach zurückziehen, liebt Franz Stephan seine junge Braut zum erstenmal. Seinen Schlafrock, dieses herrliche, mit Ornamenten bestickte Stück, legt er dabei nicht ab.
Als Franz Stephan 29 Jahre später stirbt, trennt die Kaiserin sich unter Tränen von diesem Rock. Sie möchte, daß er zum Meßgewand umgearbeitet wird. Sie glaubt, Gott kein größeres Opfer bringen zu können als diesen Schlafrock, in dessen Falten sie ihre „glickseligste Ehe" begonnen habe.

Maria Theresia darf ihre große Liebe heiraten. Dafür allerdings muß ihr Mann, Franz Stephan, auf Lothringen verzichten. In der Hochzeitsnacht beglückt der Bräutigam die 18jährige Braut in einem herrlich bestickten Schlafrock

Erst ein Fieber, dann die Blattern

Was Carlo Goldoni in der Nacht seines Glücks passiert

Carlo Goldoni, der italienische Komödienschreiber, hat Pech mit Frauen, bis er seine Braut kennenlernt

Auf dem Billett steht: Bitte, kommen Sie um fünf Uhr abends. Als er in den Salon geführt wird, empfängt sie ihn im Aufzug „einer Nymphe der Kythere". Sie gurrt und schnurrt und lockt ihn aufs Kanapee – er aber bleibt enthaltsam. „Das fiel mir nicht schwer", schreibt er in seinen Memoiren, „ich liebte sie nicht. Sie war mager, hatte grüne Augen, und die Schminke lag hoch auf ihren bleichen, gelblichen Wangen."

Carlo Goldoni, der Doktor jur., der Advokat und Komödienschreiber, ist gerade mit seiner Theatertruppe nach Venedig zurückgekehrt. Und Madame Passalacqua, eine seiner Schauspielerinnen, versucht nun schon wieder, ihn zu verführen. Er will gehen, sie weint, also plaudert er, sie lächelt. Nun kann er ja wohl... O nein, das Wetter sei so schön, sie habe eine Gondel geordert, die warte schon vor der Haustür, er will sich rausreden, sie zieht ihn ins Gefährt.

Sie fahren hinaus auf die Lagune. Der Gondoliere zieht den Vorhang zu. Goldoni kann nicht mehr entkommen. Und für das, was sie ihm geschenkt, sagt sie, müsse auch er sich erkenntlich zeigen. Am nächsten Tag schon schreibt ihr der Mann, der einmal 150 Stücke geschrieben haben wird und mit dem *Diener zweier Herren* und *Mirandolina* der italienischen Komödie zu größtem Glanz verhilft, ein nettes Intermezzo, in dem sie auf der Bühne glänzen darf. Oh, wie gut sie doch miteinander auskämen, sagt sie, sie möchte bei ihm bleiben, seine Frau werden. Und dann betrügt sie ihn mit diesem jugendlichen Liebhaber Vitalba.

„Dies verdroß mich", schreibt Goldoni, „und ich zog mich von der Ungetreuen zurück." Doch die fleht und jammert, er möge doch wiederkommen, sie gehöre nur ihm. Und er ist eben neugierig und geht. Sie wieder leicht geschürzt und schwer geschminkt auf dem Diwan. Er fragt, sie schweigt. Er läßt seiner „Galle freien Lauf", sie läßt wohldosiert ein paar Tränen fließen. Und als er schon an der Tür ist, gehen will und noch einmal grüßt, zückt sie den Dolch, will sich erstechen. „Ich eilte hinzu, warf mich zu ihren Füßen, riß den Dolch aus ihrer Hand, trocknete ihre Tränen, verzieh ihr alles, versprach ihr alles, blieb bei ihr." Und nach drei Tagen erfährt er, daß die Dame Passalacqua sich mit ihrem Liebhaber Vitalba herzlich über ihn lustig gemacht habe.

Da schreibt Goldoni seinen *Don Juan – oder der Liederliche* in fünf Akten und reimlosen Versen. Juan hat Vitalbas Bosheit, eine Schäferin will sich erdolchen, weil der Frauenfresser sie fallenläßt, und ein Schäfer trägt, wie Goldoni sagt, seine eigene „gutmütige Unbefangenheit".

Mit diesem Stück, das die Passalacqua und Vitalba auch noch selbst spielen müssen, sonst wäre ihnen gekündigt worden, geht die Truppe auf Tournee. Erste Station ist Genua. Hier lernt Goldoni, der knapp dreißig ist und bisher nur Enttäuschungen mit Frauen erlebt hat, seine Zukünftige kennen. „Ja, mein lieber Leser, ich verheiratete mich und will dir nun erzählen, wie das zuging."

Der Theaterdirektor und er logieren in einer gediegenen Pension. Von seinem Fenster aus sieht Goldoni jeden Morgen „eine junge, wohlerzogene, brave, reizende Person". Als er sie grüßt, errötet sie und läßt sich nicht mehr blicken. Das entzückt den Künstler, denn das ist er von seinen Schauspielerinnen nun wirklich nicht gewöhnt. Er fragt nach dem schönen Kind, erfährt, daß der Vater, Herr Conio, Notar und Deputierter bei der St.-Georgs-Bank ist. Na, wunderbar, der Theaterdirektor hat just bei diesem Geldinstitut Obligationen, Goldoni läßt sich ein Papier aushändigen, geht zur Bank – und Carlo und Herr Conio kommen aus dem Plaudern gar nicht mehr heraus, gehen nach Bankschluß gleich „in die Butike eines Limonadenhändlers".

Natürlich liebe er, Conio, die Komödie, und vor allem Goldonis Stücke gefielen ihm über die Maßen, bei ihm komme ein Don Juan doch wenigstens zerzaust an Geist und Haupthaar aus dem Bett,

Goldoni lernt Mamsell Conio auf einer Gastspielreise in Genua kennen. Er ist entzückt von ihrer Schüchternheit, die er von seinen Schauspielerinnen her nicht kennt. In der Hochzeitsnacht widerfährt dem glücklichen Bräutigam ein böses Mißgeschick

nicht frisch onduliert wie sonst bei den Komödienschreibern. Und Mamsell Conio darf natürlich auch mit in die Vorstellung. Und dann hält Goldoni beim Vater um die Hand des scheuen Mädchens an. Der wolle Erkundigungen einziehen, sagt er, dann sich entscheiden. Und läßt am selben Tag noch an den genuesischen Konsul in Venedig schreiben mit der Bitte um Auskunft über diesen Komödienschreiber Carlo Goldoni.

Goldoni schreibt Jubel-Briefe an seine Mutter, erzählt seitenlang von der Auserwählten. Die alte Dame willigt ein und schickt ihrem Sohn „alle bci solchen Gelegenheiten nötigen Attestate". Und auch der Schwiegervater in spe erhält nach einem Monat die schmeichelhaftesten Zeugnisse über den jungen Künstler. Und noch im Monat Juni des Jahres 1736 heiraten die beiden.

„So war ich nun der zufriedenste, glücklichste Mensch von der Welt", schreibt Goldoni in seinen Memoiren. „Allein, ich war verdammt, kein Glück zu genießen, mit dem nicht auf der Stelle eine Unannehmlichkeit verknüpft wurde. In der Hochzeitsnacht überfiel mich ein Fieber, und die Blattern, die ich schon in meiner frühen Jugend in Rimini gehabt hatte, brachen zum zweiten Male aus." Goldonis junge Braut sitzt die ganze Nacht an seinem Bett, weint bitterlich und fürchtet das Schlimmste. Doch Goldoni schließt das 39. Kapitel hoffnungsfroh:

„Geduld! Zum Glück waren die Blattern nicht gefährlich, und ich wurde nicht häßlicher, als ich schon war."

Stunden läßt er sie allein im Bett

Was Katharina die Große über ihre erste Nacht mit Peter III. schreibt

Sie lernen sich 1739 in Eutin kennen – Sophie Auguste Friederike von Anhalt-Zerbst und ihr Vetter zweiten Grades Karl Peter von Holstein, dessen Familie mit dem russischen Thron verbunden ist. Peters Vater ist gestorben. Man trifft sich zur Trauerfeier. Die Generalstochter Sophie ist zehn Jahre alt, ihr Vetter knapp zwölf. Sie findet ihn eigentlich ganz nett, aber was wird nicht alles über den jungen Herzog geredet: Er neige zum Trunk, sei jähzornig, seine Umgebung könne ihn nur mit Mühe hindern, sich bei Tisch vollaufen zu lassen, dazu sei er störrisch, kränklich, dumm.

Sechs Jahre nach dem Eutiner Treffen sind sie verheiratet – der spätere Zar Peter III. und Sophie, die dann in Rußland konvertiert, sich Katharina nennt und auf dem Thron der Romanows „die Große“ wird, nachdem sie ihren debilen Gatten hat ermorden lassen.

Zur Zeit aber regiert in Petersburg noch Zarin Elisabeth, die Tochter von Peter dem Großen. Sie ist eine lockere Dame mit vielen Liebhabern, gelegentlich soll sie auch ein Kind bekommen haben, was bei ihrer üppigen Figur nie so recht aufgefallen ist. Die Bastarde wurden halt an eine Amme weitergegeben, waren keine legitimen Thronfolger.

Karl Peter von Holstein, der spätere Zar Peter III., ist störrisch, kränklich und debil. Schon mit zwölf Jahren neigt er zum Trunk

Ihre große Liebe hieß Karl von Holstein-Gottorp, er war der Onkel von Sophie und dem Holsteiner Peter. 1726 hatten sich die beiden verlobt, aber am Hochzeitsmorgen war der Bräutigam ganz plötzlich gestorben. Weil Elisabeth ihm ewige Treue geschworen, ernennt sie den Neffen des Verstorbenen zum Erben der Zarenkrone und Sophie zu dessen Braut.

Der Thronfolger reist schon 1742 als Pjotr Feodorowitsch von Holstein nach Petersburg. Im Januar 1744 folgt Sophie, die von ihrer Mutter begleitet wird. Sophie ist kaum fünfzehn, aber sie weiß, was sie will: dem Großfürsten, der Zarin und dem Volk gefallen. Sie hat einen *esprit gauche*, einen aufsässigen Geist, ist intelligent, ehrgeizig, berechnend, zu allem entschlossen.

So konvertiert sie denn schon ein halbes Jahr nach ihrer Ankunft in Rußland zum orthodoxen Glauben, obgleich sie weiß, daß ihr streng protestantischer Vater, ein General Friedrich des Großen, in der Heimat toben wird. Egal. Es ist ihre Karriere. Sie ist jetzt Russin und heißt Jekaterina Aleksejewna. Sie lernt die Geschichte

des Landes, lernt – was auch damals noch ungewöhnlich ist – die Sprache, schreibt der Zarin bald die hübschesten Briefe, die meist ihr Lehrer verfaßt hat, das macht nichts, Hauptsache, Elisabeth ist entzückt.
Dabei ist es gar nicht so einfach, am Petersburger oder Moskauer Hof seine Schularbeiten zu machen. Es wird doch dauernd gefeiert, die Nächte werden zertanzt, soupiert wird, wenn's der Zarin paßt. Da die oft tags schläft, wird zu den unmöglichsten Zeiten gespeist. Auch nachts. Und die Hofgesellschaft ist erbärmlich. Dumm sind die Leute und ungebildet, trinken, bis sie umkippen, spielen Karten, niemand liest ein Buch, jeder liebt nur wild durch alle Betten. Treue ist ein Fremdwort. Sparen auch. Geld ist zum Verjuxen da.
Und wie unappetitlich sie sind – stinken, weil sie sich nicht wa-

Die Generalstochter Sophie Auguste Friederike von Anhalt-Zerbst ist ein ehrgeiziges junges Mädchen. Als sie erfährt, daß sie ihren Vetter Peter heiraten soll, lernt die Protestantin Russisch und konvertiert zum orthodoxen Glauben. Ihren kindischen Mann, der von Blattern und Pocken entstellt ist, läßt sie später umbringen

schen. Und überall huschen Ratten oder Mäuse an einem vorbei, weil die Paläste aus Holz sind und Fenster und Türen nicht schließen. In ihren Memoiren wird Katharina über dieses Leben schreiben, daß „andere davon verrückt geworden" oder „vor Gram gestorben wären". So schwört sie schon damals, das zu verwirklichen, was Peter dem Großen vorgeschwebt: Rußland europäisch zu machen.

Am 29. Juni 1744 wird sie mit Peter verlobt. Einen Monat später unternimmt die Kaiserin mit dem jungen Brautpaar und 300 Höflingen, Schranzen und Intriganten eine Pilgerfahrt nach Kiew, der Mutter Rußlands. Auf dieser Reise kommt Katharina zum erstenmal mit russischem Volk zusammen, hier merkt sie aber auch, wie labil und tumb ihr Zukünftiger ist. Und wie anfällig. Kaum in Moskau angelangt, erkrankt er am Wechselfieber, dann an den Pocken.

Im Winter ist Peter so weit hergestellt, daß er – eingepackt in Pelze – mit dem Zarenclan im Schlitten nach Petersburg fahren kann. Auf halber Strecke aber bricht er zusammen, muß im Dorf Chotilowo einquartiert werden. Am nächsten Morgen ist klar: Nun hat er auch noch die gefürchteten Blattern. Katharina reist weiter nach Petersburg, die Zarin pflegt ihren Nachfolger. Zwei Monate später, im Februar 1745, sehen sich die Brautleute zum erstenmal wieder. Sie treffen sich im goldenen Empfangssaal. Die untergehende Sonne wirft warmes, vorteilhaftes Licht auf den Rekonvaleszenten. Katharina geht auf ihn zu und – steht vor einem Monster. Sie kann nicht sprechen, ist entsetzt. Die Pocken und die Blattern haben wahrlich eine Schlacht auf seinem Gesicht geschlagen, haben es total zerfressen. Qualvoller Augenblick. Peter fragt stammelnd, ob sie ihn denn erkenne. Sie stammelt zurück, na ja, er sei schon ein ganzes Stück gewachsen. Und das andere? Werde sich vielleicht noch verwachsen. Und denkt: Ich kann ihn nicht heiraten. Und dann: Er wird doch mal Zar.

Am 1. September 1745 ist Hochzeit im Winterpalast von Petersburg. Katharina steht um sechs Uhr auf, nimmt ein Bad, schreibt ins Tagebuch „Bad vor der Hochzeit, die Kaiserin kommt mich sehen". Um acht Uhr ist sie in den Gemächern Elisabeths, wird dort in ihr schweres Silberbrokatkleid verschnürt, derweil ihr Kammerdiener Locken ins Toupet brennt. Die Kaiserin will aber keine Locken, sie will die Krone für Katharina auf glattem Haar sehen. „Aber der Diener", schreibt Katharina, „war ein Dickkopf", will keine glattgeleckte Frisur, wird viermal wegen des Toupets bei der Kaiserin „vorstellig", die sagt am Ende: Macht doch, was ihr wollt. Gegen drei Uhr nachmittags wird die Trauung vom Erzbischof von Nowgorod zelebriert. „Nur der Ehrgeiz hielt mich aufrecht", schreibt Katharina, „daß ich früher oder später durch mich selbst souveräne Kaiserin von Rußland werden würde." Während der

Predigt flüstert eine Hofdame Peter etwas ins Ohr. Der sagt, sie soll sich zum Teufel scheren. Dann beugt das junge Ungeheuer sich zu seiner Frau und sagt: „Wer bei der Einsegnung von uns den Kopf wendet, der stirbt zuerst. Sie sagte mir gerade, ich solle Ihnen den Vortritt lassen!“ Und kichert mitten in die Predigt hinein.
Um sechs Uhr wird in der Galerie des Winterpalastes gespeist. Auf dem anschließenden Ball „wurden nur Polonaisen getanzt“, und nach einer Stunde schon nimmt die Kaiserin die Kinder an die Hand und schickt sie ins Bett – zum Zaren-Zeugen.
Katharina ist zu dieser Zeit noch unschuldig, kennt nicht einmal, wie sie schreibt, den Unterschied zwischen Mann und Frau. Ihre Mutter, von der sie noch am Abend vor der Hochzeitsnacht Aufklärung erhofft, schickt die Tochter schroff aus ihrem Gemach.
Zwischen neun und zehn Uhr entkleiden die Hofdamen Katharina und legen sie ins Bett, das mit rosa Samt bezogen ist. Und da liegt sie nun allein und weiß nicht, was sie tun soll. „Sollte ich mich wieder erheben?“ schreibt sie später. „Sollte ich im Bett bleiben? Ich weiß nichts!“
Nach reichlich zwei Stunden kommt ihre neue Kammerdienerin, Frau Kruse, ins Schlafgemach. Sie kann sich das Lachen kaum verkneifen, sagt, es werde wohl noch ein Weilchen dauern, aber der Großfürst habe schon wieder Hunger und warte gerade auf sein Souper. Man würde aber bald auftragen.
Nachdem Kaiserliche Hoheit gut gespeist und noch besser getrunken haben, kommt er weit nach Mitternacht ins Bett, plumpst neben seine Braut und fängt an, „mir davon zu sprechen, welches Vergnügen es wohl einem seiner Kammerdiener machen würde, uns beide im Bett zu sehen“. Und da mag er wohl recht haben, denn die Kammerdiener müssen sonst Ratten für ihn fangen, vors Kriegsgericht stellen und erschießen, und zwar jene Ratten, die dem debilen Peter die Holzwolle aus seinen Puppen gefressen haben. Nun denkt er also ans Vergnügen seiner Diener, nicht an das seiner Braut, „dann schlief er ein und schlummerte sehr behaglich bis zum nächsten Morgen“.
Katharina, die später einmal zur „Zuchtstute“ des Zarenhofs aufsteigt, zur unersättlichen Venus, die vom Höfling bis zum Stallknecht jeden Mann durch ihr Schlafgemach geschleust haben soll, Katharina schläft in ihrer Hochzeitsnacht „sehr schlecht“. Die Laken „aus feiner Leinwand“ sind ihr viel zu warm, und die Sonne blendet sie morgens, „denn das Bett hatte keine Vorhänge, obwohl es sonst sehr prächtig war“.
Am nächsten Morgen erkundigt sich Frau Kruse im Auftrag der Zarin nach dem Vollzug der Ehe. Nichts sei passiert, sagt Katharina ihr. Überhaupt nichts. „Und in diesem Zustand“, so schreibt sie, „verblieben die Dinge während der neun folgenden Jahre ohne die geringste Änderung.“

2000 Nächte „nichts"

Warum Ludwig XVI. und Marie Antoinette sieben Jahre für den Vollzug der Ehe üben

Sollen andere Krieg führen, „tu felix Austria nube" – ach, wenn das doch noch einmal klappen würde, wenn doch die Erzfeinde Frankreich und Österreich sich nach Hunderten von Jahren im Brautbett versöhnen könnten, Habsburg und Bourbon. Was würde Maria Theresia dafür geben. Ganz gewiß Marie Antonie, ihre Jüngste. Die ist zwar erst elf, aber elf ist ja schon fast erwachsen. Wie bitte, der Dauphin soll etwas beschränkt sein? Gefühllos? Papperlapapp. Wer ihn bekommt, wird Königin von Frankreich.
Die alte Kaiserin buhlt um die Hand des Thronfolgers. Der alte König, Ludwig XV., hat im Prinzip nichts einzuwenden, aber warum in Gottes Namen denn so schnell. Und läßt drei Jahre vergehen. Derweil werden von österreichischen Diplomaten die nettesten Dinge über die zarte, schöne, anmutige, blonde Marie erzählt, ja, Französisch spricht sie auch schon ganz manierlich.
Endlich. 1769 hält Ludwig XV. offiziell für seinen Enkel um die Hand von Maria Theresias Tochter an. Jubel in Österreich. Der Friede ist gesichert. Nun beginnt der Krieg der Etikette. Eine wahre Rechts- und Paragraphenorgie wird verbissen über Monate hinweg gefeiert. Kuriere jagen zwischen Paris und Wien hin und her. Wer wird geladen? Wer sitzt wo? Wer begleitet den Brautzug nach Compiègne? Wie wird Marie Antonie übergeben? Und wo? Auf österreichischem Boden? Nie und nimmer. In Frankreich? Da jaulen die Habsburger auf. Bis einer die rettende Idee hat: Im Niemandsland wird übergeben, auf einer Sandinsel im Rhein.
Die letzten sechzig Nächte daheim bringt Antonie im Schlafgemach der Mutter zu. In langen Gesprächen bereitet die alternde Monarchin ihr knapp 15jähriges Nesthäkchen auf dessen hohe Stellung in Frankreich vor. Eine Wallfahrt nach Mariazell bringt inneren Frieden. Dann ist es soweit. Eine Kavalkade von 340 Reitern begleitet die junge, schöne, verspielte Braut im Triumph bis zur Grenze Frankreichs. Die Übergabe auf der Rheininsel soll Symbol dafür sein, daß aus der Österreicherin eine Französin wird. Ein Holzhaus ist gebaut worden. Im österreichischen Zimmerchen muß die Prinzessin sich in Gegenwart von Zeugen und Zeremonienmeistern entkleiden. Bis auf die Haut. Keine Faser fremden Stoffes und Garns darf mehr an ihrem Körper sein. Dann wird dem splitternackten, verschreckten Kind im Niemands-Kämmerchen

Marie Antoinette bleibt in ihrer Hochzeitsnacht unberührt. Über jedes „bißchen mehr" der folgenden Nächte berichtet sie ihrer Mutter Maria Theresia in Berichten und Eildepeschen

französische Wäsche gereicht, Hemd, Strumpf, Band, Schuh, Kleid, Hut – alles beste französische Seiden und Spitzen. Jetzt einen Schritt hierhin, der Brautführer Österreichs läßt Maries Hand los, als der Brautwerber Frankreichs sie ergreift.
So viel Brimborium und Getue! Das Mädchen bricht in Tränen aus. Macht nichts, die Helden der Etikette kämpfen weiter. Unbeirrt. Am anderen Ufer wartet eine gläserne Kutsche. Posaunen, Verbeugungen, Glückwünsche, Empfänge, Gesten, die Glocken vom Straßburger Münster läuten, und am 19. April 1770 wird die Ehe per procurationem geschlossen – Erzherzog Ferdinand vertritt den Dauphin.
Den wahren Brautbuben, den 15jährigen Dauphin Ludwig, lernt sie im Wald vom Compiègne kennen. Stefan Zweig beschreibt in seiner Biographie *Marie Antoinette* den zukünftigen Gemahl, „der steifleinen und tölpel-verlegen zur Seite steht, jetzt endlich die verschlafenen kurzsichtigen Augen hebt und ohne sonderliche Beflissenheit seine Braut, der Etikette gemäß, formell auf die Wange küßt".
Die zweite Hochzeitsfeier findet am 16. Mai 1770 in Versailles statt. In der Kapelle von Ludwig XIV. wirkt „die unermeßlich ausgebreitete Pracht der erwählten Geschlechter wie ein letztes Fanal der alten Welt", schreibt Zweig, einer Welt, die dreiundzwanzig Jahre später mit Ludwig XVI. und Marie Antoinette unter der Guillotine endet. 6000 Gäste von Adel haben fürs Fest eine Eintrittskarte ergattert, nicht etwa, um an der feudalen Tafel mit zu speisen, sondern nur, um von der Galerie aus dem Spektakel zuzuschauen. Bis ins Brautgemach hinein drängen sich Hochadel und Etikette. Doch ans Bett darf nur der Erzbischof von Reims. Der segnet und besprengt es mit Weihwasser, dann sind die Brautleute zum erstenmal allein.
„In jenem Bette", schreibt Stefan Zweig, „geschieht zunächst – nichts." Der König macht zwar einen Versuch, aber Marie Antoinette ist auch nicht aufgeklärt. Also woher die Kenntnis und die Lust nehmen? So schreibt denn Ludwig am nächsten Morgen ins Tagebuch „Rien". Die Ehe ist nicht vollzogen.
Sie muß doch aber zu schaffen sein, diese fruchtbare Übung, mit der niemand sonst bei Hofe Schwierigkeiten zu haben scheint. In den nächsten Wochen und Monaten mühen sich die Königskinder verbissen um eine Lösung des Problems. Vergeblich. Da ist eine „Hemmung der Natur", eine Phimose, die dem König Schwierigkeiten macht.
Maria Theresia schickt reitende Boten aus Wien. Die Tochter solle sich nicht entmutigen lassen, hübsch weiter üben, dann klappe es schon. Sie müsse aber auch liebesbereit sein. Und gibt dann kleine weibliche Winke, ein gemeinsames Bett wirke Wunder, schreibt sie, ja, „caresses", Zärtlichkeiten, vor der Aktion seien sehr zu

empfehlen, aber Marie dürfe den Gatten damit nicht verwöhnen, dann würde der träge werden und nur genießen wollen. Aber nach zwei Jahren vergeblicher Liebesmüh wundert sich die Kaiserin dann doch über die „conduite si étrange". Da muß doch was unternommen werden.

Der liebeserfahrene Großvater knöpft sich seinen Enkel vor, klärt ihn mal wieder auf. Und wenn's wirklich nicht geht, muß er sich halt operieren lassen. Nein, nur das nicht! Da übt Ludwig lieber weiter. Und Antoinette berichtet der Mutter jedes „un petit mieux". Aber ein bißchen mehr bringt halt keinen Thronfolger.

Bruder Joseph reist aus Wien an und klärt Schwester und Schwager brutal auf. Seinem Bruder Leopold schreibt er: „Das Geheimnis liegt im Ehebett." Seine Erektionen seien nämlich fabelhaft. Er wisse auch genau, was er damit tun müsse, bliebe halt nur regungslos zwei Minuten auf seiner Schwester liegen, ziehe sich dann zurück „und wünscht seiner Frau gute Nacht. Er ist völlig zufrieden und gibt offen zu, daß er den Akt als Pflichtübung betrachtet und keinerlei Vergnügen daran findet." Ach, wenn er, Joseph, wenigstens einmal hätte dabeisein dürfen. Er hätte den beiden die Lust schon eingebleut. Allerdings, „was meine Schwester betrifft, ist sie auch nicht gerade sinnlich veranlagt, und beide zusammen sind ein Paar von ausgemachten Stümpern."

Sieben Jahre nach dem „Rien" im Brautbett läßt Ludwig – der inzwischen König ist – sich endlich operieren. Danach tut es ihm leid um die vergeudete Zeit. Doch da hat das Versäumnis die Ehe längst geprägt. Und tout Paris und alle Fürsten und Könige Europas haben sich auf Kosten der ungeschickten Standesgenossen bestens amüsiert.

Ludwig XVI. leidet an einer Phimose. Sieben Jahre kann er die Ehe nicht vollziehen. Sein Schwager nennt ihn einen „ausgemachten Stümper"

Ein Mops kämpft um Madame

Was Napoleon in zwei Brautbetten widerfährt

Er ist schon wirklich ein merkwürdiger junger Mann, dieser Napoleon Buonaparte – er glaubt an die Liebe. Glaubt mitten in der Französischen Revolution, wo jeder nimmt, wen er kriegen kann, an Hingabe, Treue und Ewigkeit.
Welch ein Romantiker ist dieser General, der eher aussieht wie ein hungernder Poet mit seinem dünnen, schlecht gepuderten Haar. Und welch ein Reaktionär in dieser Zeit des Aufbruchs. Frauen, sagt er, sollen ihre Männer lieben und Kinder erziehen. Und in der Politik haben sie überhaupt nichts zu suchen, intrigieren nur und stiften Unfrieden. „Man sollte ihnen verbieten, in der Öffentlichkeit zu erscheinen, außer in einem schwarzen Kleid und verschleiert." Prostituierte verursachen ihm Übelkeit, „schon vom bloßen Angestarrtwerden durch diese Frauen" fühlt er sich „beschmutzt".
Im Spätsommer 1795 kommt Napoleon, auf halben Sold gesetzt, „arm und stolz wie ein Schotte", in ein vergnügungssüchtiges Paris. Im Landhaus der Talliens lernt er die Witwe Beauharnais kennen, Rose, die ihr Leben beinahe unter der Guillotine hätte beenden müssen.
Ihr Mann, Alexandre de Beauharnais, war bei Hofe ein- und ausgegangen, hatte in den Quadrillen der Marie Antoinette tanzen dürfen, hat seine Frau nach Strich und Faden betrogen, wurde im März 1794 verhaftet, Rose im April, er im Juli hingerichtet, sie Anfang August freigelassen, kurz nach der Hinrichtung Robespierres. Ihr Freund Tallien war jetzt an der Macht, das war ihre Rettung.
Tallien und Barras, Oberbefehlshaber der Armee des Innern, helfen der schönen Witwe. Sie schlagen für die viermonatige Haft eine nicht unbeträchtliche Entschädigung für sie heraus, eine Kutsche ist auch dabei, und mit dem Geld kann sie bald ein herrschaftliches Haus anzahlen.
Der 26jährige Napoleon verliebt sich heftig in die eigenwillige, zarte Person, die knapp über einen Meter fünfzig ist. Mit 32 Jahren und zwei Kindern hat eine Frau ihren Zenit längst überschritten. Aber die Beauharnais ist etwas Besonderes. Sie ist nicht schön, hat aber Charme, ist fröhlich, schlagfertig, kultiviert, elegant, vor allem aber gutherzig, und alles findet sie „drôle". Daß sie so merkwürdig lacht, so durch die Lippen prustet, das liegt an ihren

schlechten Zähnen. Ein paar sind schon ganz schwarz. Die zeigt man dann besser nicht.
In ihrem Haus gibt es die vorzüglichsten Delikatessen. Wo kriegt sie die nur her? Lebensmittel sind doch rationiert. Aber bei Rose gibt es Wild und Geflügel und Obst aus Übersee. Als Napoleon erfährt, daß Paul Barras alle diese Köstlichkeiten anschleppt und dafür von Rose belohnt wird, ist er tief gekränkt und meidet das Haus in der Rue Chantereine.
„Sie suchen eine Freundin nicht mehr auf, die Ihnen zugetan ist", schreibt Rose, „Sie tun unrecht daran, denn sie ist Ihnen zärtlich verbunden. Kommen Sie morgen ..." Und er kommt. Und gibt ihr einen neuen Namen, nennt sie Josephine, er hatte ja auch Désirée Clary, seine erste Liebe, in Eugénie umgetauft. Er will sie allein für sich, bedrängt sie, macht keine Geschenke wie Barras, kann er gar nicht. Er schenkt sich selbst. Und eines Nachts im Januar 1796 erhört sie ihn, diesen Schwärmer, der nur von ihr spricht und von Artillerie.
Nein, Josephine liebt Napoleon nicht, aber er zieht sie an, weil er nicht schwätzt, sondern redet, weil er alles will – sonst nichts. „Ich bin ganz von Dir erfüllt", schreibt er morgens um sieben Uhr nach der ersten gemeinsamen Nacht, „und in drei Stunden werde ich Dich sehen. Bis dahin, mio dolce amor, tausend Küsse; aber küsse Du mich nicht, denn Deine Küsse versengen mein Blut."
So einen Brief hat Josephine noch nie bekommen. Er ist ja völlig durchgedreht, dieser stürmische General Bleichenwang. Was bedeutet denn so eine Nacht schon. Spaß, Vergnügen, Genuß, Sinnlichkeit, aus. Morgen ist ein andrer dran. Aber doch bitte keine deklamierten Gefühle. Das verdirbt ja den ganzen Spaß an der Liebelei. Liebelei? Oh, nicht bei Napoleon. Der hat für die lockeren Sitten der Revolution wenig übrig. Hat gerade die herzzerreißende Liebesromanze *Paul et Virginie* von Saint-Pierre verschlungen. Bei Napoleon Buonaparte muß alles seine Ordnung haben. Auch die Liebe. Und eine ordentliche Liebe endet in einer rechtmäßigen Ehe.
Er hält um Josephines Hand an. Einen solchen Antrag lehnt sie mit 32 Jahren und ohne feste Einkünfte natürlich nicht ab. Schließlich muß sie an die Kinder denken. Heute ist sie noch die Mätresse von Barras. Aber morgen? Als Barras von Napoleons Antrag hört, ist er begeistert. Er sucht doch längst nach einem Weg aus dem Bett der Geliebten. Also, wenn Napoleon Josephine heiratet, läßt er dem General ausrichten, bekommt er von ihm als Hochzeitsgeschenk die Alpenarmee, die er sich seit Monaten wünscht.
Josephine willigt in die Heirat ein, obwohl sie gegenüber ihrem Bräutigam, wie sie einer Freundin schreibt, nur „Lauheit" fühlt. Doch da es dank der Revolution nur noch die Ziviltrauung gibt, kann man sich schlimmstenfalls scheiden lassen.

Als Napoleon die Witwe Rose Beauharnais kennenlernt, verliebt er sich heftig in sie. Nach der ersten gemeinsamen Nacht schreibt er ihr glühende Liebesbriefe und nennt sie Josephine

Am Abend des 9. März 1796 heiraten Josephine und Napoleon im 2. Arrondissement von Paris, im Palais eines hingerichteten Aristokraten in der Rue d'Antin 3. Josephine trägt ein geblümtes Mousseline-Kleid mit hoher Taille, Napoleon die goldbetreßte blaue Uniform. Er kommt zu spät. Der Standesbeamte, ein alter Krieger mit Holzbein, ist am Ofen eingeschlafen. Napoleon schüttelt ihn wach. „Bürger", sagt er, „trauen Sie uns rasch."
Weder die Braut noch der Bräutigam haben ihre Geburtsurkunden dabei, die liegen auf Korsika und auf Martinique, wo Josephine ihre Verwandtschaft hat. Und beide Inseln sind von Engländern besetzt. Sie heiraten mit den Urkunden ihrer Schwester und seines Bruders, was für Josephine auf dem Papier eine Verjüngung von vier Jahren einbringt, für Napoleon einen Alterungsprozeß von neunzehn Monaten. Trauzeugen sind Barras und Tallien.
Nach der Trauung fährt das Paar ins schöne, angezahlte Heim von Josephine. Hier übergibt der verliebte Buonaparte sein Hochzeitsgeschenk, eine zarte Goldkette mit einer Email-Plakette, auf der „au destin" steht, denn das Schicksal, so sagt er ihr, habe sie schließlich zusammengeführt.

Napoleon eröffnet Josephine, daß er sich von ihr scheiden lassen wird. Sie hat ihm keinen Erben geschenkt. Den braucht er aber, denn er hat sich inzwischen zum Kaiser der Franzosen gekrönt. Josephines Nachfolgerin wird Marie Louise, die rundliche Habsburgerin aus Wien

Ihre Hochzeitsnacht verbringen Josephine und Napoleon im Parterre des Hauses. Das Schlafzimmer ist blau tapeziert. Aber davon sehen die beiden nicht viel, meist sehen sie sich selbst. Denn die Wände sind so ausgestattet, wie man sich noch im nächsten Jahrhundert französische Boudoirs vorstellt: allüberall Spiegel. Geeignet für genüßliche Selbstbetrachtung und die Vermittlung eines Eindrucks von Weite.
Die braucht der künftige Heeresführer, denn es wird eng im Bett. Napoleon ist nicht der einzige männliche Beischläfer. Da liegt noch Fortuné in den Seidenkissen, der Mops von Madame.
Fortuné hat Narrenfreiheit. Seit er seinem Frauchen während der Zeit im Gefängnis Nachrichten am Halsband in die Freiheit geschmuggelt hat, ist sein Platz im Bett neben Josephine unbestritten. Da will nun aber Napoleon hin. Das gelingt noch für die Phase der Annäherung. Doch als der General zum Angriff bläst, da springt der Mops mit Gebell dazwischen und verwundet den Eroberer durch einen Biß in die Wade.

Vierzehn Jahre später ist Napoleon von Josephine geschieden. Sie hat ihm keinen Erben geschenkt. Und den braucht er, denn er ist längst nicht mehr nur General und Erster Konsul, er hat sich in Notre-Dame zum Kaiser gekrönt, seine Brüder zu Königen gemacht, in Austerlitz gesiegt, die Doppelschlacht von Jena und Auerstedt geschlagen.
Nun reitet er 1810 in den Wald von Compiègne, wo vierzig Jahre zuvor Ludwig XVI. seine Braut Marie Antoinette in Empfang genommen. Jetzt will wieder eine Erzherzogin aus Österreich abgeholt werden, Marie Louise, die rosige, rundliche Jungfrau aus Wien, die am liebsten Hummer und Schokolade ißt und nur bei Licht einschläft, weil sie Angst vor Gespenstern hat.
Napoleon ist vierzig und trägt inzwischen Bauch – ein Manager mit Kaiserkrone. Er jagt nicht mehr auf Pferden, und das Tanzen hat er seit einem Jahr aufgegeben, fast verlernt. Doch für die reizende Marie Louise hat er sich von seinem Zeremonienmeister in Paris den Wiener Walzer beibringen lassen, links herum.
In Compiègne nimmt er seine Braut stürmisch in Besitz. Fragt gleich am Abend den mitgereisten Bischof, ob ihm die Wiener Heirat denn auch schon vor der offiziellen Zeremonie eheliche Rechte einräume. Bis der fromme Mann darüber nachgedacht, hat Napoleon Marie schon auf sein Lager gezogen, und am nächsten Morgen lassen sich beide vergnügt das Frühstück im Bett servieren.
In der Hochzeitsnacht – anders als in seiner ersten – ist Napoleon ganz Herr der Lage und offensichtlich auch Held einer neuen Doppelschlacht: Die sinnliche Marie Louise nämlich bittet ihn nach erster erfolgreicher Attacke um eine zweite Eroberung.

Epilepsie nach dem Beischlaf

Warum Ratgeber vor der Macht der Liebe warnen

„Wem Wollust nie den Nacken bog
Und der Gesundheit Mark entsog,
Dem steht ein stolzes Wort wohl an,
Das Heldenwort: Ich bin ein Mann."

Das schreibt Dr. Becker in seinem *Rathgeber vor, bei und nach dem Beischlafe,* der seit 1809 in immer neuen Auflagen in Leipzig erscheint. Das klassische Jahrhundert der Prüderie hat begonnen. Eine frühe Heirat, warnt Becker, ist von Übel. Achtzehn bis zwanzig Jahre muß ein Mädchen sein, dann ist ihr Wuchs vollendet, ihr Busen reif, ihr Gebärbecken entwickelt. Und das ist wichtig, denn zu keinem anderen Zwecke als dem des Zeugens geht man schließlich eine Ehe ein.

Ein zärtliches Weib weiß das und hält sich einen Gatten vom Leib, der nur seine Lust und Begierde befriedigen möchte. Die Folge zu oft genossener Fleischlichkeit sind „die furchtbarsten Convulsionen". Einige trifft es noch ärger: „Epilepsie strafte oft unmittelbar den Wollüstling, oder traf bald hernach das Weib, das so wenig der Mäßigkeit eingedenk war."

Und wie oft ist mäßig? Einmal im Monat, sagt Dr. Becker. Einmal in der Woche wolle er schlimmstenfalls noch durchgehen lassen.

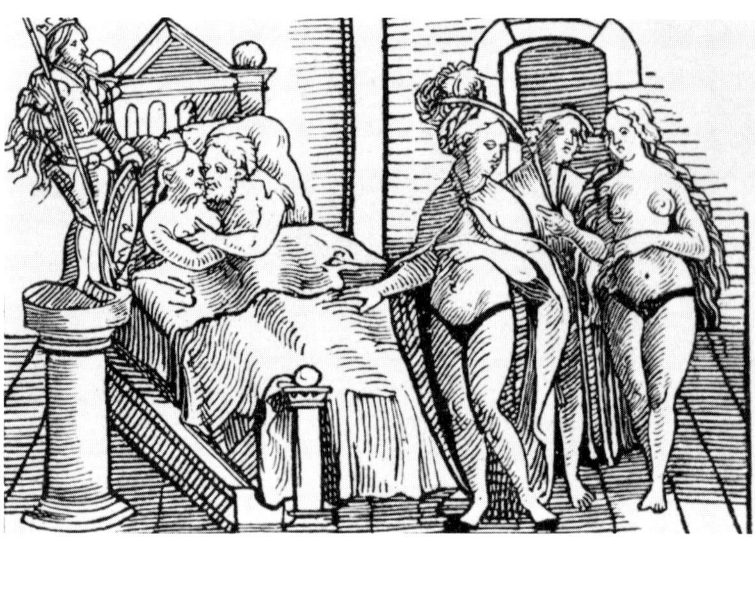

Keuschheitsgürtel, die den Frauen im frühen Mittelalter gern von ihren Männern umgebunden wurden, haben im prüden 18. Jahrhundert wieder Konjunktur. Ratgeber, die von Ärzten geschrieben werden, warnen vor dem Beischlaf aus purer Lust und raten zur althergebrachten Position

Um Himmels willen aber nicht täglich. Das würde jede Ehe kaputtmachen.
Die Begierde sieht Becker aber eher beim Weib, auch wenn er den Mann dafür verantwortlich macht. „Durch ihre Unmäßigkeit in den ersten Wochen der Verheirathung“ verderben sie die Frauen, machen sie sinnlich und wollüstig.
Das gilt auch für die Stellungen. Keine Experimente, rät Dr. Bekker. Im Stehen? Höchst ungesund. Die Muskeln werden schwer angegriffen und Kinder kommen selten dabei heraus. Auf dem Schoß des Mannes? Also als Arzt kann er nichts weiter sagen, „als daß es die Delikatesse beleidigt“, strengt an und befruchtet nicht. Von der Seite? „Unbequem für beide Theile.“ Und welche Stellung empfiehlt nun Dr. Becker? Natürlich die gute alte Pose aus der Bibel. „Die Stellung ist dafür den Menschen bestimmt, in welcher der Zweck des Beischlafs am sichersten und leichtesten erhalten, erreicht werden kann.“ Die allein ist natürlich und gottgewollt.
Am Ende macht der Herausgeber noch eine Bemerkung in eigener Sache. Ja, er habe einen „Schaamgürtel“ erfunden, den er bestens empfehlen kann. Wer nach „Onanie und übermäßigem Genuß des Beischlafs“ am Körper gesündigt hat, soll den Gürtel ein bis zwei Monate tragen. Er ist dann beim Einsatz wieder gesund und zeugungsfähig. Gegen Einsendung von einem Louisdor geht so ein Gürtel postwendend ab. Bei Armen ist er bereit, einen Nachlaß zu gewähren.

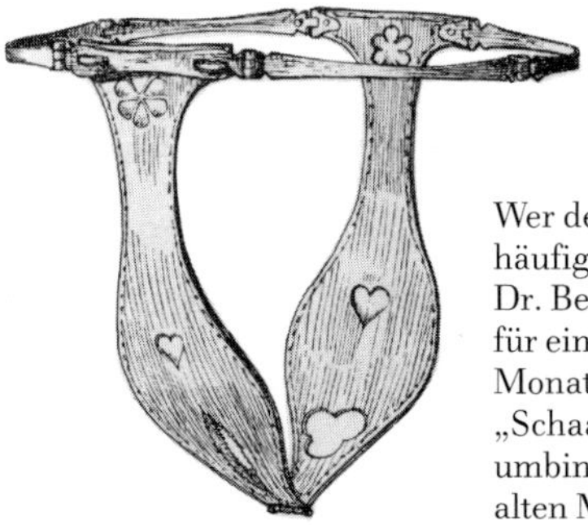

Wer den Beischlaf zu häufig genossen hat, rät Dr. Becker, der solle sich für einen oder zwei Monate Beckers „Schaamgürtel“ umbinden, der nach alten Mustern gefertigt ist. Danach sei der Gatte wieder „zeugungsfähig“

Die Hölle unterm Baldachin

Was Lord Byron seiner Braut Annabella antut

„Ich kann versichern, daß ich niemals in meinem Leben eine Frau verführt habe“, schreibt Lord Byron, und das mußte er auch nicht, denn seit 1812 die ersten beiden Gesänge von *Childe Harold* erschienen sind, sinken die Frauen der Gesellschaft vor ihm in die Knie, und er kann von sich sagen: „I awoke one morning and found myself famous.“

Jeder will den Löwen der Saison kennenlernen, der Oden auf Napoleon schreibt, will den verwegenen fünften Lord Byron sehen, der den Hellespont durchschwommen hat und mit seiner Halbschwester Augusta Leigh schläft. Eine seiner Geliebten will Ophelia nacheifern und wird wahnsinnig, eine andere aus feinem Hause möchte fliehen und sein Page werden, und alle Frauen sind eifersüchtig aufeinander und alle Männer auf ihn, den Lord mit dem schönen, bleichen Gesicht, dessen Devise heißt: Alles ist nichtig, außer dem Vergnügen.

Ein neues Vergnügen sucht er 1814. Wie wäre es mit einer Heirat? Er ist doch schon 26, hat mit Frauen doch alles erlebt, nur noch keine Ehe. Sie ist die einzige Form der Liebe, die er nicht kennt. Und da er sich gerade langweilt, sucht er jemanden, „mit dem man gemeinsam gähnen“ kann. Er schreibt an seine Vertraute, an Lady Melbourne, daß er eine Frau zum Heiraten suche.

Die alte Dame schlägt vor. Aber die eine ist zu dumm, die andere zu häßlich, und eine Kluge will der Lord mit Verlaub auch nicht. „Ich habe einen Horror vor Geist in Röcken“, schreibt er ihr. Aber ist da nicht noch Annabella? Seit zwei Jahren spukt ihm Lady Melbournes Nichte schon im Kopf herum. Und auch Annabella Milbanke hat Lust, ein Risiko einzugehen. Aber sie ist doch so ein Geist in Röcken, er selbst nennt sie doch spöttisch „Prinzessin der Parallelogramme“, weil sie sich mit Mathematik beschäftigt. Und sie liest Philosophen und Klassiker und ist so ein richtiger Blaustrumpf. Natürlich ist sie auch voller Gefühl und Sentiment, und gläubig ist sie, wird Byron ganz sicherlich von seinem wüsten Leben erretten wollen.

Er hält am 9. September 1814 um ihre Hand an. „Ich habe Sie immer geliebt – ich liebe Sie – ich werde Sie immer lieben – und da dieses Gefühl kaum ein Akt exakten Wollens ist, weiß ich kein Heilmittel...“ Annabella sagt „ja“. Und Don Juan ist entzückt von seiner neuen Rolle als Bräutigam. Der Verdammte ist der Hölle fürs erste entkommen, nennt seine Zukünftige „die Mutter meiner Gracchen".

Aber er mag nicht nach Seaham fahren, um die Schwiegereltern zu begrüßen und den klassischen Freier zu spielen. Er möchte „eines Morgens aufwachen und verheiratet sein". Im November endlich macht er seinen Antrittsbesuch. Annabellas Mutter hat er nie gemocht, Annabellas Vater ist fade und erzählt unendlich langweilige Geschichten, aber er ist ein Gentleman. Doch viel schlimmer ist die Sache mit Annabella selbst. Er sieht sie seit Monaten zum erstenmal wieder – und weiß jetzt, daß er sich geirrt hat.

Seine Annabella ist ein Hirngespinst, ein Gedicht, das er geschrieben, ein Traum, dem er Worte gegeben hat. Die Wahrheit ist zum Gähnen. Im Kopf sah er eine Freundin, eine Gefährtin, die ihn verlocken konnte zur Liebe. In Wirklichkeit sieht er nur noch eine Schwärmerin, die den lieben langen Tag von der Reinheit ihrer Gefühle spricht. Als er zurückfährt, sagt er, er werde bald wiederkommen. Sie bereitet mit den Eltern die Hochzeit vor. Aber Byron kommt nicht. Sie schreibt, der Vater habe schon ein Brautgedicht geschrieben, und alle Geschenke seien schon eingetroffen. Wo er nur bleibe?

Er versucht, seinen Kopf aus der Schlinge zu ziehen, setzt den Ehevertrag neu auf, hadert mit sich, fragt in einem Brief, ob Annabella das alles auch gut überlegt habe. Sie antwortet: „Mein Geliebter – Sie und das Glück kommen zu gleicher Zeit." Er holt die Heiratslizenz und will vom Beamten wissen, ob sich mehr verheiraten oder mehr scheiden lassen. Dann fährt er am 26. Dezember bei Schnee und Wind mit seinem Freund Hobhouse, dem Trauzeugen, in der Postkutsche nach Seaham.

Nein, er hat es gar nicht eilig, unterbricht die Reise, kommt erst vier Tage später an. Die Familie ist in heller Aufregung, die Mutter

Als Lord Byron 26 ist, sucht er ein neues Vergnügen. Wie wäre es mit einer Heirat? Alles hat er mit Frauen erlebt, nur keine Ehe. Sie ist die einzige Form der Liebe, die er noch nicht kennt. Annabella wird sein Opfer sein

liegt mit Migräne im Bett, die Tochter weint, als Byron eintrifft. Hobhouse findet auch noch, daß Annabella nicht sehr hübsch aussieht und miserabel gekleidet ist. Der Lord überspielt die peinliche Szene, indem er sein Hochzeitsgeschenk auspackt und es der Braut übergibt. Es sind Lord Byrons gesammelte Werke, in Saffianleder gebunden.

Der nächste Tag ist Silvester. Lange Spaziergänge am Meer, lange Gespräche mit der rührenden Annabella. Am Abend parodieren die Freunde in ihrem Zimmer die Hochzeitszeremonie vom übernächsten Tag, lachen ins neue Jahr hinein.

Annabella Milbanke liebt Byron über alles, aber sie merkt erst in der Hochzeitsnacht, welch zynisches Spiel der Dichter mit ihr treibt

Am 2. Januar 1815 heiratet Lord Byron Annabella im Hause der Milbankes. Die Braut trägt ein weißes Mousselinekleid. Beide knien im Salon auf Samtkissen. Als der Priester zum Nachsprechen vorspricht: „... ich werde alle irdischen Güter mit dir teilen", möchte Byron lachen. Er hat doch nur Schulden, und die werden, wenn er jetzt eine Familie hat, noch größer. Fünf Tage nach der Hochzeit schreibt er seiner Seelenfreundin Lady Melbourne: „Ich habe am gleichen Tag eine Frau und eine Erkältung bekommen, bin aber die letztere ziemlich schnell wieder losgeworden."

Nach der Zeremonie fährt das Brautpaar nach Halnaby. Der Schwiegervater hat dort ein Haus, ideal für die Flitterwochen, die Byron „Sirup-Wochen" nennt. Spät am Abend treffen sie bei Schneetreiben ein. Die verliebte Braut hat während der Fahrt längst bemerkt, daß dem Angetrauten schon jetzt die Nackenhaare zu Berge stehen. Er hilft ihr nicht aus dem Wagen. Der Butler tut es. Beim Essen wird Byron sarkastisch, erzählt von einem Dichterfreund, für den seine Frau ein unablässig fallender Wassertropfen sei. Er denke ähnlich über die Ehe. Und verwickelt die Verwirrte in ein Gespräch über Moralbegriffe, die doch längst ihren Sinn verloren hätten. Die Jungfrau ist versteinert.

Ihre Hochzeitsnacht verbringen sie in einem holzgeschnitzten Paradebett mit Baldachin, von dem schwere rote Damastvorhänge herunterhängen. Byron sagt, er hasse es, mit Frauen im selben Bett zu schlafen, da es sich nun aber nicht ändern ließe, solle sie nur kommen.

Das ist der letzte Stich. Damit ist die Lust gemordet. Sie liegen und schweigen in die Finsternis. Byron hat Angst vor der Dunkelheit der Nacht. Als er endlich einschläft, spricht er im Schlaf und knirscht mit den Zähnen. Später wird er oft genug aufstehen und in Trance Pistolen schwingen. In seiner Hochzeitsnacht aber träumt der träge Don Juan nur, träumt schwer und schreit: „Guter Gott, ich bin tatsächlich in der Hölle."

Am Morgen steht Annabella auf, frühstückt allein, wartet. Lord Byron schläft. Lord Byron schläft bis zum Mittag. Als er die Treppe herunterkommt, läuft sie ihm entgegen. Er stößt sie zurück, sagt knapp und zynisch: „Madame, es ist geschehen. Es ist zu spät."

Der Bräutigam hat Schaum vorm Mund

Was die künftige Kaiserin von Brasilien mit Dom Pedro zur Nacht erlebt

Am 13. Mai 1817 wird Napoleons zwanzigjährige Schwägerin, Erzherzogin Leopoldine von Österreich, per procurationem getraut. Ihr Bräutigam Dom Pedro, der bald Kaiser von Brasilien wird, ist weit weg in Rio. Er hat zu dieser Zeit noch eine heftige Liaison mit der französischen Tänzerin Noemi. Ein Kind der beiden, das tot zur Welt kommt, läßt er heimlich einbalsamieren und in seinen Gemächern verstecken. Er will von Zeit zu Zeit die Frucht seiner verbotenen Leidenschaft sehen können, wenn schon die Geliebte wegen der bevorstehenden Hochzeit auf Befehl seines Vaters nach Bahia verschifft worden ist.

Leopoldine von Österreich muß wieder einmal für „felix Austria" heiraten. So will es Fürst Metternich. Der weiß, Brasilien hat einen der größten Throne der Welt. Aber Leopoldine weiß nicht, daß ihr zukünftiger Mann unter schweren Anfällen leidet. In der Hochzeitsnacht wird sie es erfahren

Am 12. November 1817 läuft nachmittags um fünf Uhr zu Kanonengedonner die „João VI" mit Leopoldine an Bord im Hafen von Rio ein. Die Erzherzogin, die nicht zu ihrem Wohlergehen, sondern für „felix Austria" heiraten muß, wird ein noch traurigeres Opfer der Politik werden als ihre Schwester Marie Louise, die an Napoleon geriet.

Dessen Werk war es übrigens, daß Leopoldine ans andere Ende der Welt reisen muß. Denn ihr Bräutigam war portugiesischer Thronfolger gewesen. Der Korse hatte ihn zusammen mit seinem Vater, dem portugiesischen König João VI. aus seinem Land vertrieben, und die beiden flüchteten in ihre Kolonie Brasilien. 1822 wird Dom Pedro die Unabhängigkeit des Landes ausrufen und sich als Pedro I. zum Kaiser krönen lassen. 1817 aber erwarten Vater und Sohn aus dem Hause Braganza die Braut aus Österreich, die einen herzzerreißenden Abschied gehabt hat. Rio, das war doch Lichtjahre von Schloß Schönbrunn entfernt. „Denken Sie sich einen Wiener in Amerika", schreibt Erzherzog Ludwig an Marie Louise nach Paris, „ohne gebackene Hühner, ohne Prater und ohne Stephansdom."

Sie tut wirklich allen leid, die heitere, blonde, blauäugige „Poldl", die vor allem ihre kaiserliche Schwester in Paris so zärtlich liebt. Einmal hatte die ihr einen neumodischen Vergrößerungsspiegel geschickt. Leopoldine, deren Lippen besonders habsburgisch hervorquollen, schreibt an Marie Louise, es sei ja kein Wunder, daß ihr Mund so aufgeworfen sei – bei dreimaliger Vergrößerung!

Fürst Metternich war es, der diese Heirat gewollt und gefördert hat. Brasilien hat doch einen der größten Throne der Welt, den

muß man doch besetzen. Und welche Möglichkeiten für ein junges Mädchen, das so gerne botanisiert und Schmetterlinge sammelt und Mineralien sucht wie Leopoldine. Wenn sie schon in der Heimat bei einem Klavierkonzert von Beethoven einschläft, dann ist doch dieses gewaltige Land Brasilien, dessen Kaiserin sie werden wird, genau das richtige für sie. Metternich selbst wird die Braut als „Übergabs-Commissair" begleiten, was zeigt, wie wichtig dem Wiener Hof die Heirat ist.
Drei Monate dauert die Fahrt über den Atlantik. Leopoldine nutzt die Zeit, um Portugiesisch zu lernen. Im Hafen von Rio startet bei ihrer Ankunft unter Kanonensalven die königliche Schaluppe mit Dom Pedro und seinem Vater João. An Bord wird ein Gala-Diner eingenommen, die Brautleute sehen sich hier zum erstenmal in ihrem Leben, der Portugiese denkt an seine verbannte Französin, und die Österreicherin denkt, daß dieser Dom Pedro ihren romantischen Vorstellungen von einem Bräutigam schon ziemlich nahekommt.
Am nächsten Tag, am 13. November 1817, wird im Palast in Saõ Christovão Hochzeit gefeiert. Ein vergoldetes Boot holt Leopoldine vom Schiff ab, am Hafen drängt sich das Volk zusammen. Als die zukünftige Kaiserin den Brasilianern auf portugiesisch zuruft, daß sie glücklich sei in ihrem Land, hat sie gesiegt. Der Festzug durch die Stadt zum Schloß gleicht einem Triumphzug: Kavallerie vorneweg, Musikkapellen, Kutschen mit schwarzen Rossen, und aus den Fenstern Rios regnen Blütenblätter.
Es wird ein Bankett für zweitausend Personen geben. Der Saal ist mit tropischen Pflanzen, Weintrauben und Orchideen geradezu tapeziert, ein Orchester spielt Wiener Walzer, Diener servieren Gerichte, die Leopoldine nie gesehen hat, nur König João VI. ißt, wie immer auf Festen, sein Leibgericht Huhn. Die Schwiegertochter erzählt ihm, daß sie den Koch ihrer Schwester im Gefolge habe, der sei nach Wien zurückgekommen, damals, als Napoleon nach Elba verbannt wurde. Der König und der Bräutigam sind entzückt, ach, tut es gut, das zu hören: Napoleon, ihr Schicksal von einst, und nun haben sie wenigstens seinen Koch. Der wird João Hühner à la Habsburg backen.
Nach dem Essen nimmt Dom Pedro seine anmutig plaudernde Braut zur Seite, küßt ihr die Hände, sie wolle doch sicherlich mit ihm in den Garten? Und wie sie will. Da reicht er ihr den Arm und führt sie schnurstracks – ins königliche Brautgemach. Dort drängt er sie aufs Bett, über dem Brokatdecken und Spitzenkissen zuhauf liegen. Er küßt die ziemlich überraschte Jungfrau, bestürmt sie, hilft ihr beim Entkleiden, schwört ewige Liebe und wird sie doch bald mit Mätressen betrügen und in der Öffentlichkeit demütigen, bis sie verzweifelt an Marie Louise schreibt: „Hört den Notschrei eines Opfers, das von Euch nicht Rache, aber Mitleid erbittet."

Doch jetzt auf dem Bett glaubt sie ihm, jetzt läßt sie sich in seine Arme ziehen. Aber plötzlich steht er stumm da, starrt sie an, verdreht die Augen, verkrallt die Hände, sackt zusammen, fällt, wälzt sich am Boden, lallt, bis ihm weißer Schaum aus dem Munde quillt.
Fassungslos steht Leopoldine da. Sie kennt solche Anfälle vom Bruder Ferdinand, dem zarten Erzherzog, der mit viel zu großem Kopf zur Welt gekommen war. Nun also auch ihr Mann. Sie zieht ihn durchs Zimmer, hebt den lallenden Gatten aufs Kanapee, zieht ihn aus, deckt ihn zu, wartet, bis er wieder ruhig atmet, weiß, daß er weit weg ist, daß er hart und schwer schläft.
Sie kniet am kleinen Oratorium nieder, betet, legt sich allein ins gewaltige Brokatbett und weint sich langsam in den Schlaf.

Dom Pedro, der künftige Kaiser von Brasilien, hatte vor seiner Hochzeit eine Liaison mit einer Tänzerin. Ein Kind der beiden kommt tot zur Welt. Er läßt den Leichnam einbalsamieren und im Schloß verstecken

Ein Mann mit süßem Mund und schöner Taille

Wie Königin Victoria sich über Nacht verändert

Sie ist nun schon zwanzig und seit zwei Jahren auf dem englischen Thron und denkt gar nicht daran, zu heiraten. Denkt eher angewidert an die sechs Ehen des achten Heinrich und daran, daß jede Heirat mit Schwangerschaften verbunden ist, und Babies findet sie abscheulich, die Tragezeit eingeschlossen. Wie hat ihre Großmutter nur vierzehn Kinder bekommen können, unbegreiflich. Und sie, die kurze Victoria, neigt ja ohnehin schon zu Polster und Rundung, wie wird sie da erst nach einer Geburt aussehen. Und was, wenn sie gleich im Kindbett stirbt, wie Cousine Charlotte? Also denkt sie lieber an Elisabeth I., die sie sonst gar nicht mag, aber die hat wenigstens nicht geheiratet. Es geht also.
Bei Victoria geht es nicht, sie soll einen Mann nehmen, das gehört sich nun mal so. Und bevor sie sich die Suche nach einem Gatten von Parlamentariern und gar Intriganten nehmen läßt, erledigt sie die Sache lieber selbst.
Vetter Albert, Prinz von Sachsen-Coburg und Gotha, ist wieder mal der erste, an den sie denkt, wenn es um ihre Ehe geht. Er soll doch mal wieder mit seinem Bruder Ernst nach London kommen, ja, sie würde sich dann auch entscheiden.
Am 10. Oktober 1839 treffen Ernst und Albert ziemlich abgerissen von der Überfahrt und ohne Koffer auf Schloß Windsor ein. Der 20jährige Albert spricht inzwischen sehr gut Englisch, und eine italienische Reise scheint ihm seine Steifheit und Scheu genommen zu haben. Victoria ist ganz entzückt, schreibt am Abend in ihr Tagebuch: „Albert ist... sehr gutaussehend. Sein Haar ist von ungefähr der gleichen Farbe wie meines. Seine Augen sind groß und blau, und er hat eine wunderschöne Nase und einen sehr süßen Mund mit zartem Schnurrbärtchen." Und die Schultern sind breit und die Taille ist „schön". Ja, die Entscheidung wird leichter fallen, als sie befürchtet hatte.
Schon fünf Tage später macht Victoria Albert einen Antrag, den er nicht machen darf, so will es die Etikette. Albert kommt mittags von der Jagd zurück, als Victoria ihn halb eins zu sich ins Privatkabinett bitten läßt. Er wisse ja sicherlich, worum es gehe, sie wäre also glücklich, wenn er sie heiraten würde. Da steht er auf und umarmt sie, und was er sagt, notiert sie auf deutsch ins Tagebuch, daß er nämlich froh wäre, „das Leben mit dir zuzubringen".

Am 8. Februar 1840 ist Albert wieder in London. „Mein letzter unverheirateter Abend", schreibt Victoria am neunten ins Tagebuch, „ein komisches Gefühl." Am nächsten Morgen schickt sie dem Bräutigam, der einige Räume entfernt schläft, ein Billett. „Liebster, wie geht es Dir? Hast Du gut geschlafen? ... Was für ein Wetter! Ich hoffe nur, daß der Regen aufhört. Laß' mich wissen, wann Du, mein geliebtester Bräutigam, fertig bist. Ewig Deine Victoria R."

Zur gleichen Zeit schreibt der Bräutigam in Eile an seine Großmutter nach Coburg: „In weniger als drei Stunden stehe ich mit meiner lieben Braut am Altar." In diesem „heiligen Augenblick" denke er an sie und erbitte ihren Segen. „Ich muß schließen, Gott helfe mir." Für den künftigen Prinzgemahl, dem das Parlament als Apanage nur 30 000 statt 50 000 Pfund im Jahr zugesteht und keinen persönlichen Hofstaat, ist die Zeremonie eher ein Opfergang, wenn auch ein pompöser.

Victoria trägt zur Trauung ein weißes Kleid aus Satin und einen

„Albert, willst du mich heiraten?" fragt die junge Queen Victoria ihren Vetter, den Prinzen von Sachsen-Coburg und Gotha. Sie macht den Antrag am 15. Oktober 1839 in ihrem Privatkabinett. Albert nimmt an

Besatz aus Honiton-Spitze, ein türkisches Diamanthalsband, und am Busen prangt Alberts Hochzeitsgeschenk, eine Saphirbrosche. Nach der Zeremonie nehmen die Frischgetrauten mit dreihundert geladenen Gästen das Hochzeitsmahl ein, dessen Krönung ein dreihundert Pfund schwerer Kuchen ist: Eine Zuckerguß-Britannia, zu deren Füßen sich Hunde und Tauben räkeln, segnet ein zuckersüßes Brautpaar.

Nach dem Essen zieht Victoria sich um, kommt in weißer Seide mit Schwanendaunen zurück, greift ihren Albert, zieht ihn mit sich durch Hallen, über Treppen, runter in die Kutsche, fährt mit ihm nach Windsor, endlich – „ich und Albert allein“, schreibt sie ins Tagebuch.

Albert, der Mann mit festen Grundsätzen, wird sehen, was von ihm neben der starken Victoria noch übrig bleiben wird. Er weiß, daß sie „unglaublich dickköpfig“ sein kann und bis in die Nacht hinein schwätzt und schreibt und liest und am liebsten bis weit in den Tag hinein schläft. Düstere Aussichten für einen, der früh zu Bette geht und früh aufsteht.

Aber siehe da, am nächsten Morgen wundern sich die Lords und Ladies von Schloß Windsor, denn früh um sieben, es ist noch stockfinster, lustwandelt das taufrische Brautpaar bereits im Park. Charles Greville, Kabinettssekretär und Verfasser eines aufschlußreichen Tagebuchs, schreibt: „Eine merkwürdig kurze Hochzeitsnacht. Ich sagte zu Lady Palmerston, daß wir auf diese Weise wohl keinen Thronfolger bekommen würden.“

Victoria schreibt am Morgen dieses 11. Februars auch, und zwar an ihren Onkel. Albert, so heißt es da, sei „ein Engel“ und sie selbst nach dieser Nacht „das glücklichste, glücklichste Wesen ..., das je lebte“. Neun Monate später wird ihre Tochter Victoria geboren.

„In weniger als drei Stunden stehe ich mit meiner lieben Braut am Altar“, schreibt Prinz Albert am 10. Februar 1840 an seine Großmutter. Später stellen Queen Victoria und der Prinzgemahl ihr Hochzeitsbild für den Hoffotografen nach

Und am Morgen danach zur Schwiegermutter

Wie Kaiser Franz Joseph seine Sisi zur Frau macht

In Ischl sollen sie sich verloben: Kaiser Franz Joseph von Österreich, der begehrteste Junggeselle seiner Zeit, und Cousine Helene aus Bayern. Am 16. August 1853 kommt des Kaisers Tante Ludovika also mit ihrer Ältesten in der Sommerfrische an. Ludovika hat auch Sisi mitgebracht, ihre 15jährige, die voll Liebeskummer ist und abgelenkt werden soll. Das melancholische Kind hatte sich in einen völlig indiskutablen Grafen Richard ohne Stammbaum verliebt, Gott sei Dank war er gestorben, aber Sisi weinte Tag und Nacht und reimt:

„Die Würfel sind gefallen,
Ach, Richard ist nicht mehr!
Die Trauerglocken schallen –
Oh, hab Erbarmen, Herr!"

Erzherzogin Sophie, die Mutter des jungen Kaisers, lädt ihre Schwester Ludovika mit den Mädchen zum ersten Tee. Die Atmosphäre ist steif und zwangvoll, die armen Verwandten aus Bayern benehmen sich so streng wie die Österreicher, nur Franz Joseph bringt alles durcheinander, denn er verliebt sich Hals über Kopf in Sisi.

Dabei ist doch Helene auf die Ehe vorbereitet. Helene hat eine Aussteuer bekommen, Helene hat österreichische Geschichte studiert und Französisch und Italienisch gelernt. Und sie ist neunzehn und Sisi erst fünfzehn. Aber das ist Franz Joseph ganz egal. Und am Ende ist es den Müttern auch egal. Was zählt, ist das politische Kalkül, ist die Wittelsbacherin an der Seite des Habsburgers.

Helene wird dann halt den Erbprinzen von Thurn und Taxis heiraten, so wie Ludovika einst ihren Vetter Max, der sie betrog, und Sophie den schwachsinnigen Bruder des österreichischen Kaisers hatte heiraten müssen. Dabei hatten beide doch Herzenstragödien hinter sich, unglückliche Lieben, die der Politik zu opfern waren. Tränenreiche Nächte waren das. Und Ludovika hatte für ihre Kinder daraus gelernt: Am bayerischen Hof war das Lesen von Liebesgeschichten streng verboten.

Diesmal aber ist trotz der Politik Liebe im Spiel. Wenigstens der Kaiser denkt nur noch an Elisabeth, seine Sisi, nicht an den Krimkrieg, nicht an die Mißernte, die Hungersnot, die Arbeitslosen, nur an die „göttliche Ischler Séjour" und die baldige Hochzeit. Elisabeth ist zu jung, um zu begreifen. Sie wird erst später voller Bitterkeit sagen: „Die Ehe ist eine widersinnige Einrichtung. Als 15jähriges Kind wird man verkauft und tut einen Schwur, den man nicht versteht und dann dreißig Jahre oder länger bereut und nicht mehr lösen kann."

Doch jetzt wird Verlobung gefeiert, wieder nach Wien und München gefahren, ein Arbeitsprogramm für Sisi entworfen, Rechtschreibung, Geschichte, Sprachen, alles muß sie in Windeseile lernen. Und bayerische Schneiderinnen, Stickerinnen, Putz- und Schuhmacher stellen den „Trousseau" zusammen, die Aussteuer: 12 Dutzend Hemden aus Spitze und Batist, 14 Dutzend seidene und wollene Strümpfe, 5 Dutzend Beinkleider, Nachthemden, Nachtjäckchen, Nachthauben, Nachthalstücher, 113 Paar Schuhe, 3 Paar Gummigaloschen, Fächer, 3 Sonnen- und 2 Regenschirme, Kämme und Bürsten aus Schildpatt, 24 Frisiermäntel, 1 Karton mit Steck- und Haarnadeln für die gewaltige Haarpracht, 6 Dutzend Unterröcke und ein Dutzend „Putzkleider" für offizielle Anlässe.

Kaiser Franz Joseph verliebt sich Hals über Kopf in seine Cousine Sisi. Dabei soll er Sisis Schwester Helene heiraten. Nun muß die junge Wittelsbacherin in kürzester Zeit Rechtschreibung, Geschichte und Sprachen lernen und auf die Ehe mit dem Habsburger vorbereitet werden

Für Sisi der totale Luxus. Am Wiener Hof dagegen lacht man über diese pauvre Ausstattung, die in 25 Koffer paßt. Hat der Kaiser sich doch tatsächlich ein Aschenputtel vom Lande geholt, das kann ja heiter werden. Und die zukünftige Schwiegermutter rät per Brief aus Wien, Elisabeth solle sich doch bittschön die Zähne besser putzen, in Possenhofen sei das vielleicht nicht so wichtig, aber hier bei Hofe achte man auf solche Dinge.

Der Kaiser schickt Diamanten-Diademe und Rosengebinde, Colliers und Ohrgehänge, und am meisten freut sich Sisi über einen Papagei von ihm. Dann besucht Franz Joseph die Braut in München, ist wieder restlos verzaubert von ihrem Charme und ihrer Schönheit. Und ein braver Sohn schreibt an seine starke Mutter: „Ihre Zähne sind auch, dank Ihrer Fürsorge, ganz weiß geworden, so daß sie wirklich allerliebst ist."

Die allerliebste Sisi hat panische Angst vor dem Wiener Hof, dem Etiketten-Korsett, den Intrigen und der Schwiegermutter. Aber es ist längst zu spät, Tante Sophie richtet bereits in der Hofburg eine Wohnung für das kaiserliche Paar ein, elegant und prunkvoll, aber ohne Bad und Toilette. Es ist noch die Zeit der „Leib-Stühle".

Im März 1854 wird der Ehepakt unterzeichnet. Auch der Papst hat einer Verbindung zwischen Vetter und Base ersten Grades zugestimmt. Die jährliche Apanage für die Kaiserin wird auf 100 000 Gulden festgelegt, die Morgengabe auf 12 000 Dukaten.

Am 20. April verläßt Elisabeth tränenreich ihre bayerische Heimat. Es ist der Tag, an dem eine wichtige Entscheidung im Krimkrieg fällt: Österreichische Truppen marschieren an die russische Grenze, denn der junge Kaiser hat an eben jenem Tag einen Bund mit Preußen – gegen den Zaren – geschlossen. Aber davon erfährt

Sisi nichts. Sie fährt ihrem Bräutigam im Donau-Dampfschiff „Franz Joseph“ mit 140 PS entgegen.
Am 22. April um 16 Uhr erreicht sie mit ihrem Gefolge Wien-Nußdorf. Kanonen donnern, alle Glocken Wiens läuten, und am Triumphbogen stehen sie und warten: Tante Sophie mit dem gesamten Hause Habsburg, Hofchargen, Würdenträgern des Landes – pompös. Nur der Kaiser zelebriert Lockerheit, springt an Deck, küßt seine ängstlich zitternde Braut im rosa Seidenkleid mit Krinoline.
Von nun an herrscht Etikette. Gerade gehen, nicken, lächeln, winken, Handküsse gewähren, schreiten. Nein, in der Kutsche nach Schloß Schönbrunn nicht ausatmen – sondern Volk grüßen, huldvoll, also nicht zu freundlich. Dann umziehen. Zeremonie im großen Salon. Gerade stehen. Übergabe des Brautgeschenks: Diamantkrone mit passender Diamant-Corsage, umgearbeitet für 100 000 Gulden. Freuen. Aber hoheitsvoll. Nicht so unkontrolliert wie in Possenhofen. Natürlich nicht, da schenkte man sich ja auch was zum Freuen. Umziehen. Grüßen vom Schloßbalkon mit der Rechten. Gala-Diner. Steife Reden.
23. April. Einzug der Kaiserbraut in Wien. Stunden dauert allein die feierliche Einkleidung, das Anlegen der Rosengirlanden um den Reifrock, das Aufstecken des meterlangen Haars. Und dann muß das Diadem halten und die Schleppe richtig fallen, und warum ist das Kind so leichenblaß und zittert? Also Rouge auflegen und lächeln. Sie kann nicht lächeln. Himmel, was würden andere darum geben, an ihrer Stelle zu sein. Aber Sisi? Sie weint, als sie endlich in der gläsernen Kutsche sitzt, schluchzt, grüßt die spalierstehenden Wiener durch einen Tränenschleier.
Der 24. April ist der Hochzeitstag. Es gibt viel zu tun bis 19 Uhr. Am Morgen bekommt sie zwei Schriftstücke. Eins soll sie durchlesen, es ist das Vermählungszeremoniell. Eins soll sie auswendig lernen, es sind die Regieanweisungen für die Braut. Voller Entsetzen liest sie von „appartementsmäßigen Damen“. Was sind das? Das sind die, die nur den „kleinen“ Zutritt zur Kaiserin haben. Aha. Und Schleppenträger sind im Spiel, aufwartende Generäle, „Cortegierung“ in der Kirche, und da ist sie wieder: Panik.
In Trance läßt sie sich ins weiße Schleppkleid mit Gold- und Silberstickerei schnüren, Myrten an den Rock hängen, Rosen an die Brust stecken. Die Totenblasse führt der Bräutigam um 19 Uhr in die Augustiner-Kirche. Und Kardinal Rauscher – assistiert von siebzig Bischöfen und Prälaten – redet und redet, heißt ja auch im Volksmund Kardinal „Plauscher“, hört gar nicht mehr auf, spricht von Pflicht und Eintracht und Liebe und Geben und Segen und sagt, daß sie dem Gatten wie ein grünendes Eiland sein soll, das „die lächelnde Rose und das anmutige Veilchen keimen läßt...“.
Sisi registriert das alles nicht, hofft nur auf ein rasches Ende, wartet

auf das Stichwort, haucht ein zitterndes „Ja“, erschrickt beim überlauten „Ja“ ihres Mannes, zuckt bei der Gewehrsalve vom Josephsplatz zusammen, weiß kaum, wie sie aus der Kirche kommt und in die Hofburg gelangt, merkt nur, daß ihr Diadem beim Aussteigen an der Kutsche hängenbleibt und sie fast fällt. Schlimme Vorzeichen.

Im Schloß folgt die weltliche Zeremonie nahtlos der geistlichen. Generäle werden geehrt, Orden verteilt, Amnestie verkündet, Gelder für ärmliche Gegenden vergeben, und im Ceremonien-Saal wartet tout Wien auf dic Gratulationscour. Die Schwiegermutter schiebt das verschreckte Kind voran, zischelt lächelnd: Halt dich gerade, sei bei dieser kühl, bei jener huldvoll – und so kommt es, daß Sisi beim Anblick all der Unbekannten endgültig den Kopf verliert, in einen Nebensalon flüchtet und in Tränen ausbricht.

Wie herrlich peinlich. Wie himmlisch für den Hoftratsch. Verzögerung des Cercle. Und dann endlich eine verweinte Braut, die schweigend Gräfinnen und Baroninnen grüßt. Hat sie nicht begriffen, daß sie reden muß, daß niemand von sich aus die Kaiserin ansprechen darf? Na, das gibt ein Gerede hinterher. Und dann ein neuer Fauxpas. Als Sisi zwei Cousinen aus Bayern erblickt, breitet sie die Arme aus. Aber nichts da! Die Schwiegermutter krümmt ihr lächelnd die Rechte zur Handkußstellung.

Nach der Trauung von Kaiser Franz Joseph mit Sisi wartet tout Wien auf die Gratulationscour. Beim Anblick all der Fremden flüchtet die verschreckte junge Kaiserin in den Nebensalon und bricht in Tränen aus. Der Hofklatsch blüht. Und am nächsten Morgen weiß jeder im Schloß, was in der Hochzeitsnacht passiert ist

Um 23 Uhr ist alles vorbei. Feuerwerk und Gala-Diner. Nun bringen die zwei Mütter – Sophie und Ludovika – ihre Kinder ins Schlafgemach. Mit Rücksicht auf Sisi wird auf die große „Bettlegeszene“ verzichtet. Also keine Prinzen und Prinzessinnen und Oberhofmeister, keine öffentliche Entkleidung. Ludovika allein bringt ihre Tochter zu Bett. Dann erst führt Sophie ihren kaiserlichen Sohn im Schlafgewand ans Brautbett, küßt Sisi, geht und schreibt ins Tagebuch: „Sie versteckte ihr hübsches, von einer Fülle schönem Haar umflossenes Gesicht in ihrem Kopfpolster, wie ein erschreckter Vogel sich in seinem Nest versteckt.“
Franz Joseph rührt seine jungfräuliche Braut in dieser Nacht nicht an. Der Vollzug der Ehe wäre einer Schändung gleichgekommen. Dabei ist der Kaiser trotz der strengen Wiener Sittengesetze längst in die Vergnügungen der Erotik eingeweiht. Vor seiner Ehe waren ihm immer wieder sogenannte „hygienische“ Damen, also überprüfte und gewaschene Liebhaberinnen, nach Schönbrunn oder in die Hofburg geschmuggelt worden. Doch bei der völlig verschreckten Sisi hätte er nicht einmal die schlichteste Variante seines Könnens riskiert.
Die Überprüfung eventueller nächtlicher Ereignisse findet am Morgen statt, beim obligaten Frühstück mit der Schwiegermama, an der auch Sisis Mutter teilnimmt. Neugierige Blicke, eine errötende Braut, ein strahlender Franz Joseph – also haben sie tatsächlich auch dieses Stück Protokoll noch erfüllt? In Sophies Tagebuch steht: „Danach vertrauliche Unterredung eines jeden Kindes mit seiner Mutter.“ Das heißt, die Karten mußten auf den Tisch. Nein, mit den ehelichen Pflichten habe es noch nicht geklappt. Und auch keine Ansätze? Vorspiele? Nichts. Das Kind sei wirklich zu erschöpft gewesen. Also warten. Lakaien und Kammerzofen bringen die Neuigkeit in Umlauf.
Am nächsten Morgen – wieder nichts. Und wieder intime Gespräche am Kaffeetisch. In der dritten Nacht dann vollzieht der Kaiser die Ehe mit Elisabeth von Österreich. Na, das wird ein Frühstück. Endlich kann Franz Joseph seine Mutter glücklich machen. Warum ist Sisi noch nicht aufgestanden? Die bittet ihren Mann inständig, nicht am Frühstück teilnehmen zu müssen. Es sei ihr „gräßlich“. Warum denn das? Und was heißt hier Scham und Verlegenheit? Begreift er überhaupt nicht. Und seine Mutter würde das auch sehr verletzen. Und Sisi möchte doch sicher keine Szene mit der Erzherzogin provozieren?
Widerwillig und nervös geht die junge Kaiserin zum Frühstück. Die Schwiegermutter hat ihrem Sohn den Erfolg längst am Gesicht abgelesen. Hurra. Aber nun möchte sie Einzelheiten erfahren. Sisi bekommt keinen Bissen herunter. Und Sophie tuschelt mit Franz Joseph. Das erträgt die junge Frau nicht. Weinend läuft sie in ihr Gemach.

Horrornacht im Zarenbett

Wie Tolstoi seine Braut Sofja für die Liebe verdirbt

Morgen gehe ich hin, sobald ich aufgestanden bin, und sage alles oder erschieße mich", schreibt Lew Nikolajewitsch Tolstoi am 13. September 1862 in sein Tagebuch. Der 34jährige Schriftsteller will Sofja Andrejewna Bers einen Heiratsantrag machen, weil er „von Sinnen" ist vor Liebe. Am 14. September schreibt er einen Brief, den er der Angebeteten nicht gibt. Am fünfzehnten notiert er: „Habe es nicht gesagt, aber gesagt, ich müßte etwas sagen." Am sechzehnten überreicht er den Brief und wartet auf Antwort. Sofja jubelt „Ja". Er schreibt: „Sie wirkt wie ein vom Pfeil getroffener Vogel." Und schreibt am siebzehnten: „Bräutigam, Geschenke, Champagner. Lisa dauert und bedrückt mich."

Natürlich. Er sollte ja Lisa heiraten, die älteste der Bersschen Töchter, das war doch abgemacht. Doktor Andrej Bers, der Arzt, der seine Wohnung und Praxis im Kreml hat, ist verärgert, daß Tolstoi die gute alte russische Sitte durchbricht, nach der die älteste Tochter zuerst verheiratet werden muß, und Hals über Kopf die 18jährige Sofja wählt. Der Vater verweigert der Tochter die Mitgift. Aber eine Mitgift hätte auch gar nicht mehr besorgt werden können, weil Tolstoi bereits eine Woche nach der Verlobung heiraten will, am 23. September 1862. Der vitale, sinnenfrohe Graf, der Jura studiert und als Offizier im Krimkrieg gekämpft hat, der durch Europa gereist war und gegen Staat und Kirche rebellierte und für Gewaltlosigkeit kämpfte, hat sich entschieden. Und weil er nicht weiß, ob die Entscheidung richtig ist, will er die Hochzeit schnellstens hinter sich bringen.

Lew Nikolajewitsch Tolstoi gibt seiner Braut vor der Hochzeit seine intimen Tagebücher zu lesen. Er ahnt nicht, was er damit anrichtet

Aber Sofja soll wissen, wen sie heiratet, soll sich später nicht beschweren. Er gibt ihr ein paar Tage vor der Trauung seine Tagebücher zu lesen. „Hätte er es lieber nicht getan", schreibt sie später in ihren Erinnerungen. „Ich habe viele Tränen vergossen bei der Enthüllung seiner Vergangenheit." Tolstoi mutet seiner jungfräulichen Braut, die noch keine Ahnung hat, zu welchem Ausmaß an Eifersucht sie fähig ist, einiges zu:

Da fährt er zum Beispiel von seinem Landsitz Jasnaja Poljana nach Moskau, um „zu spielen" und „zu heiraten", beklagt seine „Faulheit" und seine „Fleischeslust". Schreibt: „Konnte mich nicht bezähmen, machte einem rosafarbenen Wesen" die Tür auf. Hat dann wollüstige Gedanken beim Lesen einer Vergewaltigungsszene, versucht zu schreiben, aber „das Fleischliche – das Seichte gewann wieder die Oberhand". Er kämpft dagegen – aber erliegt, „schlief ein, von Ruhm und Frauen träumend", erinnert sich an seine Nächte mit der Zigeunerin Katja, „ihre Brüste und ihre zärtlichen Worte sind noch frisch in meinem Gedächtnis". Er ist sicher, daß er sich nie ändern wird, „radikale Wandlungen sind unmöglich", ist aber auch sicher, „nie in eine Frau verliebt gewesen" zu sein. Bis auf ein Mal, da war er dreizehn und wurde vom „dicken Stubenmädchen" genommen.

Er gibt zu: „In Männer war ich sehr oft verliebt, meine erste Liebe sind die beiden Puschkins gewesen." Immer wieder zwingt er sich zu Keuschheitspausen, erkennt aber: „Je mehr Enthaltsamkeit man übt, um so heftiger wird der Drang." Im November 1860 notiert er: „Habe am ganzen Körper die Krätze", und ein paar Monate später: „Alle Zähne fallen mir aus." Und er hat „Kossatka zweimal besessen. Verwerflich. Bin tief gesunken", denkt an den „schrecklichen Schmus", den er Frauen, die er erobern will, vorsäuselt, ist „am Abend den Mädchen nachgestiegen", besucht seine Geliebte Walerija, „sie hatte sich für mich eine entsetzliche Frisur gemacht".

Sofja Andrejewna Bers ist entsetzt über das Vorleben ihres Verlobten. Vom Schock der Hochzeitsnacht wird sie sich nie erholen

In Clarens schwärmt er von Dora, „aber schon gut, schon gut, ich schweige...", nimmt zwischendurch mal wieder „eine lustige, dralle Dienstmagd", wird vier Tage später im Hotel Byron nervös: „Eine Frau will ich haben – schrecklich." Er sieht in Petersburg Alexandra Petrowna, „zu spät, sie hat Runzeln", nimmt sich in Weimar „eine Dirne", und schreibt schließlich am 12. September 1862: „Ich liebe, wie ich nie geglaubt hätte, daß man lieben könnte." Er meint Sofja Bers. Und das soll Sofja glauben? Sie ist total verstört, wirft dem Bräutigam die Hefte weinend vor die Füße. Was ist das nur für ein Mann, den sie da heiratet?

Elf Jahre später beginnt dieser Mann den Eheroman *Anna Karenina* zu schreiben. Darin heiraten Lewin und Kitty. Wie bei den Tolstois ist auch deren Trauung eine Woche nach der Verlobung. Und wie Lew, so gibt auch sein Alter ego Lewin der Braut in dieser Zeit seine Tagebücher zu lesen.

„Lewin hatte ihr sein Tagebuch nicht ohne inneren Kampf übergeben", schreibt Tolstoi. „Er wußte, daß es zwischen ihm und ihr keine Geheimnisse geben konnte und durfte, und darum hat er es getan, aber er hatte sich nicht klargemacht, wie das wirken könne, und hatte sich nicht in ihre Seele hineinversetzt."

Seine Roman-Kitty reagiert wie seine Braut: „Nehmen Sie diese entsetzlichen Bücher fort, nehmen Sie sie fort!" rief Kitty und stieß die Hefte, die vor ihr auf dem Tisch lagen, von sich. „Warum haben Sie mir das gegeben?... Nein, es ist doch besser so", fügte sie voller Mitleid über sein verzweifeltes Gesicht hinzu. „Aber es ist entsetzlich, ganz entsetzlich!"

Am Hochzeitstag ist es dann der Bräutigam, der in Panik gerät. Alle Koffer sind gepackt, stehen bei Bers im Kreml bereit zur Abreise nach Jasnaja Poljana. Am Morgen kommt Lew Tolstoi, setzt sich mit seiner Braut aufs Gepäck, „und er begann, mich mit Verhören und Zweifeln an meiner Liebe zu quälen", schreibt Sofja in ihrem Tagebuch. Sie bricht in Tränen aus, und ihre Mutter beschimpft Tolstoi, schickt ihn ins Hotel zurück und sagt, er solle sich schämen und pünktlich um 19 Uhr in der Kirche sein.

Er ist aber nicht pünktlich. Und Sofja wartet daheim, „in Wolken von Tüll gehüllt", schreibt sie. „Mein Kleid war duftig und zart und hatte nach der damaligen Mode ein tiefes Dekolleté und Ärmel." Aber ihre Schultern und Hände „waren mager und knöchern wie die eines noch nicht vollentwickelten jungen Mädchens".

So wartet sie auf den Brautführer. Doch der kommt auch zu spät. „Ich befürchtete plötzlich, Lew Nikolajewitsch sei geflohen." Was tatsächlich geschah, beschreibt Tolstoi in *Anna Karenina*:

Alle Gäste sind in der Kirche versammelt. Die Kronleuchter und die Kerzen vor den Heiligenbildern längst angezündet. „In dem bunten Gewühl von Fräcken und weißen Halsbinden, von Uniformen, Samtkleidern, Seidenkleidern, Haaren, Blumen, entblößten Schultern und Armen und langen Handschuhen" blicken die Gäste immer wieder zur Kirchentür. Aber das Brautpaar kommt nicht. Lewin hat zwar schon die Hosen an, aber das Hemd fehlt. „Die Sache war nämlich die, daß Lewins alter Diener Kusma, als sein Herr sich anziehen wollte, ihm Frack, Weste und alles übrige gebracht hatte. ‚Aber wo ist denn das Hemd?' hatte Lewin gerufen."

Das Hemd fehlte auch Tolstoi. Kaufen kann er keins mehr. Es ist Sonntag, die Geschäfte sind geschlossen. Statt des Brautführers erscheint nun ganz abgehetzt der schielende Diener von Lew im Kreml und sucht ein Hemd im Koffer und sagt der aufgelösten Braut, sie könne getrost zur Kirche fahren, sein Herr käme nun auch bald. Sofja weint auf der Fahrt zur Trauung, steht „wie gelähmt unter der Brautkrone", aber „Lew Nikolajewitsch war sehr fürsorglich und offensichtlich glücklich".

Was Lew Nikolajewitsch Tolstoi nach der Predigt und dem Ringwechsel empfindet, beschreibt er an Lewin im Roman: „Lewin fühlte immer mehr, daß alle seine Gedanken über die Ehe, alle seine Träume, wie er sein Leben gestalten wollte, kindisch gewesen waren und daß die Ehe etwas war, was er bisher nicht begriffen hatte ... Ein Zittern ging durch seine Brust, stieg immer höher und höher, und Tränen, die er nicht zurückhalten konnte, traten ihm in die Augen."

Nach der Zeremonie fahren die Verwandten und engsten Freunde in den Kreml zurück. Dort gibt es einen Champagner-Empfang mit Obst und Pralinen. Sofja zieht sich Reisekleider an. Die

schwarzgelackten Koffer werden auf der Kutsche verschnürt, einer nagelneuen Dormeuse, die Tolstoi vom Honorar-Vorschuß gekauft hat.
Es folgt der Abschied. Sofja geht noch einmal durch die Kreml-Wohnung, in der sie nie mehr leben wird, segnet ihren schlafenden zweijährigen Bruder, küßt weinend den Vater, wirft sich schluchzend der Mutter um den Hals, die Geschwister weinen, dabei haben sie doch extra viel Champagner getrunken, um fröhlich zu sein, das Kindermädchen und die Haushälterin heulen, und Sofja schwimmt in Tränen. Tolstoi zieht sie sanft in die Dormeuse, wo sie einen letzten „herzzerreißenden Schrei" ausstößt.
Sechs Postpferde ziehen die Kutsche bei Regen aus Moskau, traben durch eine nächtlich-trostlose Pfützenlandschaft. Und Sofja drückt sich in die Ecke und weint unaufhörlich, schluchzt bis zur Poststation Birjulewo, wo die Brautleute ihre Hochzeitsnacht verbringen.
Dem gräflichen Paar, das da mit einem Sechsspänner anreist, gibt man die leerstehenden Zarenzimmer, deren Möbel mit rotem Halbsamt bezogen sind. „Schrecklich ungemütlich", notiert Sofja. Und Tolstoi schreibt ins Tagebuch: „Sie ist verweint. Sie weiß um alles, und das ist natürlich."
Natürlich denkt Sofja nicht nur an die Eltern daheim, sie denkt vor allem an das, was ihr in dieser ersten, gottlob schon ziemlich angebrochenen Nacht noch blühen wird, ihr, der ahnungslosen Jungfrau. Hätte sie nur nie sein Tagebuch gelesen, hätte sie nur nie gewußt, wie viele Frauen er schon besessen.
Aber noch hat sie Glück. Es wird der Samowar gebracht und Tee gekocht. Und weil Sofja sich schon wieder weinend in eine Sofaecke verkrochen hat, ruft Lew Nikolajewitsch ihr zu: „Nun, was ist, bewirte uns, schenk den Tee ein." Und ihre Scheu ist so groß, daß sie nicht wagt, ihren Mann zu duzen.
Was ihr dann im Zarenbett der Poststation auf der Straße nach Serpuchow widerfährt, ist der Beginn einer 48 Jahre dauernden haßerfüllten Liebe. Eine unerfahrene Braut wird nicht behutsam in die Liebe eingeweiht. Ein sinnlicher Bräutigam mit unbändiger Libido und bester Erfahrung nimmt das heulende Elend sozusagen im Galopp.
Sie hat das alles ja geahnt, sogar erwartet, „aber nicht gedacht, daß es so furchtbar würde". Von der Brautnacht an schreckt Sofja vor körperlicher Liebe zurück. Sie empfindet vor sich selbst nichts als „Ekel" und „Verachtung", wenn sie ihren Mann umarmt. „Schrecklich", schreibt sie, „wie wichtig für ihn die körperliche Liebe ist! Für mich trifft eher das Gegenteil zu." Und Tolstoi beklagt, daß seine schöne Frau ihn stets steif wie eine Porzellanpuppe empfängt.
Sofjas Eifersucht aber wächst von Tag zu Tag. Selbst Tolstois

Romanfiguren möchte sie vernichten. „All die Stellen, die von Liebe und Frauen handeln, sind mir zutiefst zuwider.“ Am liebsten würde sie seine Bücher verbrennen. Es täte ihr „nicht leid“ um sein Werk, schreibt sie drei Monate nach der Hochzeit. Und fügt hinzu: „Könnte ich auch ihn umbringen und ihn später neu als den erschaffen, der er war, selbst das würde ich mit Freude tun.“

48 Jahre dauert die haßerfüllte Liebe zwischen Tolstoi und seiner Frau. Immer wieder schreibt sie in ihr Tagebuch, mit wieviel „Ekel“ und „Verachtung“ sie ihren Mann umarmt

Am Bettpfosten das Genick gebrochen

Wie Sartres Großmutter Schundromane über Brautnächte liest und August Strindberg die Stätte seiner Hochzeitsnacht entweiht

Das Hochzeitsmahl ist noch nicht beendet, da schleift der Onkel von Albert Schweitzer, Charles, seine Braut Louise zum Bahnhof von Mâcon und wirft sie in den Zug. Er nimmt das scheue, katholische Mädchen zwischen zwei Stationen und stärkt sich dann in einem Bahnhofs-Restaurant mit Lauchsalat. „Er nahm sich alles Weiße und ließ das Grüne für mich", erzählt Louise Schweitzer noch mit siebzig Jahren voll Ekel und Abscheu.

Das Entsetzliche, das ihr auf der Fahrt in die Flitterwochen widerfährt, und die unanständigen Geschichten, die der Gatte genüßlich erzählt, veranlassen die Braut umgehend, sich vom Arzt Gefälligkeitsatteste ausschreiben zu lassen, die es ihr erlauben, die ehelichen Pflichten zu verweigern.

Das wagen die wenigsten Frauen am Ende des 19. Jahrhunderts. Dabei werden damals viele Bräute wie Sofja Tolstaja oder Louise Schweitzer in die Ehe hinein-überwältigt. Und dann allmonatlich die qualvolle Vorstellung, schwanger zu sein. August Strindberg erzählt seiner Geliebten Siri von Essen, daß er an einer „Verengung der Harnröhre" leide und aus diesem Grunde wohl als Zeuger kaum in Frage käme. Die Vorwürfe sind groß, als sie schwanger wird und wegen des Kindes heiraten muß.

Am 30. Dezember 1877 feiern Strindberg und Siri von Essen ihre Trauung in einer Stockholmer Wohnung, Norrmalmsgata 17, die der Schriftsteller gerade gemietet hat. Die Braut ist im siebten Monat schwanger. Als die Ehe scheitert, inszeniert Strindberg eine magische Vernichtung seines ersten Heims, das inzwischen ein Bordell ist. Nach einem Kneipenabend geht er zu den Huren in der Norrmalmsgata 17. Dort, wo der Dichter seine Hochzeitsnacht verbracht, mordet er nun mit „ausgesuchtem Genuß ... die süßesten Erinnerungen". Hier im Bordell überkommt ihn eine wilde Befriedigung, „das Vergangene anzuspucken".

Solch theatralische Szenen inszeniert auch Louise Schweitzer. Daß ihre Bewältigung sexueller Pflichten aber zu brillanter Komik wird, verdankt die alte Dame ihrem Enkel Jean-Paul Sartre. „Louise lebte im Halbdunkel", schreibt der in seinen Jugenderinnerungen über die Großmutter. „Charles kam zu ihr ins Zimmer, riß die Vorhänge auf, zündete alle Lampen an, sie hielt sich die Hand vor die Augen und stöhnte: Charles! Du blendest mich ja!

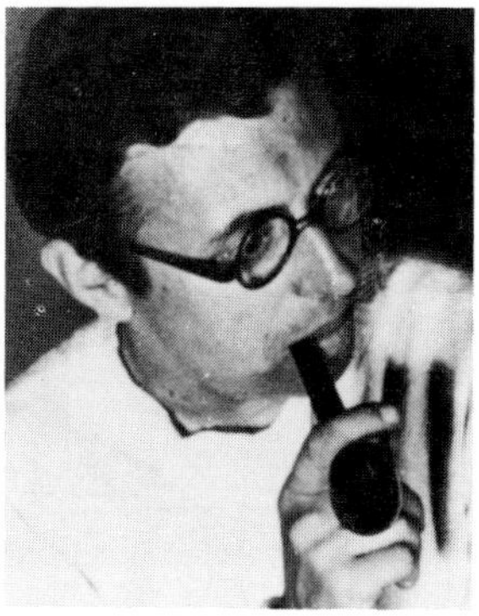

Jean-Paul Sartre beschreibt in seinen Jugenderinnerungen die Ehe seiner Großeltern hochdramatisch und mit großer Komik

Aber ihr Widerstand überschritt nicht die Grenzen einer verfassungsmäßigen Opposition.“ So macht Charles Schweitzer der spröden Louise, indem er sie zu überraschen und zu überrumpeln pflegt, vier Kinder, darunter Anne-Marie, Sartres Mutter.
Doch nach den sexuellen Attacken hat Louise Schweitzer wieder Zeit für „schlüpfrige Romane“, die ihre Phantasie in Hochstimmung bringen. „Besonders gern“, schreibt Sartre, „erzählte sie Geschichten über Hochzeitsnächte, die alle ein schlechtes Ende zu nehmen pflegten: In einer Geschichte war der Ehemann so hastig und brutal, daß sich seine Frau am Bettpfosten das Genick brach, in einer anderen Geschichte fand man die junge Frau am Morgen auf dem Kleiderschrank, wohin sie sich geflüchtet hatte, nackt und geistesgestört.“

August Strindberg inszeniert eine magische Vernichtung jener Wohnung, in der er seine Hochzeitsnacht verbrachte. Er „entweiht“ den Ort, der inzwischen ein Bordell ist

Beichte in der Brautnacht

Wie Thomas Hardys Roman *Tess* die prüden Victorianer durcheinanderbringt

Es ist Nacht. Tess d'Urberville liegt im finsteren Wald und schläft. Sie hat sich verlaufen, weiß den Weg nach Hause nicht. Dort findet sie Alec, der neureiche Landedelmann, der die blutjunge Tess begehrt. Er ruft sie, sie schläft. Er zupft an ihrem Kleid, sie schläft fest. Er nimmt sie mit Gewalt.

Und Thomas Hardy, der englische Autor des Romans *Tess*, fragt: „Wo war Tess' Schutzengel?... Unterhielt er sich gerade oder hatte er zu tun oder befand er sich auf Reisen oder vielleicht lag er zufällig im Schlaf und war nicht aufzuwecken?" Tess ist geschändet und bekommt ein Kind, das stirbt.

Jahre später verliebt sich der Pfarrerssohn Angel Clare in die schöne Milchmagd, und die beiden heiraten an einem Silvesternachmittag.

Noch Stunden vor der Trauung möchte Tess ihrem Bräutigam beichten. Aber der lacht. Dann müsse er ja auch seine Sünden gestehen. Nein, nein, später hätten sie Zeit genug, ihre Fehler zuzugeben, nicht jetzt, nicht am Hochzeitstag, „es wird ein vergnügliches Thema für langweilige Stunden sein".

Sie fahren nach dem Treueschwur am Altar in einer Equipage in die Flitterwochen, ins ehemalige Herrenhaus der d'Urbervilles, einem modrig-schönen Bauernsitz. Und weil die Kutsche mit dem Gepäck noch nicht da ist, trinken die frisch getrauten Liebesleute ihren Tee am Kamin. Und als es dunkel wird und die Koffer noch immer nicht eingetroffen sind, erzählt der „eifrige Verfechter moralischer Tugend", der Bewunderer „unbefleckter Reinheit" dann doch von seinem Fehltritt in London. Da war er allein und in Schwierigkeiten und voller Zweifel und stürzte sich „für 48 Stunden mit einer Fremden in einen tollen Wirbel". Diese Stunden, die sich nie wiederholt hätten, möge Tess ihm nun verzeihen.

„Oh, Angel, ich bin fast froh", ruft Tess, „denn jetzt kannst du mir verzeihen!" Und erzählt ihm wie im Offenbarungsrausch von dem Vergehen an ihr, der Schlafenden, dem Kind ja noch, das nicht wußte, was da passiert. „Im Namen unserer Liebe, verzeihe mir!" flüsterte sie mit trockenen Lippen. „Ich habe dir dasselbe verziehen."

Da bricht er in ein furchtbares Gelächter aus. Verzeihen? Unmöglich. Er sieht in ihr eine Betrügerin, eine schuldige Frau in der

Tess d'Urberville beichtet in der Hochzeitsnacht, daß sie einst vergewaltigt worden war. Angel Clare, ihr Bräutigam, verläßt sie daraufhin noch in der gleichen Nacht

Maske der Unschuld. Er sagt: „Die Frau, die ich geliebt habe, bist nicht du."

Als der Roman *Tess* 1891 in London erscheint, sind die Victorianer schockiert. In sexualibus gibt es kein Pardon, auch, wenn die große Prüderie unterm Ladentisch mit pornografischer Literatur aufgebrochen wird. Aber *Tess* ist ein Roman, der über dem Ladentisch verkauft und damit zum Anschlag auf alle victorianischen Tugenden wird. Vor allem Frauen lesen das Buch. Und die identifizieren sich mit der Milchmagd Tess. Deren Beichte in der Hochzeitsnacht berührt sie zutiefst. Aber es verwirrt sie, daß ausgerechnet Angel Clare, der sich doch um fortschrittliches Denken bemüht, nicht verzeihen kann, sich sogar zum Anwalt der alten, unmenschlichen Moral macht.

Hunderte von Frauen schreiben an Thomas Hardy, beschreiben ihre eigenen Probleme, wollen Rat, möchten wissen, ob sie nach oder vor der Hochzeit ihre vorehelichen Beziehungen beichten – oder besser verschweigen – sollen, wenn die Zeit der Offenheit noch nicht einmal in der Literatur gekommen ist. Daß Hardy seinem Roman allerdings die Unterzeile „Eine reine Frau" gibt, macht vielen, die ähnliche Erfahrungen haben, Hoffnung.

Der „reinen" Tess aber wird das Glück in der Hochzeitsnacht zerstört. Angel Clare gibt zwar zu, „es wurde mehr an dir gesündigt, als du selber gesündigt hast", aber er kann ihre Gegenwart nicht mehr ertragen. Er geht aufs Feld. Sie folgt ihm wie ein Hund, bettelt, fleht um seine Liebe, die doch Stunden zuvor noch glühend war. Schließlich will sie sich im Fluß ertränken. Das möge sie bitte bleiben lassen, sagt er, da könne am Ende er in Mordverdacht geraten.

Wie eine Verendende kehrt sie allein ins modrige Haus zurück. Die Schlacht um Tugend und Scheinmoral ist verloren. „Voll stumpfer Schwermut" legt sie sich ins Brautbett und schläft ein, denn „wenn der Kummer aufhört zu grübeln, sieht der Schlaf seine Gelegenheit".

Als Angel Clare spät in der Nacht zurückkehrt, um sich im Wohnzimmer aufs alte Roßhaarsofa zu legen, horcht er doch noch einmal an der Tür seiner Braut. Er hört ihren regelmäßigen Atem. Und es wundert ihn, daß sie so sorglos schlafen kann, „nachdem sie die Bürde ihres Lebens auf seine Schultern abgewälzt hatte".

Schlachtung einer Jungfrau

Wie Colette von Monsieur Willy aus ihren Träumen gerissen wird

Es ist ein heißer, träger Tag, dieser 15. Mai 1893 in Châtillon-sur-Loing. Die Braut trägt Batist, ein weißes Stirnband, und der geflochtene Zopf verschwindet in den Falten ihres Rockes. Der aufgeschwemmte, untersetzte Bräutigam mit den wasserblauen Augen zwirbelt an den lang gezogenen Spitzen seines blonden Schnurrbarts, den er sich in Le Mans beim 31. Artillerieregiment zugelegt hat.

Monsieur Willy, der bekannte Journalist und Musikkritiker aus Paris, ist seit eineinhalb Stunden mit der 20jährigen Colette verheiratet. Er selbst ist fünfzehn Jahre älter und hat bereits einen unehelichen Sohn. Jean Cocteau wird ihn die „Bulldogge" nennen und daneben erscheint ihm die damals noch so dünne Sidonie-Gabrielle Colette als „Foxterrier in Kleidern".

Daß dieser Henry Gauthier-Villars, genannt Monsieur Willy, seine Frau bald nach der Heirat schamlos ausnutzen und ihre ersten schriftstellerischen Arbeiten – die *Claudine*-Romane – unter seinem Namen veröffentlichen wird, das weiß das schöne Kind vom Lande noch nicht. Weiß auch nicht, daß ihr Mann in seiner Pariser „Werkstatt" ein Heer von schlecht bezahlten literarischen Sklaven ausbeutet, deren Kenntnisse er als die seinen verkauft. Weiß auch nicht, daß ihr Mann ein Erotomane ist, ein krankhafter Lüstling, der auf Sex fixiert ist und dessen Junggesellenbude überschwappt von pornografischen Bildern und Postkarten.

Colette vom Lande ist von seinem Charme gefesselt, von seinem Witz und seinem Intellekt. Und es ist der Gedanke an Paris, der sie lockt. Und auch das Verlangen nach sexueller Erfahrung. Dieser Décadent wird sich da wohl schon auskennen, denkt sie, und ist, was sein Aussehen anbelangt, eigentlich nur überrascht, „daß ein Mann, der noch so jung war, sich mit so viel Mühe alt machte".

Nun, eineinhalb Stunden nach der Trauung legt der schwitzende Monsieur Willy seinen Gehrock ab, krempelt die Ärmel hoch und erfindet mit Colettes Bruder um die Wette Nonsens-Verse. Lacht laut, applaudiert sich und dem Schwager. Colette ruft aus dem Garten, sie habe auch einen Vers, einen Baudelaire:

Laß nach, o du mein Schmerz, und halte still.
Den Abend sehntest du herbei, hier ist er, sieh…

Den Abend? Willy sehnt die Nacht herbei. Bravo! brüllt er aber seiner Frau zurück. Er hat längst die Begabung von Colette entdeckt. Zwei Jahre haben sie sich schließlich Briefe geschrieben, zwei Jahre waren sie verlobt.
Colette mopst sich in der schwülen Frühlingssonne, stöbert die dreifarbige Katze im Tomatenbeet auf, hebt das Hochzeitskleid und setzt sich auf den Spitzen-Unterrock, läßt von den Stufen am Haus ihre zu engen Konfektionsschuhe aus Satin hinuntergleiten, beißt auf ein Minzenblatt, wartet, beobachtet ihren Mann.
Ihre Mutter mag ihn nicht sehr, das hat sie längst bemerkt. Ihre

Colette heiratet 1893 Henry Gauthier-Villars, genannt Monsieur Willy. Die Jungfrau vom Lande hat vor der Ehe keine Ahnung, daß ihr Mann sich an pornografischen Fotos berauscht

Geschwister lästern über sein Aussehen. Colette! haben sie neulich gerufen, dein Monsieur Willy ist seit dem letzten Besuch gewachsen. Tatsächlich? hatte sie gefragt. Na und ob, war die Antwort. „Sein Schädel ragt doch bereits über die Haare hinaus!"
Heute fühlt Colette sich den Blicken der Familie ausgesetzt. Nur Sido, ihre Mutter, weicht ihr aus, spricht nicht mit ihr, hat sich gleich um fünf, nach der Trauung, hingelegt. Die junge Braut stakst in ihren engen Schuhen durch den Garten, stochert in einem Ameisenhaufen herum, erweitert alle Eingänge mit einem Stöckchen. Sie wird müde. Wartet auf das Abendessen. Um halb sieben ist es soweit. „Zutischzutisch", kommandiert Hauptmann Colette. Seine Tochter steckt sich ein Sträußchen stark duftender schwarzroter Nelken ans Brautkleid und begibt sich zum Festessen.
Sie erinnert sich an Hecht in Sauce mousseline und an die Nachspeise, Baumkuchen und Mandeltörtchen mit rosa-grünem Eis. Dann wirkt der Champagner. Die erschöpfte Braut hat nur ein halbes Glas getrunken und sinkt kreidebleich auf die Stuhllehne, schläft ein, schläft nur ein paar Minuten – aber fest. Als sie erwacht, hört sie ihren Mann sagen: „Sie hat eine gewisse Ähnlichkeit mit der Beatrice Cenci aus dem Palazzo Barberini..." Sein Freund dagegen findet, sie gleiche mit den schwarzroten Nelken am Busen eher einer erdolchten Taube.
Colettes Mutter, Sido, sitzt steif da und sagt feindselig in Richtung Schwiegersohn: „Fällt euch nichts Besseres ein, als sie mit einer Geköpften und einem toten Vogel zu vergleichen?"
In der Nacht wird die blasse Braut dann à la Willy hingerichtet. Wie Schlachtvieh. Geil und gierig überfällt der sexuell besessene Mann die Jungfrau, die keine Vorstellung vom Beischlaf hat, geschweige denn von krankhafter Lust auf Überwältigung. „Es gibt viele kaum heiratsfähige Mädchen", schreibt Colette, „die davon träumen, das Schaustück, Spielzeug und obszöne Meisterwerk eines reifen Mannes zu sein." Sie selbst gehört ja auch dazu. Sie selbst hat sich Lust und Ekstase gewünscht für den Beginn ihrer Ehe. Aber keinen Exzeß. Nach der Hochzeitsnacht ist ihr Traum verflogen. Der steht für sie nun auf einer Stufe mit „Pubertätsneurosen". Sie fühlt sich betrogen und bestraft.
Am nächsten Morgen trennen Colette „Abgründe, Entdeckungen, unwiderrufliche Metamorphosen" vom Tag zuvor. Der Mann, den sie gestern geheiratet hat, ist ihr heute fremd. Nach einem Abschieds-Champagner fährt das Ehepaar mit zwei Hochzeitsgästen im Zug nach Paris. Der befriedigte Monsieur Willy albert mit seinen Freunden im Waggon herum, demoliert mit ihnen den Mechanismus der Notbremse, und „korpulent und beweglich wie er war, sprang mein Mann mit verblüffender Behendigkeit zwischen den Gepäcknetzen hin und her", schreibt Colette.
Sie selbst sitzt am Fenster und starrt in die Landschaft. Sie denkt an

die verheerende Nacht. Und „aus meiner Erinnerung stieg ein Bild auf, das mir das Herz zerriß“: Sie sieht Sido, ihre Mutter. Die hat die ganze Nacht durchwacht. Konnte nicht schlafen. Ahnte wohl, was ihrer Lieblingstochter widerfuhr. Als der Morgen dämmert, trägt sie noch immer ihr schwarzes, pailettenbesetztes Festkleid. „So stand sie in ihrer kleinen Küche vor dem blau gekachelten Herd“, schreibt Colette, „mit dem unverhohlenen Ausdruck tiefer, schmerzlicher Traurigkeit, und kochte nachdenklich die Frühstücksschokolade.“

Colette schreibt nach der Hochzeit, daß „Abgründe“ und „unwiderrufliche Metamorphosen“ sie vom Tag zuvor trennen

Die Braut trägt Schwarz

Wie Marta und Lion Feuchtwanger von der Bourgeoisie überrumpelt werden

Als es passiert ist, begibt sich der jüdische Margarine-Fabrikant Sigmund Feuchtwanger zum jüdischen Kurzwarengroßhändler Leopold Löffler und sagt: „Also, mein Sohn hat geäußert, daß er Ihre Tochter heiraten will. Ich kann Ihnen nur sagen, mein Sohn ist ein Lump. Und wenn Ihre Tochter ihn nimmt, ist sie nicht viel besser." Das ist im März 1912.

Der Sohn Lion Feuchtwanger und die Tochter Marta Löffler wollen gar nicht heiraten. Marta ist ja nur schwanger. Darüber sind nicht die jungen Leute, sondern ihre Eltern entsetzt. Man ist nicht schwanger vor der Heirat. Aber wenn man schon schwanger ist, dann heiratet man natürlich. Genau das findet der 27jährige Bohemien, der bereits seinen ersten Roman *Der tönerne Gott* geschrieben hat, so beklagenswert bürgerlich. Und die fast 21jährige Marta ist nach der Lektüre von Nietzsche auch schon so weit verdorben, daß sie eine Nein-Sagerin, eine Rebellin geworden ist, schwer beeindruckt von Ibsens *Nora*.

Das mit der Befreiung des Weibes erlebt sie damals in der eigenen Familie: Eine junge Frau, „die einen fabelhaften Mann und Kinder hatte", verläßt ganz plötzlich das häusliche Nest, geht fort, will unabhängig sein und leben wie Nora. „Ertragen Sie lieber jedes Martyrium als das Aufgeben Ihrer Selbst in einer bürgerlichen Ehe, denn Sie bauen dadurch die Brücke der Zukunft", hatte ein paar Jahre zuvor die radikale Frauenkämpferin Anita Augspurg in einem offenen Brief geschrieben.

Lion Feuchtwanger und Marta Löffler wollen diese freie Liebe. Als sie sich auf dem Hausball seiner Schwester kennenlernen und Lion Marta auffordert, mit ihm ins Museum zu gehen, da sagt sie sofort ja, „weil ich so neugierig auf ihn war", sagt Marta Feuchtwanger heute. Sie wußte, wie „unerhört das damals für eine höhere Tochter ist". Als sie kurz darauf einen Ausflug mit diesem intellektuellen Doktor Feuchtwanger machen will, der Theaterkritiken für die *Schaubühne* schreibt, „da mußte ich erst lange Ausreden finden". Das ist an Jom Kippur, dem höchsten jüdischen Feiertag. Die beiden machen einen herrlichen Ausflug ins Isartal. „Da haben wir unter einem Baum gesessen und uns gegenseitig unsere Träume und Visionen vom Leben erzählt."

Er bringt das junge Mädchen am späten Nachmittag nicht gleich nach Hause zurück, sondern „wir sind zu ihm auf die Bude gegangen“, in dieses schäbige Zimmerchen in der Gewürzmühlstraße, und da haben sie sich zum erstenmal geliebt. „Das war meine Hochzeitsnacht“, sagt Marta Feuchtwanger. Das Unhochzeitliche daran ist nur, daß sie wieder aufstehen muß, um daheim einem Donnerwetter zu entgehen.

Bald darauf wird Marta Löffler schwanger. „Sogar sehr“, sagt die 96jährige. Natürlich hat sie Angst vor ihren Eltern, „weil ich dachte, das wird ein schwerer Schlag für sie sein“. Aber weder sie noch Lion seien auf die Idee gekommen, nun etwa heiraten zu müssen. Dennoch kommen sie nicht an den bürgerlichen Konventionen der Zeit vorbei. Der junge Kritiker will die Sache gleich regeln, sich auch beschimpfen lassen, ganz egal, ruft also Martas Mutter an, aber siehe da, nichts von Ausbruch und Geschrei, im Gegenteil, Frau Löffler ist ganz stolz auf den vermeintlichen Schwiegersohn, erzählt auch gleich von der stattlichen Mitgift, die ihre Tochter zu erwarten habe, plant schon die Verlobung, will sich auch gleich um die Aussteuer kümmern. Marta habe ja schon so viele glänzende Partien ausgeschlagen, so viele reiche Männer stehengelassen, sehr zum Kummer ihres Vaters, aber jetzt die feinen Feuchtwangers, also da sei sie doch mit allem versöhnt. Und von diesem Tag an bekommt Marta von ihrer Mutter auch keine Ohrfeigen mehr.

Die Liebenden sind sprachlos. Von Heirat war doch gar nicht die Rede. „Lion wollte ihr nur sagen, daß ich ein Kind erwarte und er dafür einsteht.“ Und nun das. „Da haben wir dann aus Mitleid mit meinen Eltern geheiratet“, sagt Marta Feuchtwanger.

Aber bitte weit ab von München. Dies bürgerliche Lustspiel soll keiner ihrer Freunde miterleben müssen. Sie packen ihre Koffer und fahren nach Überlingen an den Bodensee – mit ihren und mit seinen Eltern.

Daß Marta Löffler sich mit Lion Feuchtwanger verlobt, als sie schwanger ist, liegt an der Bürgerlichkeit der Zeit. „Wir haben nur aus Mitleid mit meinen Eltern geheiratet“, sagt Marta Feuchtwanger

Die Trauung ist am 12. Mai 1912 im alten Rathaus. Marta ist im vierten Monat schwanger und trägt Schwarz, ein schwarzes Schleppkleid mit großem Hut und Pleureuse, diesen wie Daunen fallenden Straußenfedern. Die Mutter findet Schwarz unmöglich, bis der Bräutigam ihr sagt, wie hübsch Marta doch aussehe. „Was Lion sagte, war für meine Mutter wie die Bibel."
Und warum trug sie Schwarz? Weil Bräute Weiß tragen, und weil Schwarz eine Schwangerschaft besser kaschiert. Und weil Weiß in vielen Ländern Trauerfarbe ist. „Also warum sollte ich da nicht mal Schwarz für die Hochzeit nehmen?"
Dann sitzen zwei Bohemiens vor dem Standesbeamten und spielen das Stück vom bourgeoisen Brautpaar. „Das war zu komisch", sagt Marta Feuchtwanger, „und wir haben so gelacht." Und immer, wenn wieder ein bürgerliches Mahn- oder Wunschwort an sie gerichtet wird, kneifen sie sich gegenseitig in den Arm und kichern und sind froh, daß die Zeremonie so kurz ist.
Nur weg, nur weg von hier. Aber erst wird noch zu Mittag gegessen. Ach, und das dauert mit Aperitif und Vorspeise und Wein und Kaffee hinterher. Frau Löffler sagt, sie habe Frau Feuchtwanger neulich im Theater gesehen. „War doch ein nettes Stück, nicht?" Frau Feuchtwanger erwidert kühl: „Lions Stücke sind besser." Und die Männer sprechen über die schlechten Zeiten, „über die Börse und solche Sachen". Und Leopold Löffler redet über nichts lieber als übers Geschäft. Bei Feuchtwangers dagegen ist es verpönt, über Geld zu sprechen. Da redet man über Literatur und Geschichte, aber Leopold Löffler ist von den Geldgeschäften gar nicht mehr wegzubringen, „und das fand mein Schwiegervater sehr proletarisch".
Nur weg, nur weg. Nach dem späten Mittagessen ist das Brautpaar frei. Die Eltern fahren zurück nach München. Endlich. Lion und Marta Feuchtwanger setzen mit dem Schiff zur Insel rüber, zum ehemaligen Kloster und Schloß, das nun Insel-Hotel ist. Sie ordern ein Zimmer mit Bad, was es damals in Hotels kaum gab. So bekommen sie die sogenannten Schloßzimmer, die ziemlich unelegant und nüchtern sind, und Lion bestellt Sekt aufs Zimmer, und sie überreichen sich ihre Geschenke.
Lion Feuchtwanger schenkt seiner Frau die Goldstücke, die er einst von den Eltern bekommen, „damit ich reiten lernen kann". Und sie schenkt ihm eine „dämmrige schwarze Vase mit einer pfauenblauen Blume drauf".
Und die Hochzeitsnacht? Ach, sie seien doch zuvor schon so oft zusammengewesen. „Für uns war das keine andere Nacht als sonst, wenn ich zu ihm aufs Zimmer kam. Das einzig Neue daran war, daß wir hinterher nicht nach Hause laufen mußten." Und sie seien an dem Tag auch so müde gewesen von der ganzen Fahrerei und dem Streß mit den Eltern, daß sie sicherlich nach dem nächtli-

Lion Feuchtwanger will Martas Mutter eigentlich nur sagen, daß er für das Kind aufkommen wird – da ist die Verlobung schon beschlossen

chen, romantischen Spaziergang am See gleich eingeschlafen sind. „Ich war auch sehr verschämt", sagt Marta Feuchtwanger. „Ich war ein ganz verschüchtertes junges Mädchen. Meinem Mann hat das sehr gut gefallen. Er war nicht so schüchtern. Aber das hat ihm gerade gefallen an mir."
Hat Lion Feuchtwanger die Hochzeitsnacht einmal literarisch verarbeitet? „Nein, bestimmt nicht", sagt Marta Feuchtwanger. „Hochzeitsnächte, die er beschrieben hat, waren sehr stürmisch. Und ich war doch gar nicht stürmisch, gar nicht animalisch. Er fand mich eher pflanzenhaft."

Zwei Jahre nach dieser Hochzeit schreibt Lion Feuchtwangers Freund Heinrich Mann seinen *Untertan*. Am Ende des fünften Kapitels heiratet der Held des Romans, Dr. Diederich Heßling, seine schwererkämpfte Guste. Was der Autor mit unvergleichlichem Witz geschrieben und Marta und Lion Feuchtwanger mit unvergleichlicher Lust gelesen, ist für die Boheme genau das, was sie so sehr verachten und in der Literatur so sehr genießen:
Da steht der stramme Heßling am Abend vor seiner harrenden Guste, steht da in vollem Glanz, Kronenorden vierter Klasse auf der Brust. Und sein Tatendrang duldet keinen Aufschub. Doch bevor er sich an der schon aufs Bett gesunkenen Gattin zu schaffen macht, richtet er sich noch einmal auf.
„Eisern stand er vor ihr, ordenbehangen, eisern und blitzend. ‚Bevor wir zur Sache selbst schreiten', sagte er abgehackt, ‚gedenken wir Seiner Majestät unseres allergnädigsten Kaisers. Denn die Sache hat den höheren Zweck, daß wir Seiner Majestät Ehre machen und tüchtige Soldaten liefern.'
‚Oh!' machte Guste, von dem Gefunkel auf seiner Brust entrückt in höheren Glanz. ‚Bist du – das – Diederich?'"

Bevor Dr. Diederich Heßling, der *Untertan*, zu seiner Braut ins Bett steigt, meldet er sich gehorsamst bei Seiner Majestät Kaiser Wilhelm II. ab. Dem verspricht er, tüchtige Soldaten zu liefern

Er will seinem Mann ein Kind gebären

Wie Hans Henny Jahnn den Freund Friedel Harms heiratet

Hans stakst auf Stelzen daher. Unsicher wie die anderen Kinder auch. Er sieht zu Mimi hinüber, die er mag. Er wagt sich auf seinen langen, dünnen Holzfüßen hin zu ihr, wankt ein wenig, beugt sich vor und küßt die ebenfalls auf Stelzen Schwankende. Da brüllen die Kinder drumherum, und eine ruft: „Au weia, nun wird Mimi sterben müssen."

Mimi stirbt eine Woche später an Diphterie. Und der zehnjährige Hans Henny Jahnn denkt, er habe ihr den Tod gebracht. Das Erlebnis treibt Blüten im Unterbewußtsein. Der Gedanke an Sexualität mit Frauen löst bei ihm lange ein Gefühl von Schuld und Angst und Unreinheit aus. Später, als der junge Poet seine homoerotische Veranlagung erkannt hat, wird aus dem Schuldgefühl Haß, und in seinem Werk straft er Frauen, indem er sie im Kindbett sterben läßt.

Als den Jüngling sexuelle Regungen bedrängen, turnt er dagegen an: 150 Kniebeugen bis zur Erschöpfung und hinterdrein eiskalte Duschen. Und Stoßgebete zu Jesus. Und immer wieder der Kampf mit der Keuschheit bis in die Nacht hinein. Wenn der Teufel lockt und Hans Hand an sich legt, bestraft er seine Gier nach Lust, ritzt sich mit dem Taschenmesser Reue-Schnitte in die Schenkel.

Aber was weiß das Kind der prüden wilhelminischen Zeit schon von Homosexualität? Einmal lädt ihn Vetter Alfred in sein Bett ein. Wie hat er das gemeint? Er bleibt lieber in seinem. Einmal versucht ein Schulkamerad, ihn eindeutig zu berühren. Da ist Hans Henny, der von Helden träumt, geschockt.

Aber dann trifft er Gottlieb Friedrich Harms, den er „Friedel" nennt. Friedel ist die Sehnsucht seines Lebens. Er ist weißblond, blauäugig, anmutig, schlank, sinnlich, klug. Ihn begehrt er. Ihm will er dienen, will ihn bemuttern, ja, das merkt er bald, daß seine Rolle die des Weibs ist, der Dulderin, der Sorgenden. Auch dafür haßt er Frauen, die ihm in die Quere kommen. Und ins Tagebuch wird er schreiben: „Friedel – bitte, bitte, komm zu mir und schlaf bei mir und geh mit mir ... Ich kann sonst keine Kindlein gebären."

Aber da besitzt er den Geliebten schon, da schreibt er schon an seinen expressionistischen, schwer deutbaren dramatischen Psychoanalysen, seinen Utopien eines heidnischen Universums, seinen Protesten gegen Konvention und Bourgeoisie.

Hans Henny Jahnn verliebt sich in seinen Schulfreund Friedel Harms. Auf der Insel Amrum feiern die beiden „Hochzeit“

Jetzt gehen Hans und Friedel in Hamburg-St. Pauli erst einmal in dieselbe Klasse, sitzen hintereinander, die zwei Intellektuellen. Hans belauert Friedel, der Hans gegenüber noch kühl und reserviert ist. Hans umschleicht Friedel, wartet, wenn sie verabredet sind, oft Stunden auf ihn, leidet, duldet, und die Lust auf das Idol wird zur Besessenheit. Die Zuneigung auf Friedels Seite dagegen wächst im Zeitlupentempo.
Sie treffen sich nach der Schule bei Harms zu Hause, sitzen in seinem Zimmer, machen Schulaufgaben, oder Harms liest Petrarca und Jahnn schreibt an seinen Dramen und Geschichten und Gedichten, und tiefe Religiosität und die Angst vor der Sünde bewahrt die Knaben vor Berührungen.
Dann geht Friedel Harms plötzlich mit der älteren Hannah Arnold. Was ist in ihn gefahren? Hans Jahnn wütet, verfolgt die beiden, weicht nicht von ihrer Seite, denkt, wenn er da ist, kann ja schließlich nichts passieren, schläft nicht, leidet in der Nacht.
Dabei werden die Freunde später Frau und Kinder haben. Hans Jahnn heiratet seine Ellinor – die auch mit Friedel Harms schläft – sogar aus höchst profanem Grund: Ohne Heiratsurkunde keine Wohnung. Wilde Ehen sind damals nicht geduldet. Dann heiraten sie halt zum Spaß. Und die Ehe ändert an der Hans-und-Friedel-Liebe gar nichts, und manchmal trifft man sich auch zu dritt im Bett. Aber das ist in den Roaring Twenties.
1913 gibt es noch schwere Zusammenstöße mit Hans' Vater. Der wirft dem Sohn „Poussiererei“ mit diesem Friedel vor, und das bringt den jungen Jahnn zur Raserei. Seine Liebe wird befleckt durch solche Worte. Er ist einem Nervenzusammenbruch nahe.
Da besucht Hans' Vater den Vater von Friedel, und sie kommen überein, daß in der Verbindung ihrer Söhne etwas „Ungesundes“ liege. Und da die Sommerferien gerade begonnen haben, schicken die Eltern Harms ihren Sohn umgehend nach Amrum. Da wird er Hannah Arnold treffen, die ihn hoffentlich auf andere Gedanken bringen wird.
Panik bricht aus. Den Freunden bleiben gerade ein paar Minuten zum Abschied. Was sollen sie tun? Wie können sie sich sehen? Sie werden sich Briefe schreiben, postlagernd. Und wenn alles vorbereitet ist, wird Hans zu Friedels zwanzigstem Geburtstag kommen. Das ist am 18. Juli. Er wird bis dahin sein Drama *Jesus Christus* vollenden, wird es ihm schenken, und dann werden sie heiraten und gemeinsam fliehen, nach Island oder wohin auch immer. In seinem Tagebuch schreibt Hans nach dem Abschied: „Ich kann mir eher vorstellen, daß ich verrückt werde, als daß ich loskomme.“
Hans verhält sich unauffällig zu Hause. Die Eltern dürfen nichts merken. Am 15. Juli hebt er auf der Bank all seine Ersparnisse ab. Dann packt er heimlich seine Lieblingsbücher, sein Tagebuch, Federhalter, Reservefedern, seinen *Jesus Christus* ein. Er schreibt

an Friedel: „Die Brücken hinter mir sind abgebrochen; ich kann nicht mehr zurück."
Am 18. Juli kommt er auf der Insel an. Er glaubt, nun müsse die Liebe beginnen, der Lohn für alle Ängste, die er in den letzten Tagen ausgestanden. Aber Harms ist kühl, „hört nicht auf meine Not". Er sei zum Essen verabredet, sagt er, feiert in Wahrheit mit Hannah Arnold und Freunden Geburtstag, hat Angst vor dem, was Jahnn von ihm erwartet. Den Abend, die halbe Nacht kämpfen sie mit Worten. Friedel sagt, er bete, daß er eisern bleibe. Und Hans möge endlich demütig werden.
Hans Jahnn will aber nicht demütig sein. Will lieber am nächsten Morgen abfahren. Er fühlt sich einem Bogen gleich, „den man überspannte". Und wieder reden sie, reden Stunden, Friedel stehen Tränen in den Augen. „Ich ahne seine Not", schreibt Jahnn, der selbst keine Angst hat vor Gott. Soll der ihn doch strafen. Und Friedel betet, versucht, seine eigene Festung zu schützen, brüllt, der andere möge endlich demütig werden und sie beide erretten.
Am Abend bricht Hans Jahnn zusammen, krümmt sich „wie ein Wurm" und winselt. Der Freund kniet neben ihm. Und dann bricht die Glaubensmauer zusammen, und dann umarmen sie sich, lieben sich, feiern ihre „Hochzeitsnacht": „Wir haben unsere Hochzeit gefeiert – haben uns gestritten, wer Mann, wer Frau sein sollte. Wir machten viele Proben; aber bald war's so, bald anders. Da lachte Friedel. Wir sind ja beide Männer. Aber eine Ehe ist es doch – und sie ist ewig, denn sie ist vor Gott geschlossen. Der neunzehnte Juli ist unser Hochzeitstag."

Ellinor Philips und Hans Henny Jahn heiraten 1926. Der profane Grund: Ohne Heiratsurkunde können sie keine Wohnung finden

Von Casanova die Theorie gelernt

Wie Vaslav Nijinsky eine ungarische Tänzerin zur Frau nimmt

Sie läuft einem Gott nach. Seinetwegen ist sie in Paris, seinetwegen nimmt sie Ballettunterricht, seinetwegen quält sie sich Stunden auf Spitze. Dabei ist sie doch schon viel zu alt für den Beruf einer Tänzerin. Und sehr begabt ist sie auch nicht. Sie will nur dem Mann nahe sein, dem die Welt zu Füßen liegt, will irgendwo hinten im Corps de ballet tanzen. Aber am liebsten will sie ihn heiraten.

Dabei weiß alle Welt, daß Vaslav Nijinsky, dieser himmlische Tänzer mit dem asiatischen Knabengesicht, ein Verhältnis mit Sergej Diaghilew hat. Seit 1908 reist der russische Chef der „Ballets Russes" mit seinem Star durch die Metropolen Europas und verhätschelt und verzärtelt ihn.

Die ungarische Ballettelevin Romola de Pulszky gibt nicht auf. Sie glaubt einfach nicht an Nijinskys Homosexualität. Dieser Diaghilew hat ihn verführt. Also muß er befreit werden. Sie wird seine Erlöserin sein – und läuft ihrem Gott weiter nach.

Nijinsky bemerkt sie nicht, sieht an ihr vorbei, grüßt nicht mal. Dabei wird sie ihm immer wieder vorgestellt. Gelächelt hat er nur, als er sie mit der Primaballerina der ungarischen Oper verwechselte. Und sie konnte den Irrtum nicht aufklären, weil sie kein Russisch spricht und er kein Französisch versteht.

Dann kommt die Chance. Nach einem Streit zwischen Diaghilew und dem selbstbewußten, verwöhnten Nijinsky fährt die Truppe ohne den Impresario nach Brasilien und Argentinien. Romola fährt mit, zahlt ihre Reise selbst. Drei Wochen Meer und Himmel und kein Diaghilew, und Nijinsky kann nicht entwischen. „Bis zur Ankunft werde ich eine Liebschaft mit ‚le petit' haben", sagt Romola de Pulszky zu ihrer Freundin Anna. „Ce que femme veut, Dieu le veut." Und ihren kleinen Gott für die Handtasche, den hat sie ja immer dabei, ihre Kopie vom wundertätigen Jesulein von Prag. Er steht in ihrer Kajüte, und sie betet unentwegt und inbrünstig zu ihm. Und Anna reißt jeden Morgen wortlos ein Kalenderblatt ab. Romola muß sich langsam sputen.

Aber was kann sie mehr tun als seinen Schatten spielen? Sie zwängt sich mit in seinen Aufzug, wenn er zur Probe geht – er sieht sie nicht. Sie ist zur Stelle, wenn er an Deck im Liegestuhl liest – er grüßt sie nicht. Als er einmal an der Reling steht und ins Wasser

starrt, spricht sie in simpelstem Französisch von Tanz, Musik, Wagner, Lohengrin, und da lächelt er sie an.
In dieser Nacht kniet Romola Stunden vor dem Prager Jesuskind und fleht für den Geliebten: „Erlöse ihn von dem Leben, das er mit Diaghilew führt.“ Für sie ist es selbstverständlich, „daß der Allmächtige eine orthodoxe Haltung in Fragen der sexuellen Beziehungen“ einnimmt und daß er Homosexualität verdammt – selbst, wenn er sie erschaffen haben sollte.
Am Tag bevor sie in Rio de Janeiro landen, will Baron Gunsburg sie sprechen, der Mäzen der Truppe. Er sagt: „Nijinsky hat mich gebeten, Sie zu fragen, ob Sie ihn heiraten wollen.“ Romola wird schamrot und schreit beinahe: „Nein wirklich, Dmitri Nikolajewitsch, das ist zu stark. Wie können Sie nur!“, läuft in ihre Kabine, schließt sich ein und weint. Nun hat sie die Quittung bekommen. Jeder an Bord hat doch gesehen, wie sie hinter Nijinsky hergelaufen ist. Nun macht man sich einen Jux mit ihr. Wie furchtbar. Sie wird ihre Kajüte nicht mehr verlassen.
Aber der Antrag ist echt. Der Baron beschwört es und Anna auch. Da ist es schon elf Uhr am Abend. Romola zieht sich ihr schönstes Kleid an, frisiert sich, geht zitternd an Deck, und „wie aus dem Nichts“ taucht Nijinsky auf und fragt holpernd auf französisch: „Mademoiselle, voulez-vous, vous et moi?“ Und streift sich und ihr pantomimisch einen Ring über. „Oui, oui, oui“, stottert sie.
In Rio kaufen sie Ringe. Eine Kollegin aus der Truppe dolmetscht. Romola im Traum. Sie wählen schmale Goldreife, gehen essen, lachen. Die Gravur ist Stunden später eingeritzt: „Vaslav – Romola 1.9.1913“. Am Abend wieder an Bord. Glückwünsche und Ungläubigkeit. „Sie heiraten einen Mann, den Sie nicht kennen und der Sie nicht versteht?“ Ein Mädchen aus dem Corps de ballet schreit hysterisch auf im Speisesaal. Auch sie wollte Nijinsky heiraten. Nijinsky küßt Romola vor ihrer Kabine die Hand. Gott sei Dank. Mehr hätte die Verlobte nicht verkraftet.
In Buenos Aires steigen sie im Hotel Majestic ab. Nijinsky bewohnt die große Suite in der Beletage. Romola hat ein Zimmer im dritten Stock. Der Baron bereitet die Hochzeit vor. In einem fremden Land. Ohne Heiratspapiere. Und Nijinsky ist Russe und Romola österreichische Staatsbürgerin und minderjährig. Baron Gunsburg rennt von Botschaft zu Kirche zu Rathaus, schickt Telegramme nach Rußland und Ungarn. Chaos. Und beide müssen zur Beichte. Ohne Beichte keine Hochzeit. Nijinsky ist schnell wieder entlassen. Der Priester versteht kein Russisch. Er versteht aber das Fräulein von Pulszky. Und der sei jede Sünde verziehen, wenn sie ihren Verlobten davon abbringen könnte, dieses unanständige Ballett *Scheherezade* aufzuführen. Sie wolle ihr Bestes tun, sagt sie, und sagt natürlich kein Wort zu Nijinsky, hätte sich gar nicht getraut.
Am Mittwoch, dem 10. September 1913, um 13.00 Uhr ist die

Am 10. September 1913 heiraten Romola de Pulszky und Vaslav Nijinsky in der Michaelskirche von Buenos Aires. Sie können sich nicht verständigen, denn er spricht nur Russisch, sie Polnisch und Französisch

standesamtliche Trauung im Rathaus. Nach dem Hochzeitsessen sagt Anna, Romola dürfe kein blaues Kleid in der Kirche tragen, das bringe Unglück, sie müßten dringend noch ein anderes besorgen. Also läßt sie sich durch alle Geschäfte von Buenos Aires schleifen, bis sie ein cremefarbenes Traumgebilde gefunden hat. Und Schuhe fehlen noch und ein Schleier, und Orangenblüten müssen her. Als sie schließlich im Hotel ankommt, ist der Baron den Tränen nahe: Nijinsky wartet schon in der Kirche.
Kurz nach 19.00 Uhr läuft sie ihm am Portal entgegen. Es erklingt der Hochzeitsmarsch aus *Lohengrin*. Die Priester sprechen Spanisch und Latein. Weiß sie, wann sie „ja" sagen muß? Die entscheidende Frage wird auf spanisch gestellt. Dann wird geklatscht, geküßt und gratuliert. Auf der Fahrt ins Hotel steckt Nijinsky seiner Frau einen Perlenring an den Finger.
Die Anspannung geht weiter. Es folgt die öffentliche Generalprobe von *Scheherezade*. Die Braut tanzt darin einen Pas de trois vor Nijinsky und zittert vor Lampenfieber. „Der Gedanke, daß er mich tanzen sehen würde", schreibt sie in ihren Erinnerungen, „ließ mein Blut gefrieren. Ich tanzte und tanzte; als die anderen aufhörten, tanzte ich weiter" – und fällt kopfüber von der Bühne. Nach der Vorstellung wird ein Gott bejubelt. Mit dem wird eine junge Frau nun im Hotel alleine sein. Anna hat in Romolas Zimmer ein kaltes Nachtessen arrangiert, empfängt das Brautpaar, macht Konversation. Romola fleht sie mit Blicken an, sie solle bleiben. Aber Anna lacht und geht.
Romola ist hochgradig nervös, weiß nicht, was sie tun soll. Was bedeutet Ehe überhaupt? Sie hat ja keine Ahnung. Weiß nur „theoretisch" Bescheid – von Boccaccio, Shakespeare, Sappho und Casanova. Aber was nützt schon Literatur, wenn sie nicht weiß, wie man's macht. Niemand hat sie aufgeklärt, jeder hat nur Hochzeitskleider mit ihr aussuchen wollen. Nun sitzt die Jungfrau einem Mann gegenüber, mit dem sie nicht reden kann und der mit Männern geschlafen hat.
Nijinsky ißt. Er hat Hunger. Er nickt Romola freundlich zu, bedient sie. Sie muß doch auch Appetit haben. Dann wird Nijinsky selbst immer verlegener. Und als er sich nicht mal mehr pantomimisch verständigen mag, steht er auf, küßt seiner Frau die Hand und geht.
Romola ist so erleichtert, daß sie „fast weinte vor Dankbarkeit". Sie hätte eine Hochzeitsnacht an der Seite ihres Idols nicht ertragen. So schläft sie völlig erschöpft im dritten Stock ein und er in der Beletage. Am nächsten Morgen bringt der Page ein Bukett weißer Rosen.
Daß jeder sie bei den Proben so merkwürdig anlächelt, ärgert sie. „Ich verübelte ihnen auch ihre zudringlichen Fragen", schreibt sie. „Was hätten sie wohl gesagt, hätten sie gewußt, daß Nijinsky am

vorhergehenden Abend nicht in mein Appartement zurückgekehrt war und keine Notwendigkeit für mich bestanden hatte, alle beweglichen Möbel vor meine sorgfältig verschlossene Tür zu stellen."

Nijinsky schickt am Tag nach der Hochzeit ein Telegramm an Diaghilew. Der kündigt seinem Star postwendend. Danach läßt Nijinsky Romola in die Beletage kommen, in seine Fünf-Zimmer-Suite.

Nijinsky ist der Star der Stars bei den „Ballets Russes". Seine spätere Frau glaubt nicht an die homoerotische Veranlagung des Künstlers. Sie verfolgt Nijinsky – und bekommt ihn auch

Adel von eigenen Gnaden

Wie Sternheims *Snob* eine Aristokratin im Brautbett verblüfft

Christian Maske steigt und steigt, bis er mit 36 Jahren als Generaldirektor eines Industriekonzerns dasitzt. Höher geht's nicht. Nicht? Warum soll der Mann des zweiten Standes nicht auch noch zum ersten der Aristokratie hinaufklettern? Das Gespreizt-Vornehme beherrscht er doch schon. Das Adelig-Näselnde übt er doch längst. Und siehe da: Dank Christians vorbildlich reaktionären Ansichten duldet auch Graf Aloysius Palen diesen Bürgerling. Soll er Marianne in Gottes Namen heiraten, die Komteß ist ohnehin vernarrt in ihn. Aber: „Meine Tochter bringt keine Mitgift in die Ehe", sagt der Graf. Wozu? Geld hat der Herr Direktor doch reichlich. Nur Adel fehlt.

Carl Sternheims *Snob* wird 1914 uraufgeführt. Im dritten Akt der Komödie, die eine Satire auf den Zeitgeist ist, schändet der Held sogar das Andenken der toten Mutter, um noch ein Stückchen mehr in die Aristokratie hineinzurutschen.

Christian Maske und seine blaublütige Gattin kommen ins Hotelzimmer, wo sie die Hochzeitsnacht verbringen werden. Die Komteß legt ihr Brautkleid ab und ein Negligé an, man plaudert dies und das. Und wie von ungefähr entfernt Herr Maske das Tuch von einem Bild, sagt: „Jetzt sieh her." Das Gemälde zeigt ein junges Mädchen in Öl.

„Meine Mutter", sagt er.

„Welch bedeutendes Antlitz", flötet die Gattin.

„Nicht wahr. Von Renoir gemalt", sagt der Snob. Das sitzt. Und dann erfindet er eine Geschichte vom großen Maler, der die Mutter im Bois de Boulogne gesehen und sie auf der Stelle hat malen wollen. Und da war auch noch ein Vicomte … Ein Vicomte? fragt Marianne. Aber ja doch, ein Vicomte. „Es mag ein Jahr vor meiner Geburt gewesen sein." Und denkt, daß sich ja viel mehr aus der Geschichte machen läßt, mehr als nur ein Kunstwerk von Renoir, nämlich eine Pikanterie, ein mütterliches Vergehen mit einem Blaublut.

Nun frag schon, Marianne! Aber die Braut gähnt, geht ins Bett. Murmelt von dort dann aber doch: „Was wurde denn aus dem Vicomte?" Na also. Nun spielt die Maske Theater: Um Himmels willen, sie möge nicht fragen, der Vicomte, es solle ein Geheimnis bleiben.

Donnerwetter, da wird aber eine neugierig. Und Marianne bohrt und kombiniert, also etwa ein Jahr vor Christians Geburt? Dann ist er ja auch einer von... Nein, sie wird niemandem etwas sagen von der süßen Mutter Ehebrecherin.
Wie schön wird jetzt die Brautnacht. Eine Komteß geht vor dem vermeintlichen Adelssproß auf die Knie und bedient ihn. Macht sich frisch ans Werk. Und ein Snob lächelt befriedigt.

Carl Sternheim – hier mit Pamela Wedekind am Hochzeitstag – schreibt mit seinem *Snob* eine Satire auf den Zeitgeist. Christian Maske, der Snob, ist ein präzis denkender Karrieremacher mit vorbildlich reaktionären Ansichten

Syphilis nach dem Beischlaf

Wie Tanja Blixen sich als Baronin ihre Freiheit erkämpft

Tanja Blixen heiratet, um dem großbürgerlichen Milieu zu entfliehen. Nach der Hochzeit steckt ihr Mann sie mit Syphilis an

Ihre Heirat ist eine Laune. Ist die Flucht einer Aufsässigen. Sie liebt ihren Mann nicht. Geliebt hat sie seinen Zwillingsbruder Hans. Aber der hat eine andere genommen. Nun nimmt sie eben Bror, den schwedischen Baron von Blixen-Finecke. Der will mit ihr in Ostafrika eine Kaffeefarm kaufen. Das lockt sie. Kenia ist weit weg von Dänemark.

In Dänemark fühlte sie sich „wie in Watte gepackt". Ihre Familie beengt und bedrückt sie. Nur der Vater war frei. So frei, daß er sich das Leben nahm. Da war Karen Dinesen zehn. Danach wird das hochbegabte Mädchen von der Mutter erzogen: puritanisch, bourgeois, streng. Und die Bildung ist völlig unsystematisch und damit mangelhaft, so, wie es im gehobenen Bürgertum nach der Jahrhundertwende die Norm ist. „Es ist ja eine Schande, wie Mädchen erzogen werden", wird sie aus Afrika an ihren Bruder schreiben. Für sie sei es ein doppeltes Unglück gewesen, daß ihre Familie auch noch so voller Liebe und Güte gewesen sei. „Ihre Wohltaten gegen mich... machten mir Opposition unmöglich."

Karen Dinesens Heirat ist deshalb neben Flucht und Laune auch Kalkül. Mit dem Adelstitel erhofft sie, sich Freiheit und Unabhängigkeit einzuhandeln. Da denkt sie wie Sternheims *Snob*: Die Mutter gibt das Geld für die Farm, der Baron den Titel.

Am 23. Dezember 1912 wird die Verlobung des Paares bekanntgegeben. Danach reist Bror Blixen nach Britisch-Ostafrika, um alles vorzubereiten. Ein Jahr später, am 2. Dezember 1913, verläßt die 28jährige Braut Dänemark und reist über Neapel in ihre neue Welt.

An ihrem Hochzeitstag, dem 14. Januar 1914, kommt Karen Dinesen frühmorgens auf der „Admiral" im Hafen von Mombasa an. Bror holt sie ab. „Er war etwa mittelgroß, hatte aschblondes Haar, einen borstigen Schnurrbart, ein sehr rotes Gesicht und außerordentlich kalte, blaue Augen mit weißlichen Fältchen in den Winkeln, die sich komisch vertieften, wenn er lächelte." So beschreibt später Ernest Hemingway Bror Blixen, der für den Schriftsteller Safari-Touren organisiert.

Karen Dinesen trägt bereits ihr schmales helles Hochzeitskleid. Der große Hut schützt vor der Sonne, nicht vor der Bruthitze. Sie gehen zusammen zu einem herrlichen alten Fort, wo die beiden

um elf Uhr getraut werden. Zeugen sind Brors Freunde, darunter Prinz Carl Wilhelm von Schweden. Die ganze Zeremonie dauert zehn Minuten.
Dann fahren sie gemeinsam mit Rikschas zu Mr. Charles William Hobley, der sie getraut hat, essen in dessen Villa direkt an der Küste und nehmen am frühen Abend von dort aus den Sonderzug des schwedischen Prinzen nach Nairobi, der einen höchst feudalen Speisewagen hat, in dem das Brautpaar von weiß behandschuhten Schwarzen bedient wird.
Die ersten Stunden im Zug sind für Tanja Karen Blixen so unerträglich heiß, daß sie glaubt, einer Ohnmacht nahe zu sein, aber zur Nacht hin wird es kühl. Und da es im Prinzen-Zug keinen Schlafwagen gibt, schleppt Bror Bettlaken und dünne Wolldecken heran, und dann liegt der eine in, der andere gegen Fahrtrichtung, und draußen rennen Zebra-Herden, Antilopen, Gnus vorbei, und die Lokomotive pfeift und spuckt, um die Viecher von den Gleisen zu jagen. Bror erzählt alles über die Farm, die nahe bei Nairobi liegt, redet seine Braut in den Schlaf hinein.
Für sie sind seine Erzählungen Musik, Freiheit, Unabhängigkeit. Natürlich hätte sie diese neue Freiheit auch gern körperlich gefühlt. Aber der Puritanismus bewahrt sie davor, Wünsche auszusprechen. Und Bror hat in Afrika kein Jahr des Notstands durchlitten, er hat gut gelebt und Schwarz und Weiß geliebt. So fährt denn Tanja Blixen in ihrer Hochzeitsnacht dem dauerhafteren Traum entgegen, ihrer Farm am Fuße der Ngong-Berge.
Von ihrem Mann wird sie sich bald nach der Hochzeit, bei einem der wenigen Male, die sie miteinander schlafen, die Syphilis holen. Auch wenn sie jahrelang daran herumlaborieren muß, wird sie ihrem Bruder schreiben: „Wenn es nicht so eklig tönte, könnte ich zum Beispiel sagen, daß es für mich, so wie die Welt nun einmal ist, wert war, Syphilis gehabt zu haben, um ‚Baronin‘ geworden zu sein.“ Doch will sie diesen Tarif nicht für jedermann gelten lassen. Sie selbst wird auf der Farm Denys Finch Hatton kennenlernen. Und sie wird an ihren Bruder Essays über die alte Ehe und die freie Liebe schreiben, die sie nun selbst mit Denys praktiziert. „Aus Darwin's Wüste kam ich, jung noch, in Lamarcks grünende Gärten.“ Sie predigt das korsettlose Kleid, die ritenlose Ehe, die aufgeklärte Frau. Sie will „Hochzeiten als Liebesfeste gefeiert haben“. Sonst kann ihr die Ehe gestohlen bleiben, denn die sei nichts anderes als „der Wolf im Schafspelz, und zudem ist die Wolle ziemlich dünn“.

Die Braut bleibt unberührt

Wie Marc Chagall von Bellas Brüdern um seine Hochzeitsnacht betrogen wird

Er liegt bei Thea auf dem Diwan und döst Farben und Figuren an die Decke. Er möchte, daß Thea ihn küßt, aber die macht Brot und Fisch. Und dann klingelt es auch noch, eine Freundin kommt.
Er kann sie nicht sehen, aber er fühlt sich hingezogen. Die Stimme der Freundin singt, er steht auf, will mit ihr reden, aber sie steht schon an der Tür, will gehen. Sekunden schweigen sie sich an. „Ich fühlte, das hier ist meine Frau." Es ist Bella.
Bella besucht Chagall in seinem Atelier, einem Zimmerchen auf dem Hof seiner Eltern am Rande von Witebsk. „Eine unglückliche, eine langweilige Stadt", schreibt Chagall in seinen Erinnerungen, eine Stadt voller Mädchen, Synagogen, Fleischerläden und Passanten.
Bella bringt einen Arm voll Ebereschenzweige zum Malen, bringt Kuchen und gebackenen Fisch und Bretter für die Staffelei. „Ich küsse sie. Magisch taucht ein Stilleben auf vor meinen Augen. Sie steht mir Modell. Sie liegt, ein weißer nackter Leib wölbt sich. Schüchtern trete ich heran. Ich gestehe, ich sah zum erstenmal einen nackten Körper."
Er macht eine Skizze, hängt sie an die Wand, seine Mutter sieht das Blatt am nächsten Morgen, er ist beschämt, sie entsetzt und sagt: „Nimm die Dirne weg!"
„Mamachen", sagt er da, er zeichne sie doch nur, sonst sei nichts. Und übermalt den Akt mit einer Prozession.
Er zieht zu einem Gendarmen, in ein kleines Zimmer. Da kann Bella kommen und gehen, wie sie Lust hat. Einmal ist das Haus schon abgesperrt, die beiden müssen schrecklich lachen, und Bella kann nur vom Fenster aus auf die Gasse springen. Schon ist das Gerede am Morgen groß. „Und nun sag denen", schreibt Chagall, „daß meine Braut reiner ist als die Madonna von Raffael und ich selbst ein Engel!"
Chagall reist 1910 nach Paris und möchte gleich wieder nach Witebsk zurück. Nur die Entfernung hält ihn davon ab. Und im Louvre ist er bald zu Hause bei Veronese, Manet und Courbet. In seiner Phantasie sieht Rußland „wie ein Korb aus, der an einem Fesselballon" hängt. Chagall wohnt dicht bei den Schlachthöfen von Vaugirard, wo die Boheme aus aller Welt lebt. Und bald sitzt der junge Mann schon in den Salons und Mansarden von Léger,

Delaunay, Picasso, Apollinaire. 1914 kehrt er nach Rußland zurück.
Er malt, was ihm unter den Pinsel kommt, was er vor seinem Fenster sieht, holt sich einen Greis ins Zimmer, der wird der Alte in Grün, der Betende, der mit der Violine auf dem Dach, und auch der mit dem Sack auf dem Rücken. „Ich malte und malte und fand mich schließlich an einem regnerischen Abend unter dem Hochzeitskranz, und alles war so echt wie auf meinen Bildern."
Der Zeremonie aber geht eine Komödie voraus, schreibt Chagall, und das war so: Bellas Familie lehnt den Bräutigam ab. Unmöglich, sein Geld mit Malen zu verdienen, wenn es für so ein Gepinsel überhaupt Geld gibt. Dann sein Vater, einfacher Arbeiter, und erst der Großvater... Bellas Eltern besitzen drei Juweliergeschäfte. Und überhaupt, bei ihnen ißt man dreimal die Woche Mohn- und Käsekuchen, schon zum Frühstück gibt's Kuchen. Und Bellas Vater verspeist Weintrauben wie Marcs Vater Zwiebeln. Und die feinen Kinder gehen auf russische Schulen, was freilich der jüdische Großvater von Bella verheerend findet. Wo immer dem russische Bücher oder auch russische Pässe in die Hände fallen, wirft er sie in den Ofen. Weg damit. Dieser Großvater ist der einzige dunkle Fleck in der Familie.
Aber diese Chagalls! Bellas Mutter sagt ihrer Tochter: „Hör mal, ich glaube, er legt sich sogar Rouge auf die Backen." Dummes Zeug? Na, dann soll sie sich den Knaben doch mal richtig ansehen.

Marc Chagall malt seine Frau Bella, die er in seinem Geburtsort Witebsk kennengelernt hatte. Die Hochzeit wird für ihn zu einem traumatischen Erlebnis

Nie wird der Geld verdienen, dieser Künstler! Ach, und was werden nur die Leute sagen.

Chagall sagt zu seinem Vater: „Papa, komm mit auf meine Hochzeit." Er wäre lieber schlafen gegangen, wie der Sohn auch. So kommen sie wenigstens zu spät im Haus der Braut an, und das freut Chagall gewaltig, weil kein jüdisches Hochzeitsmahl ohne den Bräutigam beginnen darf.

Da sitzen sie nun alle ganz steif und stumm an der großen Tafel und regen sich über soviel Ungezogenheit auf: der Oberrabbiner, die Eltern, Großbürger und eine ganze „Plejade kleiner Juden". Die Hochzeitstafel bricht beinah zusammen unter den köstlichen Speisen und den Gebirgen von Früchten und Trauben, und dieser Künstler kommt zu spät und muß auch noch erst getraut werden. Der Hohe Rat schafft das in Windeseile, fast als störe die Zeremonie vor dem herrlichen Mahl. „Nach einer halben Stunde fliegen über unsere Häupter, die der rote Baldachin umrahmt, Segnungen, Wein oder vielleicht auch Verwünschungen." Und alle stehen drum herum, Konfetti in den Händen, Glückwünsche im Mund, Lächeln, Tränen, Umarmungen – und dann endlich wird zu Tisch gebeten.

Wie bitte, Künstler ist der Bräutigam? Malt. Aha. Und wer verdient das Geld? In Paris soll er tatsächlich was bekommen haben für seine Bilder. So. Aber dieses Milieu! Leichtlebig. Schlafen wild durcheinander, sagt man. Und wie ein Geldverdiener sieht er wirklich nicht aus. Was ist eigentlich sein Vater? Ach, tatsächlich? Bewahre! „Wenn man mich in einen Sarg gelegt hätte", schreibt Chagall, „wären meine Züge wahrscheinlich entspannter… gewesen als diese Maske, die neben meiner zukünftigen Frau saß." Und während die Gäste schwätzen und sich den Bauch vollschlagen, drückt Chagall die zarte Hand seiner Bella. „Ich hatte Lust, mit ihr aufs Land zu flüchten, sie zu küssen und in schallendes Lachen auszubrechen."

Lachen werden an diesem Abend nur die Brüder von Bella, denn die haben herausgefunden, was der Gipfel ritueller jüdischer Vollkommenheit ist: Die Braut bleibt unberührt. Und so nehmen die Schwäger denn den verblüfften Chagall, der schon von der Erfüllung seiner Wünsche träumt, an die Hand, zerren ihn durch die Straßen von Witebsk, bringen ihn in seine Wohnung. Und auch Bella muß in ihrer Hochzeitsnacht bei den Eltern bleiben – allein.

Vom Priester defloriert

Was Sigmund Freud vom Tabu der Jungfernschaft hält, und wie Fernand Léger eine Braut auf dem Rad findet

Warum wollen Männer, daß Frauen unberührt in die Ehe gehen? Warum wollen sie ihre Bräute in der Hochzeitsnacht deflorieren? Es ist nichts anderes „als die konsequente Fortführung des ausschließlichen Besitzrechtes auf ein Weib", schreibt Sigmund Freud 1917 in seinem Aufsatz *Das Tabu der Virginität.* Das Monopol will der Mann nicht nur auf die Zukunft seiner Frau, er will es auch auf ihre Vergangenheit. Also: Keine Erinnerungen an ein früheres Liebeserlebnis und Monogamie für den Rest der Ehe.
Genau das ist für Freud die Quelle so vieler unglücklicher Ehen. Der Mann soll doch im Ernst nicht glauben, daß die erste Umarmung für die Frau beglückend sei. „Sehr häufig", schreibt er, sei der erste Beischlaf „eine Enttäuschung für das Weib, das kühl und unbefriedigt bleibt, und es bedarf gewöhnlich längerer Zeit und häufiger Wiederholung des Sexualaktes, bis sich bei diesem die Befriedigung auch für das Weib einstellt."
Die Gründe liegen für Freud auf der Hand: Das ist die „narzißtische Kränkung... die aus der Zerstörung eines Organs erwächst und die in dem Wissen um die Herabsetzung des sexuellen Werts

Bräute um die Jahrhundertwende gehen meist als Jungfrau in die Ehe. Genau das ist für Sigmund Freud die Quelle so vieler unglücklicher Verbindungen. Sehr häufig, schreibt er, sei der erste Beischlaf eine Enttäuschung für das Weib

der Deflorierten selbst eine rationelle Vertretung findet". Wichtiger aber ist für Freud folgendes: „Der Sexualverkehr war bisher aufs stärkste mit dem Verbot assoziiert." Von der Hochzeitsnacht an aber ist er nun erlaubt, legal, erwünscht und soll auch noch Spaß machen. Und das alles vor den Augen jener Gesellschaft, die das Verbot fordert und peinlich genau überwacht.

Für Sigmund Freud entwickeln sich nach der Defloration in der Brautnacht bei der Frau Feindseligkeiten gegen den Mann, die pathologische Formen annehmen können

So kommt es also, daß junge Frauen bald ausziehen, die Liebe zu suchen. „Die Frau", schreibt Freud, „findet ihre zärtliche Empfindlichkeit erst in einem unerlaubten, geheimzuhaltenden Verhältnis wieder." Der Ehemann sei nur der „Ersatzmann", niemals der richtige, meint Freud. Und er weist auf Riten und Sitten anderer Völker hin, wo der Bräutigam dieses Handikap umgeht:

Bei den Portland-Stämmen in Australien wird der Hymen der Braut vor der Hochzeitsnacht von einer alten Frau zerstört. Oder man bittet weiße Männer, das Geschäft der Defloration für den Bräutigam zu übernehmen.

Bei anderen australischen Stämmen wird die Braut von allen Männern, die bei der künstlichen Zerstörung des Hymens zuschauen, anschließend rituell beschlafen.

Auf Sumatra wird die Entjungferung vom Vater der Braut vorgenommen.

Auf den Philippinen gibt es Männer, deren Beruf es ist, Bräute für die Ehemänner zu beschlafen.

Bei einigen Eskimos sind sogar die Priester mit der Defloration beauftragt.

In Europa dagegen übernehmen die Ehemänner selbst die Defloration. Und was dabei herauskommen kann, beschreibt Freud so: „Vor einiger Zeit gab mir ein Zufall Gelegenheit, den Traum einer Neuvermählten zu erfassen, der sich als Reaktion auf ihre Entjungferung erkennen ließ. Er verriet ohne Zwang den Wunsch des Weibes, den jungen Ehemann zu kastrieren und seinen Penis bei sich zu behalten."

Der Psychoanalytiker deutet diesen Traum vor allem als „feindselige Erbitterung der Unterlegenen gegen ihren Vergewaltiger". Und es wundert ihn überhaupt nicht, daß so viele Frauen in ihrer ersten Ehe frigide bleiben und erst in einer zweiten Verbindung Lust und Glück finden.

Dabei erinnert Freud an ein Stück seines Landsmannes Ludwig Anzengruber. *Jungferngift* heißt die Komödie, in der ein schlichter Bauernbub sich weigert, die ihm zugedachte Braut zu nehmen, weil die „a Dirn' is". Soll doch erst ein anderer sie heiraten, er will dann gern der zweite sein. Freud erinnert das an einen Schlangenbändiger, der „die Giftschlange vorerst in ein Tüchlein beißen" läßt, um dann ungefährdet mit ihr arbeiten zu können.

So hat denn für Freud die Defloration in der Brautnacht „nicht nur die eine kulturelle Folge, das Weib dauernd an den Mann zu fesseln; sie entfesselt auch eine archaische Reaktion von Feindseligkeit gegen den Mann, welche pathologische Formen annehmen kann, die sich häufig genug durch Hemmungserscheinungen im Liebesleben der Ehe äußern, und der man es zuschreiben darf, daß die zweiten Ehen oft besser geraten als die ersten."

1919, ein Jahr nachdem Sigmund Freuds Essay in Wien erscheint, springt in Paris die Braut Jeanne Lohy gleich von der ersten in die zweite Ehe hinein, und das kommt so: Jeanne, das Mädchen aus der Vorstadt, ist mit einem braven Burschen aus Paris verlobt. Zur Hochzeit wünscht sie sich ein Fahrrad. Das steht auch vor der Mairie, als die Frischvermählten aus dem Standesamt treten. Die Braut in Weiß sieht das rotgelackte Gefährt, schwingt sich hinauf und sagt, sie mache nur eine kleine Probefahrt. Rafft das Kleid mit der Linken, und der Schleier fliegt im Fahrtwind, und sie radelt mitten hinein nach Paris, und als ihr Hals trocken wird, hält sie vor dem erstbesten Bistro an, der „Closerie des Lilas", lehnt das Rad an den Rinnstein, nimmt das Brautkleid hoch bis zum Knie, geht ins Café.
Fernand Léger, der Maler, der gerade dem Kubismus adieu gesagt und in seine „dynamische Phase" getreten ist und Schleppmaschinen, Triebwerke, Zahnräder, Eisenbahnräder, vor allem aber Fahrräder in Öl auf die Leinwand bringt, Fernand Léger steht fassungslos da, als die weiße Erscheinung mit roten Wangen und vom Winde verwehten Haaren vom Rad springt und mit gerafften Röcken in die „Closerie des Lilas" eilt.
Er lädt die Braut zu einem Getränk ein. Die vergißt ihren Bräutigam, setzt sich lachend zu Léger. Und von da an trennen sie sich nicht mehr und heiraten kurz darauf.

Fernand Léger lernt seine Braut auf dem Fahrrad kennen. Das Fahrrad ist in vielen seiner Bilder wichtigstes Kompositions-Element

Getrennte Betten für ein ungleiches Paar

Wie der Wiener Architekt Adolf Loos seine Elsie vor der bürgerlichen Hochzeitsnacht bewahrt

Der Architekt und die Tänzerin liegen auf der Couch. Liegen angezogen und eng umschlungen unter dicken Plaids. Der Architekt ist 46, die Tänzerin 17, und sie ist Jungfrau, und ihr Herz klopft zum Zerspringen.
Adolf Loos und Elsie Altmann hatten doch ins Dorotheum gehen wollen, um einen japanischen Wandschirm anzuschauen, den Elsie kaufen wollte. Sie hatte Loos abgeholt, und er war auch schon in Hut und Mantel. Aber plötzlich hatte er sie umarmt und auf die Couch getragen.
Da liegen sie nun an einem grauen Septembernachmittag dieses naßkalten Kriegsherbstes von 1917. Elsie steht am Beginn einer großen Tanzkarriere. Adolf Loos ist das Enfant terrible der Wiener Architekten. 1911 sorgte er für einen ungeheuren Skandal, als er am Michaelerplatz, unmittelbar gegenüber der hochbarocken Hofburg, einen spartanisch schlichten Bau hingesetzt hatte. Seither redet ganz Wien über den Puritaner unter den modernen Architekten, dessen Devise heißt: „Ornament ist Verbrechen."
Adolf Loos springt von der Couch, schnürt seine Schuhe mit den verhaßten Papiersohlen auf, zieht auch Elsie die feuchten Schuhe und Strümpfe aus, reibt ihr die Füße warm, legt sich wieder neben sie, küßt sie, umarmt sie, fragt, warum sie ihn nicht auch küsse, ob er ihr zuwider sei? „Um Gottes willen, denke ich, spürt er denn nicht, wie verliebt ich bin?" schreibt sie später in ihren Erinnerungen. Sie ist doch völlig unerfahren, kennt die Spielregeln der Erotik nicht, legt also folgsam ihre Arme um seinen Hals, lächelt ängstlich.
Und als es dunkel wird im Zimmer und sie „Gefahr in seiner Umarmung" fühlt, da springt sie von der Couch und sagt, was gesagt werden muß: „Ja, ich bin noch eine Jungfrau. Ich bin einem jungen Mann versprochen, aber er ist im Feld, und ich war noch nie mit ihm allein."
Ja, ihre Mutter habe sie mit Alex verlobt, als sie vierzehn war und der junge Mann in den Krieg zog. Nein, sie liebe Alex nicht, aber ihre Mutter arrangiere halt alles in ihrem Leben, da könne sie sich gar nicht wehren.
Sie sagt ihm das alles sehr laut, schreit fast, und das muß sie auch, denn Loos, der Gentleman mit den tadellosen Manieren, ist ziem-

lich schwerhörig, fast taub. Er schüttelt den Kopf. „Was die Bürger nur für einen Wahn mit der Jungfrauenschaft haben", sagt er und zieht Elsie wieder zärtlich auf die Couch zurück. Sie brauche keine Angst zu haben, er werde ihr die Unschuld nicht nehmen, er wolle ihr nur etwas erklären.
„Plötzlich erschrak ich", schreibt sie. „Loos hatte seine Hand auf mein Geschlecht gelegt, und wenn ich auch vollkommen angezogen war, spürte ich doch den Druck und Magnetismus der ersten Männerhand, die mich berührte." Um diesen Teil des Weibes, so sagt er ihr, drehe sich die ganze Erde. Die Europäer seien nur zu zivilisiert, das zuzugeben. Die Wilden nicht. Die malten ihre Totems überall hin und schämten sich nicht. Die lebten noch im Paradies.
„Weißt du, warum die Männer auf der Jungfrauenschaft der Frau bestehen?" fragt er sie und sagt: „Damit die Frau keine Vergleichsmöglichkeit hat. Wenn die Braut nicht als Jungfrau ins Brautbett steigt, kann sie vielleicht herausfinden, daß ihr Mann gar nichts Besonderes ist, aber die Jungfrau hat keine Vergleichsmöglichkeit, denn sie kennt nichts anderes. Das ist der springende Punkt." Und trotz aller Begierde und aller Lust schickt Adolf Loos die junge Elsie unberührt nach Hause. Dabei können Frauen bei Loos eigentlich ganz unbesorgt sein. Ängste vor ungewollter Schwangerschaft gibt es bei ihm nicht. Er hat als Student den schwarzen Tag erlebt, an dem man nach herrlichen Hurenerlebnissen mit Fieber aufwacht, zum Arzt läuft und erfährt, daß man Syphilis hat, und das war damals mehr als ein Unglück, denn Syphilis bedeutete noch Schande für die Familie und Tod auf Raten für den Kranken, wenn der nicht beste und strengste Pflege bekam. Loos hatte Glück und war noch einmal davongekommen. Bezahlen mußte er mit dem Verlust seiner Zeugungsfähigkeit.
Auf der Couch im fünften Stock seiner Wiener Wohnung erzählt Adolf Loos seiner Elsie Altmann nach und nach sein ganzes Leben, erzählt von seiner Freundschaft mit Karl Kraus und Oskar Kokoschka und Egon Friedell, von seiner Liebe für Adel und Handwerker und seinem Haß auf die Bürger, von den Skandalen um seine „nackten" Häuser, von seiner ersten Ehe mit Lina und schließlich von seiner ersten Liebesnacht. Und die sah so aus:
Sein Pate und dessen Freund laden Loos ins Bordell ein. Sie verlangen ein großes Zimmer und lassen erst einmal auftischen. Die Freudenfrau, die die drei später im Bett bedienen soll, bedient zunächst bei Tisch. Sie ist nackt, trägt nur schwarze Strümpfe und Stöckelschuhe, ist nicht mehr jung, dafür ziemlich dick. Es ist das erste nackte Weib, das Loos je gesehen hat. Und das kommt und geht, bringt Teller und Schüsseln und Suppe und Fleisch und Wein und Nachtisch, und Adolf Loos kann vor Aufregung kaum schlucken.

Als das Essen beendet ist, steigt zuerst der Freund des Paten hinterm Wandschirm mit der drallen Dame ins Bett, dann folgt der Pate, am Ende ist der junge Adolf an der Reihe. „Mein Gott, was für eine Arbeit hatte die Arme mit mir“, erzählt Loos seiner Elsie. „Ich war vom langen Warten so erschöpft, daß ich dalag wie ein Toter. Aber die gute Frau hatte eine so unglaubliche Geduld mit mir, daß die Sache schließlich doch zum gewünschten Erfolg führte.“

Wenn Elsie Altmann von der Couch nach Hause kommt, gibt es oft Streit mit der Mutter. Die predigt Stunden über die Jungfernschaft im allgemeinen und die der Tochter im besonderen. Das wird Elsie bald zu dumm. Sie beschließt, Alex zu heiraten, sobald er Urlaub vom Krieg bekommt, den Alex, mit dem sie seit 1914 verlobt ist. Die Mutter jubelt. Aber die Mutter weiß nicht, daß ihre Tochter sich gleich wieder scheiden lassen wird. Das hat sie alles mit Adolf Loos besprochen. Der findet die Idee großartig.

Elsie Altmann heiratet also am 19. Januar 1918 Alexander Grünfeld. Am Abend fährt das Paar auf den Semmering ins Hotel Panhans. Loos ist schon da. Und ein Freund hat sich als „Zeuge“ im Zimmer neben den Brautleuten einquartieren lassen. Der hört den Streit der Jungvermählten in der Hochzeitsnacht, den Elsie vom Zaun bricht, noch bevor sie ihre Jungfernschaft verlieren kann. Sie flieht in selbiger Nacht, stiehlt ein Paar Skier und fährt bei Mondschein ab ins Tal. Dort mietet sie sich bei einem Schusterehepaar ein. Ihre Eltern zetern. Das Kind soll nach Hause kommen. Nur, wenn sie sich scheiden lassen dürfe, sagt Elsie. Der Vater ist einverstanden. Die Mutter kapituliert. Alex geht zurück ins Feld. Die Ehe ist nie vollzogen worden. Sie wird geschieden. Und jetzt spricht keiner mehr von Elsies Jungfernschaft. „Ich konnte sie also ruhig verlieren.“

Am 4. Juli 1919 heiraten Elsie Altmann und Adolf Loos. Die Trauung ist um elf Uhr. Loos holt sie um zehn Uhr ab. Im offenen, roten Mietauto gibt er ihr ein Etui. Ihr Hochzeitsgeschenk ist darin. Eine Kette mit großen Türkisen. Die Braut ist überwältigt.

Im Rathaus erfahren sie, daß ein Papier fehlt. Geschiedene Katholiken brauchen die schriftliche Weigerung ihres Pfarrers, sie zu trauen. Ohne kirchliche Weigerung gibt's keinen weltlichen Segen. Das Standesamt schließt um dreizehn Uhr. Loos und die zwei Trauzeugen sausen los, den zuständigen Pfarrer zu suchen. Die Braut setzen sie am Rathauspark ab. Da soll sie warten. Zehn Minuten vor eins schwenkt der Bräutigam das Papier. Fünf Minuten später sind die beiden Mann und Frau.

Elsies Vater gibt ein kleines Festessen. Die Mutter war vor der unerwünschten Hochzeit geflohen. Das Mahl ist noch nicht beendet, da zerrt Loos seine Frau schon fort. „Schnell, schnell“, sagt er, „ich muß auf einen Bauplatz.“ Sie fahren mit der Straßenbahn

nach Hietzing. Endlos lang. Bei der Baustelle angekommen, klettert Loos gleich aufs Dach der Villa und diskutiert mit den Maurern. Stunden. Die Braut sitzt derweil unten auf einem Schutthaufen. Da sitzt sie bis um sieben. Endlich fahren die Frischvermählten mit der Straßenbahn nach Wien zurück, holen ihre Koffer, fahren zum Westbahnhof und lösen die Fahrkarten nach Graming, ihrem Flitterwochenort. Der Zug ist überfüllt. Sie sitzen im Gang auf den Koffern und bekleckern sich mit rohen Eiern, von denen Elsie glaubte, sie hätte sie gekocht. Um Mitternacht steigen sie in Pöchlarn aus, wo sie übernachten müssen.
Im Hotel verlangt Loos ein Zimmer mit zwei Betten. „Aber zwei getrennte Betten, keine Ehebetten", betont er. Wenn sie die nicht hätten, möchte er „zwei Zimmer einbettig". Es gibt ein Zimmer zweibettig. Als Elsie Loos sich die Eierreste vom Kleid geputzt hat, liegt Loos längst im Bett, das Gesicht zur Wand gedreht. Die Braut steigt ins andere Bett. „Schlaf gut, Elsili", sagt der fast fünfzigjährige Bräutigam. „Weißt du, ich habe absichtlich zwei getrennte Betten verlangt, damit es uns um Gottes willen nicht einfallen könnte, eine Hochzeitsnacht zu feiern, wie es die Bürger machen. Ich könnte das nicht ertragen." Und Elsie Loos schläft trotz der klammen Leintücher sofort ein.

Der Wiener Architekt Adolf Loos heiratet 1919 Elsie Altmann (rechts, links ihre Schwester Kitty). In der Hochzeitsnacht besteht er auf getrennten Betten

Über den See und in die Betten

Wie Ernest Hemingway seine Hochzeitsnacht einmal romantisch und dann profan inszeniert

Sie lernen sich auf einer Party in Chicago kennen. Hadley Richardson ist zu Besuch bei einer Freundin, kennt niemanden, ist dem Small talk nicht recht gewachsen. Da taucht einer aus dem Geschwätz auf, den sie Nesto nennen und Hemingstein.

Das ungeschlachte, maskuline Etwas stellt sich ihr vor: Ernest Hemingway. Die ganze Nacht weicht er nicht von ihrer Seite. Was will er von ihr? Natürlich, sie hat schöne Beine und leuchtend rotes Haar, aber sonst ist sie doch eher auf dem Weg, ein ältliches Fräulein zu werden. 29 ist sie. Und er? Gerade 21 geworden.

Aber was hat er schon alles hinter sich. War freiwillig als Reporter des Roten Kreuzes an der italienischen Front, ist schwer verwundet worden, die Beine voller Granatsplitter. Ein Wunder, daß er davongekommen ist. Und eine unerfüllte Liebe hat ihn schwer verletzt, Agnes vom Croce Rossa Americana. Und dann sitzt der künftige Schriftsteller auch schon an seinen ersten Gedichten und Geschichten. Mag sie was lesen? Aber sicher.

Drei Wochen treiben Hadley und Ernest sich in Chicago herum. Sie ist wie ein Gefäß, in das er hineinreden kann. Sie ist aber auch intelligent, kann was zu seinen Texten sagen, und mit der Psyche kennt sie sich auch aus, weiß, daß einer wie er Lob will. Und er weiß, wie man Ängste und Bedenken zerstreut. Ihr Zögern schmilzt vor seiner Energie dahin.

Dann muß Hadley nach St. Louis zurück. Ernest bombardiert sie mit Briefen, schickt ihr zu Weihnachten eine Abendtasche, entlockt ihr Geständnisse. Wenn er doch nur mehr Geld hätte, um reisen zu können. Immerhin, er hat jetzt seinen ersten richtigen Job, schreibt für *The Cooperative Commonwealth*, eine elegante Monatszeitschrift, für vierzig Dollar die Woche.

Sie besucht ihn in Chicago. Er schockt die Passanten auf der Division Street, weil er Hadley mitten auf dem Gehsteig leidenschaftlich küßt. Er stellt sie seinen Eltern vor. Sie verspricht ihm eine Schreibmaschine der Marke Corona. Er soll seine Geschichten auf ihrer Maschine tippen. „Mann heiratet Mädchen, das ihm eine Corona schenkt“, schreibt sie ihm. Und sie erzählt auch, daß sie ein Buch über sexuelle Beziehungen gelesen hat: „Es sind ein paar gute Sachen drin... aber ich glaube, wir sind genügend verrückt nacheinander, um uns umeinander zu kümmern.“

Hemingways Freunde raten von einer Heirat ab. Hadley sei viel zu alt, und ein begabter Hund wie Ernest dürfe überhaupt nicht gebunden sein. Papperlapapp, sagt er. Das Beste für sein Talent sei Hadleys Glaube daran. Ihr Lob sei für sein Ego Balsam. Natürlich werden sie heiraten. Und die Hochzeit soll im Norden von Michigan gefeiert werden, in der Kirche von Horton Bay.
Am 28. August 1921, einem Sonntag, trifft Hemingway bei den Eltern in Horton Bay ein. Er verabschiedet sich gleich wieder, geht angeln, will die letzten Junggesellentage allein sein. Am Donnerstag ist er vom Sturgeon River zurück, braungebrannt, aber merkwürdig schwermütig.
Am Freitag, dem Tag der Hochzeit, kommt Hadley. Es ist ein heißer Tag. Die Sonne brütet. Die Braut wirft sich am frühen Nachmittag in die Fluten, um sich abzukühlen. Sie vergißt, wie dick ihr Haar ist und wie schwer es trocknet. Als sie das elfenbeinfarbene Spitzenkleid angezogen hat und sich den Blumenkranz, an dem der Schleier hängt, in die Stirn drückt, ist das Haar noch feucht. Egal. Überglücklich läuft sie in die Kirche, die mit Sumpflilien und Balsaminen geschmückt ist und in der sich über hundert Gäste Luft zufächeln.
Den ganzen Tag über hat sich Hemingway nicht wohl gefühlt. Er beschreibt die Stunden vor der Trauung in seiner Short story *Hochzeitstag*, wo Ernest Nick heißt. „Er war schwimmen gewesen und wusch sich jetzt die Füße in der Waschschüssel, nachdem er barfuß den Hügel hinaufgegangen war." Es ist heiß im Zimmer, er holt sich „frische Unterwäsche und frische seidene Socken aus der Kommodenschublade, neue Sockenhalter, ein weißes Hemd und den Kragen und begann sich anzuziehen". Er ist nervös, die Freunde sind auch nervös. „Er fragte sich, ob sie sich wohl ähnlich verhalten hätten, wenn er jetzt gehängt werden sollte." Vermutlich.

Ernest Hemingway heiratet mit 22 Jahren die 30jährige Hadley Richardson. Sie feiern eine romantische Hochzeitsnacht, die mit einer Fahrt über den Walloon Lake beginnt

Dann holen die Freunde Whisky, lassen die Flasche kreisen, Nick liebt Whisky, denkt: Herr Gott, warum gibt's nur diese eine Flasche hier.
Hemingway wird nach der Trauung vor der Kirchentür von seinen Freunden gehänselt, das Übliche: ein Mann am Ende, Kid Hemingway geht jetzt zu Boden, und Hadley steht strahlend dabei, posiert eine Stunde vorm Gotteshaus für Familienfotos.
Am Abend, nach Einbruch der Dunkelheit, beginnt die romantische Hochzeitsnacht. Im geliehenen Ford fahren die beiden zum Walloon Lake. In der Short story sucht Nick die Ruder, die sein Vater unter den Zwetschgenbäumen versteckt hat. Dann setzen sie im Boot nach Windemere über, wo die Brautleute im Ferienhaus von Hemingways Eltern ihre Flitterwochen verleben wollen. „Man brauchte lange, um im Dunkeln über den See zu rudern. Die Nacht war schwül und drückend. Sie sprachen beide nicht viel", schreibt der Autor, der seine Braut am Ufer aus dem Boot zieht und sie küßt, und „sie erwiderte den Kuß, küßte ihn fest, so wie er es sie gelehrt hatte, mit leicht geöffneten Lippen, damit ihre Zungen miteinander spielen konnten. Sie hielten sich engumschlungen", auch, weil es inzwischen kühl geworden ist, und dann gehen sie ins Haus, das kalt und klamm ist, gehen gleich ins Schlafzimmer, lieben sich im übergroßen Bett des Hauses. Und sie erkälten sich in dieser Nacht, kriegen Schüttelfrost, so daß sie die nächsten Tage kaum aufstehen. Sie machen nur Feuer im Herd und pflegen ihr Fieber eine Woche lang mit Glühwein.

Wenn Ernest Hemingway 24 Jahre später seine vierte Frau, Mary Welsh, heiraten wird, gibt es keine Romantik mehr im Brautbett. Kriegsberichterstatter Hemingway hat zu dieser Zeit seine Bestseller längst geschrieben: *Fiesta, In einem anderen Land, Tod am Nachmittag, Wem die Stunde schlägt.* Fehlen nur noch *Schnee auf dem Kilimandscharo, Über den Fluß und in die Wälder* und *Der alte Mann und das Meer,* für den er den Nobelpreis bekommen wird. Und längst verträgt er auch schon seine legendären Alkoholmengen – eine Flasche Champagner vor dem Frühstück und dann Whisky oder Gin pur bis in die Nacht hinein.
Kurz vor der Invasion der Alliierten in Frankreich lernen die beiden sich in London kennen. Hemingway sagt der 36jährigen *Time*-Korrespondentin, die zwei gescheiterte Ehen hinter sich hat: „Ich kenne Sie nicht, Mary, aber ich möchte Sie heiraten." Sie erleben die Befreiung von Paris zusammen. Mary Welsh bahnt sich mit Schlafsack und Schreibmaschine den Weg durch jubelnde Pariser, geht.ins „Ritz" und fragt nach Mister Hemingway. Zimmer 31. In Zimmer 31 ist der Teufel los. Der amerikanische Star feiert mit seinen Freunden von der Résistance. Sie liegen auf den Betten, lagern am Boden, trinken Champagner. Als Mary Welsh kommt,

Mary Welsh ist Hemingways vierte Frau. Beide erleben gemeinsam die Befreiung von Paris im Zweiten Weltkrieg. Danach heiraten sie auf Kuba

erzählt Hemingway noch einmal alle Abenteuer. Und sie schläft, nachdem sie ihren Bericht vom Tag der Befreiung per Telegramm nach London gekabelt hat, völlig erschöpft auf Hemingways Bett ein – zwischen Gewehren, Handgranaten und Kochgeschirr.

Die schönen wilden Wochen der Gefahr sind vorüber, und Hemingway ist nach Kuba zurückgekehrt. Dort heiratet er Mary Welsh am 14. März 1946 im Büro eines kubanischen Anwalts. Am Nachmittag, nach dem Champagner-Empfang, wird der 46jährige Bräutigam zänkisch. Und die Braut reagiert nervös und gereizt. Am Abend fahren sie zurück auf die Finca. Schon im Auto beginnt der Krach, der zur gewaltigen Brüllerei wird. Am Ende knallen Türen, und jeder schläft allein in seinem Zimmer. Bevor Mary Hemingway einschläft, weiß sie: Morgen packe ich und gehe.

Aber am Morgen überschüttet Hemingway seine Frau mit Champagner und Entschuldigungen, und sie bleibt.

Hadley Richardson hatte vor ihrer Hochzeit mit Ernest Hemingway ein Buch über Sexualität gelesen. Sie schreibt ihm: „Es sind ein paar gute Sachen drin, aber ich glaube, wir sind genügend verrückt nacheinander."

Beischlaf nach allen Regeln der Kunst

Wie Peggy Guggenheim ihren ersten Mann verführt

Niemand feiert verrücktere Feste als der junge Möchtegern-Dichter Laurence Vail. Im feinen Appartement seiner Eltern am Bois de Boulogne tanzt der Satan auf dem Tisch, wenn Laurence einlädt. Alle Zimmer sind belagert und durchräuchert, alle Diwans, Liegen und Betten besetzt, der Lärm schwillt, Fluchtorte gibt es nicht, auf der Toilette liegen sich schluchzend zwei Jünglinge im Arm, über Klo und Badewanne hängen kichernde Backfische, und wenn der Vater brüllend um Ruhe bittet, hört ihm niemand zu außer seiner Frau.

Auf einem solchen Fest in Paris trifft die 23jährige Peggy Guggenheim Laurence wieder, der inzwischen 28 ist. Kennengelernt hatten sie sich in Amerika, in New York. Nach dem Ersten Weltkrieg kehrten die Familien nach Europa zurück, wo Peggy zu einer Femme fatale heranreifen wird, zur Muse und Mäzenin der Boheme.

Aber noch schleppt sie Amerikas Puritanismus mit sich herum, findet den Gedanken an Sexualität eher abstoßend und verwirrend. Natürlich ist sie schon einmal geküßt worden, aber der junge Mann, der diesen erregenden Versuch im Auto gestartet, rutscht dabei auf die Hupe und scheucht Peggys Mutter aus dem Bett.

Sonst sammelt das reiche jüdische Mädchen aus dem feinen Hause Guggenheim eigentlich nur Heiratsanträge und kauft sich die neuesten Modellkleider. Sie will auch eine neue Nase haben, eine Stupsnase, die vorne wie ein Blütenkelch gebogen sein soll, was der Chirurg nicht schafft. Also bleibt alles beim alten.

Seit Peggy sich mit Laurence trifft, langweilt sie sich nicht mehr. Alle ihre Verehrer sind so elend öde, trauen sich nichts. Laurence traut sich alles, ist vital, dynamisch, schön und blond gelockt, kann drei Nächte nacheinander feiern, macht ihm gar nichts, nimmt ihm nichts von seinen Einfällen und Ideen.

Einmal nimmt er Peggy mit auf den Eiffelturm. Und wie sie so auf Paris hinunterschauen, fragt er sie, ob sie ihn heiraten wolle. „Ich sagte sofort ja", schreibt sie in ihren Erinnerungen. Und er denkt gleich wieder nein. „Immer, wenn er so aussah, als wolle er seinen Adamsapfel hinunterschlucken, war mir klar, daß er seinen Heiratsantrag bereute."

Er flieht nach Rouen, will in sich gehen, sich prüfen, tut das mit einer Freundin, die ist aber zu streitsüchtig, also telegrafiert er nach Paris: Will dich noch immer heiraten. Sie gehen zum Anwalt. Und kaum, daß sie sich versehen, sind alle Papiere beieinander, das Aufgebot bestellt, der Ehekontrakt geschrieben, die Gütertrennung abgemacht. Nein, so schnell wollte Laurence das nun wirklich nicht geregelt haben. Kann man die Sache noch einmal verschieben? Laurence will sich in Capri sammeln. Und Peggy soll nach New York fahren. In der Neuen Welt wollen sie sich dann treffen. Wenn er entschieden ist. Wenn.

Laurence packt. Peggy sitzt mit seiner und ihrer Mutter im Hotel Plaza-Athénée, wo die Guggenheims logieren. Laurence will sein Ticket abholen. Aber da besinnt er sich, erscheint kreidebleich im Hotel, fragt: „Peggy, willst du mich morgen heiraten?“ Natürlich, sagt sie. Und weil sie ihm nicht traut, kauft sie sich kein Hochzeitskleid, sondern nur einen neuen Hut.

Laurence Vail kommt tatsächlich. Mit der Straßenbahn fahren sie zum Rathaus an der Avenue Henri-Martin im 16. Arrondissement. Für den Abend ist eine große Party im Plaza-Athénée geplant. Laurences Freunde haben keine Ahnung, daß er geheiratet hat. Peggys Maler- und Schriftsteller-Freunde wissen es alle.

Weit nach Mitternacht und nach vielen Flaschen Champagner wäre Peggy Guggenheim-Vail gern in die Flitterwochen gefahren, einfach so in die Morgenröte. Aber der Bräutigam denkt gar nicht an Aufbruch. Durchmachen wird er die Hochzeitsnacht, das ist doch klar. Außerdem haben sie die erste Nacht doch längst vorweggenommen. Die verrückte Geschichte ist doch schon viele Wochen her.

Peggy Guggenheim ist ihre Jungfernschaft schon vor der Heirat leid. Sie inszeniert eines Tages ein erotisches Fest nur für sich und ihren zukünftigen Mann

„Damals wurde mir meine Jungfräulichkeit zunehmend lästig“, schreibt Peggy Guggenheim. Immer wieder hat sie sich ihre Sammlung von Fotografien der pompejanischen Wandgemälde angesehen, hat die sonderbarsten erotischen Positionen studiert, kennt sie alle auswendig, will sie endlich mit ihrem Körper nachstellen. Laurence ist natürlich genau der richtige Partner. Außerdem hat er inzwischen ein eigenes Hotelzimmer im Quartier Latin. Aber was tut Laurence? Er besucht sie im Plaza-Athénée, nimmt sie in die Arme, liebkost sie, wird mutiger, wundert sich, daß sie keinen Widerstand leistet, macht weiter, und da sagt sie ihm, daß dies vielleicht nicht der richtige Ort sei, weil ihre Mutter jeden Augenblick erscheinen könnte, und er meint eher vage, sie könnten ja mal zu ihm in die Rue Verneuil gehen. „Sofort setzte ich meinen Hut auf“, schreibt Peggy Guggenheim, „und es blieb ihm gar nichts anderes übrig, als mich mitzunehmen. Und so verlor ich auf höchst einfache Art meine Jungfräulichkeit.“ Und Laurence seine letzten Kräfte. Denn wann bietet sich so eine Gelegenheit schon wieder? Also soll er ihr alle Positionen zeigen, die sie auf den Fresken von Pompeji gesehen hat.

Nach durchtrunkener und durchschwätzter Hochzeitsnacht bekommt Peggy Guggenheim am Morgen von ihrem Arzt eine Spritze. Sie schleppt diese Grippe doch nun schon Tage und Tage mit sich herum. Sie fühlt sich überhaupt so müde und öde. Wie sehr hat sie sich diese Hochzeit gewünscht! Aber jetzt? Nach soviel Wankelmut und Aufregung scheint ihr das ganze Unternehmen ziemlich fragwürdig.

Als Vorlage für ihre erste Nacht dienen Peggy Guggenheim Positionen aus Pompeji

Erst den Kopf und dann den Körper

Wie Georges Simenon eine Jungfrau verführt und freit

Er ist sternhagelvoll und schaukelt in der Heiligen Nacht von 1920 mit seinen Kumpanen durch die City von Lüttich. Da treffen sie einen Freund, der ist auch sternhagelvoll und lädt die blaue Truppe für den Silvesterabend ins Atelier seiner Schwester ein. Régine heißt die junge Dame, sie wird Malerin und die erste Frau von Georges Simenon.

Silvester gegen 21 Uhr wankt der 17jährige Georges also in die Rue Louvrex und klingelt im herrschaftlichen Haus der Renchons. Er ist wieder sternhagelvoll, denn er hat schon vom Nachmittag an mit der Lütticher Boheme reichlich gezecht.

Nun hat er Schwierigkeiten, die Treppe in der Vertikalen zu bewältigen. Also nimmt er für die letzten Stufen die Hände zu Hilfe, da kippt er wenigstens nicht um, und er hört auch schon Stimmen, drückt die Tür auf – und möchte versinken. Im feinen Salon prostet Monsieur Renchon der versammelten Familie und Simenons Freunden zu, und alle starren auf den betrunkenen Vierbeiner im Türrahmen. Der Party im Atelier ist nämlich ein Essen mit den Eltern vorausgegangen.

Georges Simenon ist so geschockt, daß auf der Stelle der Ausnüchterungsprozeß einsetzt. Er trinkt Wasser und schämt sich, und als alle nach Mitternacht oben im Atelier feiern und zechen, sind er und die Kunststudentin Régine bald die einzigen, die nicht lallen, sondern reden, die sich vernünftig unterhalten und daran auch noch Spaß haben. Dabei ist Régine eigentlich ein echter Blaustrumpf, intelligent und hausbacken, kultiviert und unattraktiv. Aber sie ist das erste Mädchen, mit dem sich Georges über Schopenhauer, Leonardo und Renoir unterhalten kann. Was macht es da, daß sie schon zwanzig ist?

Schlimmer findet er ihre Jungfräulichkeit, denn Kopf hin, Geist her, er möchte auch den Körper, egal, wie der aussieht. Aber weil er das scheue Mädchen nicht drängen will, läßt er ihm Zeit. Währenddessen gibt er Régine erst einmal einen neuen Namen, nennt sie Tigy und treibt Konversation mit Pausen, in denen er durch erotische Fingerübungen die Lust der Jungfrau weckt. Nach vierzehn Tagen fällt die Festung – für Simenon eine Ewigkeit, für die großbürgerliche Régine eine „Enormität". Wenn nur der Vater nichts merkt.

Aber der merkt. Irgendwie kommt ihm das Bündel Briefe in die Finger, das Georges an Tigy geschrieben hat. Monsieur Renchon bleibt die Luft weg. Eindeutiger und intimer können Ergüsse kaum sein – und das mit seiner Tochter. Der Teufel soll den Burschen holen. Er zitiert ihn zu sich.
In Ordnung. Er wird Tigy ja heiraten. Sie will schließlich auch nach Paris – wie er. Genau wie er weiß sie, daß Talente in Lüttich verdorren, daß Begabungen provinziell bleiben ohne Flair und Konkurrenz. Also verloben sich die beiden im Frühjahr 1921. Und zwei Jahre später zieht Simenon nach Paris, als Vorreiter sozusagen, um Arbeit zu finden und Logis. Er wird besserer Laufbursche bei einem Schriftsteller und verdient 600 Franc im Monat, wovon er 250 Franc nach Hause schickt.
Große Sprünge sind da für den künftigen Bestseller-Autor im Mekka der Maler, Schreiber, Tänzer, Musiker und Bildhauer nicht zu machen. Der große Futterer und Fummler muß sich mit Brot und Camembert und billigen Huren begnügen. Einmal schleppt er eine Spanierin von der Straße weg ins Bett. Die bringt ihm das Staunen bei: Der Herrscher über alle Positionen lernt in dieser Nacht noch etliches dazu. Und einmal, als er nicht weiß, wohin mit der Lust, schleicht er in aller Herrgottsfrühe aus dem Hotelzimmer, hebt dem schuhputzenden Zimmermädchen im Gang den

Georges Simenon heiratet 1923 Régine Renchon, eine Kunststudentin. Er hatte sie schon vor der Ehe verführt und gewaltigen Ärger mit seinem künftigen Schwiegervater bekommen

Rock, nimmt sie von hinten, weil sie vorne putzt – und sie soll nur „Oh, Monsieur!" gesagt haben.
Aber Monsieur schreibt auch jeden Tag eine Kurzgeschichte für die Schublade und legt die Trauung mit Tigy-Régine für März 1923 fest, weil er endlich eine Bleibe gefunden hat, ein Zimmer in der kleinen Wohnung eines Homosexuellen. Störend für die Frischvermählten wird nur sein, daß dessen Geliebter, der in Frauenkleidern herumläuft, frühmorgens, wenn die beiden noch in den Betten liegen, zum Waschen zu ihnen kommt, weil das einzige Becken ausgerechnet in ihrem Zimmer hängt.
Simenons Mutter – die über ihre Schwiegertochter gesagt hatte: „Mein Gott, Georges, wie häßlich sie ist!" – möchte eine gediegene Hochzeit. Natürlich mit Kirche. Und den Sohn will sie im Smoking sehen, wie sich das gehört. Also muß das Heidenkind Tigy erst einmal getauft werden, drei Wochen Unterricht im Katechismus nehmen und dann zur heiligen Kommunion gehen. Das mit dem Smoking ist schon komplizierter, der kostet Geld. Simenon kauft einen gebrauchten, eine Nummer zu kleinen – auf Ratenzahlung. Und dann ist es soweit. Drei Droschken fahren zwei Familien zur Kirche Sainte-Véronique. Und da Madame Simenon schon jetzt zu schluchzen anfangen möchte, weil sie den Sohn ja gar nicht verheiraten will, versucht der ihr zu erklären, wie man Pommes frites in Paris macht – mit Öl nämlich, Mutter, und nicht mit Schweineschmalz.
Ein Bräutigam in knappen Beinkleidern führt am 23. März eine Braut in Schwarz an den Altar. Simenons Vater war vor nicht langer Zeit gestorben, darum verzichtet Régine auf Weiß. Dafür aber prangt auf ihrem Haupt ein Wagenrad mit Paradiesvogelfedern. In der Kirche „keine lauten Orgelklänge", schreibt Simenon in seinen *Intimen Memoiren*, „nur einige Kirchgänger in den Bankreihen. Die Renchons waren Atheisten und schworen auf Zola."
Die Ehe und den Treueschwur sieht Simenon fast sechzig Jahre später als Schwindel und Betrug an. Seinem Biographen Fenton Bresler erzählt er: Da steht ein junges Paar am Altar. Er zwanzig und sie 23. Biologisch gesehen zwei unabhängige Menschen. Und die schwören, für den Rest des Lebens zusammenzubleiben. In guten und in schlechten Tagen. Betrug. „Denn biologisch haben diese beiden Leute zehn Jahre später nicht mehr dieselben Zellen in ihren Körpern. Sie sind nicht mehr diejenigen, die da die Ehe eingegangen sind. Und erst mit fünfzig!"
Aber den Betrug hat Simenon nie mitgemacht, hat seiner Frau die Treue schon nicht mehr gehalten, als die Biologie noch stimmte. Aber jetzt, eine Stunde nach der Trauung, wird erst einmal ordentlich gegessen. Zehn Personen sitzen zu Tisch – nur Familie. „Meine Mutter hatte rote Augen und deutete manchmal ein gezwungenes Lächeln an. Die Unterhaltung schleppte sich mühsam

dahin.“ Danach dürfen sich die Brautleute zum erstenmal mit Duldung der Eltern im selben Zimmer umziehen. Im Nebenraum hört Simenon seinen Schwiegervater schwer atmen.
Nur weg aus diesem bürgerlichen Milieu! Nur weg aus diesem Belgien. Am Ende des Hochzeitstages besteigen die Brautleute den Schnellzug Lüttich–Paris, Simenon, wie er sagt, „etwas betrunken“. Sie schlafen in einem überfüllten Coupé dritter Klasse, liegen aneinandergepreßt wie die Sardinen, schlafen schließlich im warmen Mief fremder Schnarcher ein. Welch eine Hochzeitsnacht für einen liebestollen Jüngling von zwanzig Jahren.

Und welch eine erste Nacht für den König der Kriminalautoren, der mit 42 Jahren, am 4. November 1945, mit jener Frau schläft, die seine erste verdrängen wird. In seinen *Intimen Memoiren* beschreibt er das gewaltige Ereignis, das im New Yorker „Drake“-Hotel stattfindet, so:
„Ich warf mich auf sie und war kaum in sie eingedrungen, als sie zu stöhnen begann und am ganzen Körper zitterte. Das Stöhnen wurde zu einem langanhaltenden Schrei, der bestimmt im nächsten Zimmer zu hören war. Zum Schluß folgte ein ungeheurer Krampf, der ihre Augen sich fast in sich selbst umdrehen ließ, so daß ich fürchtete, nur noch das Weiß ihrer Augäpfel zu sehen. Ich habe viele Frauen gekannt, doch nie ein solch vollständiges Sich-gehen-Lassen in der sexuellen Ekstase erlebt.“

Nach zehn Tagen schafft der Bock den Hymen

Wie Henry Miller und June Smith miteinander Katz und Maus spielen

Es ist Zahltag. Henry Miller, der 31jährige Leiter der Botenzentrale der Western Union Telegraph Company New York, stopft sein Geld in die Taschen. An diesem Donnerstagabend im Spätsommer 1923 will er was erleben. Er kommt mit der Schreiberei nicht recht weiter. Vielleicht fehlt einfach nur ein Abenteuer. Er schlendert über den Broadway, geht in Wilson's Dance Hall, kauft Tickets für Tänze – ein Tanz zehn Cent – und schwingt mal dies, mal jenes Frauenzimmer übers Parkett, erzählt, daß er Schriftsteller werden wird, schwärmt von Strindberg. Wer ist denn das? Ach, die Weiber haben ja keine Ahnung, aber egal, darf ich bitten?

Da rauscht sie auf ihn zu: Blue Velvet, blau-schwarzes Haar, bleicher Teint – Femme fatale, Urmutter, Hure, Helena, Heilige, Uterus, Amerika auf zwei Beinen. Das alles ist sie. Die Vision heißt June Edith Mansfield, ist Taxi-Girl im Tanzpalast. Sie fordert ihn auf. Das hat er noch nicht erlebt. Moment, er braucht neue Tickets. Sie fängt ihn ein. Er habe da eben was von Strindberg erzählt. Natürlich, sie hat alles von ihm gelesen. Kennt er dessen Henriette, diese Teufelin? Genauso sei sie, genauso. Sie erzählt von Strindbergs Amouren und Huren, von ihren eigenen Säuferfreunden und all den netten Prostituierten, die sie so kennt, und von den Trinkern. Die Wörter stürzen ihr aus dem Mund, wirbeln durch die Luft, erzählen von Dostojewskij und dem *Ewigen Gatten*, erzählen von ihren Liebhabern und von Wüstlingen, die sie zwischen Tür und Angel besprungen haben. Sie redet wie ein Buch, wie sein Buch, redet wie er schreibt, erzählt fast in seinem Stil.

Er ist total betäubt, als er um Mitternacht mit ihr auf der Straße steht. Dann kriecht die Lust in ihm hoch. Am liebsten würde er sie hier gleich nehmen, mitten auf dem Broadway. Aber er muß ja zu Frau und Kind. Sie fahren also im Taxi nach Hause, sie sehen sich ja wieder, morgen, übermorgen, immer vielleicht. Als der Wagen vor seiner Wohnung hält, hat sie ihn fast bestiegen.

Das tut sie dann ganz am dritten Abend, zerrt ihn auf ein leeres Grundstück, zieht ihn ins Gras, flötet ihm Liebesschwüre in die Ohren. Nach dem Akt ist sie die Vulgäre, die Hure. Sie brauche fünfzig Dollar, sagt sie kalt. Die Mutter könne die Raten fürs Haus nicht zahlen. Er gibt, er leiht sich Geld, er beleiht seine Lebensversicherung, macht Schulden, ist pleite. Was macht das, wenn er sie

nur hat – June, seine verteufelte Muse, die schon jetzt mit ihm Strindbergs Totentanz übt.
Sie verspinnt ihn in ihre Märchen. Über sich selbst soll sie erzählen? Bitte schön. Unehelich sei sie im Wald von Sherwood geboren. Ihre Zigeunermutter sei bei ihrer Geburt gestorben. Alles Schwindel natürlich. Ihre „Stiefmutter" ist natürlich ihre echte Mutter. Und sie heißt auch nicht Mansfield, sondern Smith. Ihr Vater, sagt sie, liege vom Krebs zerfressen in Kanada. Sicher eine Lüge. Und sie mußte als Backfisch schon das Geld fürs Haus verdienen. Alles Lüge. Ein lüsterner Molch bot ihr 1000 Dollar für ihre Entjungferung. Die konnte man doch nicht abschlagen. Also mal los, irgendwann mußte es ja sowieso passieren. Und der alte Bock, erzählt sie, brauchte zehn Tage, um ihren Hymen zu zerreißen.
Du lieber Himmel, wer soll das alles glauben. Aber sie erzählt doch wie die Wirklichkeit, und der Lügensumpf, aus dem sie schöpft, ist bodenlos. Und Henry Miller schreibt später im *Wendekreis des Krebses*: „Und so rasch wurde ich in den Strudel hinuntergerissen, daß ich, als ich wieder zur Oberfläche kam, die Welt nicht mehr erkennen konnte."
Aber June läßt nicht locker. Immer wieder drückt sie Millers Kopf in den Sumpf. Es gibt doch noch so viele Anekdoten über ihre Liebhaber, über Drogen, Diebstahl, Inzest, Sodomie und Nekrophilie und Amnesie. „Der Masochist", schreibt Millers Biograph Jay Martin, „hatte seine Sadistin gefunden." Und Miller selbst schreibt im *Wendekreis des Steinbocks*, wie er süchtig wird und ihr verfällt und nach Luft ringt: „Sie kommt, man sieht ihren vorgeschobenen Kopf durch die Spiegelscheibe. Wenn sie nur eine Sekunde stehenbleiben, mich nur einen Augenblick sein lassen wollte. Aber nein, sie gewährt mir keinen Augenblick. Rasch, unbarmherzig, gebieterisch wie das Schicksal selber ist sie bei mir, ein Schwert, das mich durch und durch spaltet."
Henry Millers Frau, Beatrice Sylvas Wickens, ertappt das Liebespaar im Ehebett. Damit ist die Scheidung beschlossen. Das Sorgerecht für die Tochter bekommt die Mutter. Die Höhe der Alimente wird auf 25 Dollar die Woche festgesetzt. „Machen Sie dreißig draus", sagt Miller dem Richter. Dabei weiß er kaum, wie er die 25 Dollar zahlen soll. Und June drängt auf Hochzeit.
Als er nicht gleich „ja" sagt, läßt sie ihn einfach mal für ein paar Nächte allein. Taucht dann plötzlich in Trauerkleidung auf. Der Vater sei gestorben, sagt sie. Lügt sie? Verschwindet wieder. Schreibt aus Massachusetts, sie wolle nur seine Frau sein. Warum ist sie dann mit diesen beiden Nutten überhaupt weggefahren? Er gerät in Panik, leidet Qualen der Eifersucht, schläft wieder mit seiner ersten Frau, dafür macht June ein kleines bißchen Selbstmord. Dann einigen sie sich endlich auf den Hochzeitstermin: Samstag, den 1. Juni 1924.

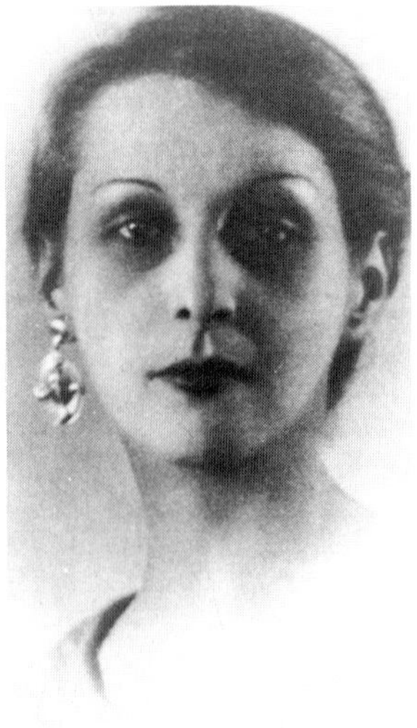

June Smith fordert Henry Miller in Wilson's Dance Hall zum Tanzen auf und erzählt ihm die verrücktesten Geschichten von Strindberg und Säufern und Huren

Am Vormittag nehmen June Smith und Henry Miller die Hudson-Untergrundbahn nach New Jersey. Im Standesamt von Hoboken wollen sie ihre Trauzeugen treffen. Die Fahrt ist lang genug für einen Streit. June sagt, er heirate sie nur, weil sie gedrängt habe. In Wahrheit wolle er frei sein. Er solle das endlich zugeben. Und er hat die Nase voll, weil ihm dies Gerede nun schon langsam aus den Ohren hängt. Sie habe völlig recht, sagt er, er selbst wäre nie auf die Idee gekommen, sie zu heiraten.
Da springt sie eine Station vor Hoboken aus dem Zug. Er hinterdrein. Holt sie ein, küßt sie, sagt, das sei doch nicht so gemeint. Und sie warten auf die nächste Bahn, und als sie zu spät am Standesamt ankommen, sind die Freunde nicht da, waren nie da, haben die Hochzeit offenbar für einen Jux gehalten. Kurz bevor die Behörde schließt, gabelt Miller noch zwei Typen von der Straße auf. Für ein paar Dollar schwören die, das Brautpaar schon recht lange zu kennen. Und kurz danach sind Fräulein Smith und Herr Miller ein Ehepaar.
Enttäuscht und deprimiert fahren sie mit der Bahn zurück. Nur nicht allein sein jetzt, denken beide, das würde sie krank machen. Also rufen sie Freunde an. Wo sind die bloß! Können doch nicht alle weg sein. Aber natürlich, es ist Samstag. Schließlich erwischen sie den Bruder des nicht erschienenen Trauzeugen. Ned soll um Himmels willen kommen und mitbringen, wen er will, sie wollen feiern und richtig auf die Pauke hauen.
Ned bringt seine Freundin mit und niemand haut auf die Pauke. Sie nehmen ein paar Drinks, produzieren Fröhlichkeit und spielen Lustig-Sein und sind doch ruhelos. Dann gehen sie gemeinsam in die *Housten Street-Burleske.* Und trinken wieder und reden Stunden, bis die verdammte Hochzeitsnacht endlich vorüber ist.

Henry Miller ist von June Smith so gefangen, daß er sich von seiner ersten Frau, einer Pianistin, scheiden läßt und June heiratet

In der Nacht zieht er die Pistole

Wie den Mexikanern Diego Rivera und Frida Kahlo die Hochzeitsnacht zerstört wird

Als der Autobus am 17. September 1925 mit der Straßenbahn auf einer Kreuzung von Mexico City zusammenstößt, bohrt sich eine gebrochene Haltestange wie ein Degen ins Becken des jungen Mädchens und tritt bei der Vagina wieder heraus. „Auf diese Weise habe ich meine Unschuld verloren", sagt Frida Kahlo, Mexikos größte Malerin, voller Sarkasmus.

Drei Jahre später, nach einem Martyrium unter den Messern von Chirurgen, sind Wirbelsäule, Hüfte, Bein und Fuß wieder so zusammengeflickt worden, daß sie ein fast normales Leben führen kann.

Da lernt sie den wilden Mann von Mexiko kennen, Diego Rivera, den berühmten Freskenmaler, den Generalsekretär des kommunistischen Anti-Imperialistischen Bundes, den Frauenhelden, den Rebellen, dem die Pistole nach zuviel Tequila immer mal wieder losgeht, den Mädchenfleischfresser. Natürlich, solche Sachen erzählt er doch immer, wenn ihm Freunde und Fremde beim Malen zuschauen. Dann hängt er oben auf dem Gerüst zwischen den Farbtöpfen und fabuliert über seine Heldentaten während der Jahre der russischen Revolution und daß er nun nicht mehr so richtig beweglich sei und aus Diätgründen Mädchenfleisch auf Tortillas verspeise. „Schmeckt wie zartes Spanferkel", brüllt er nach unten.

Frida hat früher auch für Revolutionäre geschwärmt, für Zapata und Pancho Villa, die für die Rechte der Campesinos kämpften. Als sie Rivera kennenlernt, gerät sie ganz natürlich in die Linke Boheme, und bald darauf wird sie Mitglied des Bundes junger Kommunisten, trägt die Rebellentracht emanzipierter Genossinnen: rote Hemden, Hüte, Krawatten, Schlotterhosen und Hammer und Sichel als Brosche am Busen.

Sie ist achtzehn, und er ist 41 und lebt gerade mal allein. Die Ehe mit seinem Modell Guadalupe Marín ist vorbei. Sie hatte seine letzte Geliebte auf einer Party an den Haaren zur Tür hinausgezogen, dafür hatte er „Lupe" an deren Schopf durchs Zimmer geschleift, wofür sie wiederum Skizzen und Entwürfe von ihm zerriß. Bevor sie sich umbringen konnten, hatten sie sich getrennt.

Frida bringt ihm Bilder, als er im Erziehungsministerium an einer Wandmalerei sitzt. „Diego", ruft sie, „komm doch mal runter!"

Und er steigt vom Gerüst, weil er die Kleine ganz komisch findet. Aber die sagt, sie sei nicht zum Flirten gekommen, der Charmeur solle nur ihre Öle beurteilen. Und er sagt ihr, sie sei ein großes Talent und sieht sich bei ihr zu Hause in Coyoacán, einem Nachbarstädtchen von Mexico City, alle Gemälde an.

„Ein paar Tage nach diesem Besuch im Hause Kahlo küßte ich sie zum erstenmal", schreibt Rivera in seiner Autobiographie. Dann beginnt er ernstlich um das junge Mädchen zu werben. Und „obwohl ich mehr als doppelt so alt war, fanden wir beide nichts Komisches an dieser Beziehung".

Fridas Mutter schon. Sie findet diesen häßlichen Kommunisten einfach unmöglich. Für sie ist er ein „vollgefressener Breughel", ein Elefant, neben dem ihre Tochter eine Taube ist. Aber Rivera ist reich. Und Frida wird ein Leben lang Ärzte brauchen. Und Rivera ist spendabel, vielleicht wird er auch ihr und ihrem Mann gelegentlich unter die Arme greifen. Also dann. Fridas Vater fragt den zukünftigen Schwiegersohn nur: „Wissen Sie, daß meine Tochter ein Satansbraten ist?" Und Rivera nickt und sagt: „Ist mir klar."

Am 21. August 1929 heiratet der Elefant die Taube im alten Rathaus von Coyoacán. Die Braut leiht sich für die Zeremonie Rock, Bluse und Rebozo vom Dienstmädchen, und „ich versteckte den geschienten Fuß so gut es ging, und wir wurden Mann und Frau", schreibt Frida Kahlo in ihren Erinnerungen. Als der Standesbeamte zu pathetisch wird, steht Fridas Vater auf und sagt: „Meine Herren, ist das alles nicht ein bißchen zu viel Theater, was wir hier machen?"

1929 heiratet der Elefant die Taube. Die berühmtesten Maler Mexikos – Diego Rivera und Frida Kahlo – feiern eine turbulente Hochzeit, die mit einem Affront endet

Es ist nichts gegen das Theater in der Hochzeitsnacht. Diegos erste Frau, Lupe Marín, hat sich nämlich angesagt. Nein, sie sei überhaupt nicht mehr eifersüchtig, wolle nur gratulieren und Glück wünschen. Also kommt sie zur Party, die zwischen trocknender Unterwäsche auf dem Dach der Fotografin Tina Modotti gefeiert wird. Auch eine alte Rivalin von Lupe.

Alles geht gut – bis Lupe Marín plötzlich auf die lachende und rauchende Frida zugeht, ihr den Rock bis zur Taille hochreißt und in die Gesellschaft hineinruft: „Seht ihr diese beiden Stöcke? Mit so was muß Diego jetzt vorliebnehmen, wo er mal meine Beine gehabt hat." Macht kehrt und verläßt das Fest.

In ihren Erinnerungen erwähnt Frida Kahlo diesen Affront mit keinem Wort. Sie beschreibt nur das dramatische Ende der Hochzeitsnacht. „Diego betrank sich dermaßen mit Tequila, daß er seine Pistole zog. Er brach sogar jemandem den Finger. Das Ganze endete mit einem Streit zwischen uns, und ich verließ weinend die Gesellschaft und lief nach Hause."

Das Ende der Hochzeitsnacht verbringt sie allein bei ihren Eltern. Diego Rivera erinnert sich ein paar Tage später wieder an seine Braut und holt sie in sein Haus an der Reforma 104.

Geduldsspiel im Brautbett

Wie Laurence Olivier eine Schreckensnacht mit Jill Esmond erlebt

Er verdient zehn Pfund Sterling die Woche im Gastspielensemble am Royal Court Theatre in London, bei Hauptrollen zwanzig Pfund. Aber dieser verdammt abgestandene Typ in Drinkwaters *Bird in Hand* ist keine Hauptrolle und langweilt ihn schrecklich. Interessant ist nur seine Partnerin Jill Esmond, das heißt, ihre Eltern sind interessant. Eva Moore ist damals eine der begehrtesten Schauspielerinnen von London, H. V. Esmond ein angesehener Dramatiker. Damit ist die Tochter trotz mäßiger Schönheit so etwas wie ein Hauptgewinn, den Laurence Olivier sich keinesfalls entgehen lassen wird. Also beschließt er gleich nach der ersten Begegnung, sich in Jill zu verlieben und sie anschließend zu heiraten.

Er ist ganz versessen aufs Heiraten, „denn mit meinen 21 Jahren und meiner bis dato keineswegs außergewöhnlichen Karriere war es unwahrscheinlich, daß ich eine bessere Wahl würde treffen können". Aber Jill ist nicht versessen aufs Heiraten. Der junge Olivier drängt aber vor allem deswegen, weil er endlich eine Frau im Bett haben will, was bei seiner streng anglikanischen Erziehung in spät-victorianischer Zeit eben nur mit Trauschein geduldet wird. Jills Gelüste sind bescheidener, sie nimmt seinen Antrag zwei Jahre später an, erklärt ihm aber, daß sie nicht ihn, sondern einen anderen liebe.

Derweil spielt er Shakespeare und Klabund in London, dreht mit der Ufa die englische Version von *Hokuspokus* in Berlin, wo er die Rolle von Willy Fritsch bekommt, wohnt dort im Hotel am Zoo, hat 1200 Mark zur Verfügung und sitzt Abend für Abend in der Oper – hört *Orpheus, Carmen, Bajazzo, Tosca, Tannhäuser, Othello*, lebt, atmet, Berlin ist das große Abenteuer vor seiner Hochzeit. Als er dann am 25. Juli 1930 getraut wird, hat er auch noch soviel Geld verdient, daß er aus den roten Zahlen ist.

Jills Mutter ist gegen die Heirat. Was ist dieser Laurence Olivier schon. Schön. Und sonst? Familie, Beziehungen, Gesellschaft? Da ist doch nichts. Aber begabt ist er. Ach, für begabt halten sich doch so viele. Und den Glanz will sie jetzt, nicht später. Aber da die Sache offenbar nicht mehr zu stoppen ist, soll die Tochter wenigstens in der Chapel Royal den Segen empfangen – wie einst sie und ihr Mann.

Du lieber Gott! Die Ehe der Esmonds ist doch von Anbeginn eine qualvolle Verbindung gewesen. H. V. war in der Hochzeitsnacht betrunken ins Bett der Angetrauten gestiegen und wollte in diesem Zustand auch noch seine Lust abladen. Es ist ihm schlecht bekommen.

Vielleicht könnte ja wenigstens Laurences Vater die beiden an diesem Unglücksort trauen? Der fromme Reverend Olivier lehnt empört ab. Doch nicht in der Chapel Royal, wo auch Geschiedene verheiratet werden. Nie wird er einen Fuß in diese Kapelle setzen! Ihm ist der ganze Zirkus ohnehin zuviel. Und wozu muß der Frack für den Sohn maßgeschneidert sein? Weil im feinsten Teil von Chelsea, im Garten eines Anwesens aus dem 18. Jahrhundert, nach allen Regeln der Gesellschaft gefeiert wird und weil der Bräutigam eine Rede hält, kurz, aber lange vorbereitet.

Die Hochzeitsnacht verbringt das Paar ein ganzes Stück von London entfernt, in Lulworth Cove. Freunde der Esmonds stellen dort ihr herrliches Haus für die Flitterwochen zur Verfügung, und sie lassen auch zwei reizende Jungfern zurück, die ältlichen Töchter der Lady Fripp. Unendlich verlegen begrüßen die das Brautpaar, das ziemlich abgespannt erst am späten Abend eintrifft. Die Schwestern haben ein Essen vorbereitet, haben Champagner kühl gestellt. Das sei doch richtig, Champagner für diesen Anlaß? Und alle stochern nervös auf ihren Tellern herum, qualvoll verschämt die Fripps, immer gelähmter nun auch Jill und Laurence.

„Wir wußten, daß wir beide die gleiche, unausgesprochene Angst vor dem spürten, was vor dem Einschlafen von uns erwartet wurde", schreibt Sir Laurence Olivier in seinen Memoiren. Und

Laurence Olivier und Jill Esmond feiern 1930 Hochzeit im feinen Chelsea. Der streng anglikanisch erzogene Schauspieler will endlich mit einer Frau schlafen dürfen. Wie schwierig das sein kann, merkt er in der Hochzeitsnacht

wissen nicht, wie sie sich von ihren Gastgebern verabschieden sollen, murmeln schließlich so etwas wie „schon spät" und „Koffer auspacken". Gott, ist ihnen das alles unangenehm. Und im Hochzeitszimmer sind sie ja auch nicht freier. Im Gegenteil, jetzt soll die Premiere dessen sein, was beide Schauspieler nie geprobt haben.

Die Nacht des kapitalen Anfangs nennt der österreichische Schriftsteller Franz Blei das bräutlich-eheliche Ritual 1928 und beschreibt die lächerliche Situation: Da liegen nun zwei Menschen miteinander im Bett, die noch bis zum Nachmittag fünf Uhr immer unter Aufsicht waren, ab neune aber durch den Spruch einer Amtsperson dasselbe Lager teilen und sich angehören müssen. „Kein Mann ist in dieser Situation der Hochzeitsnacht stark genug, Herr über die Bilder und Gedanken zu werden, die alle ein bißchen komisch und alle ein bißchen vulgär diese unselige selig sein sollende Nacht belasten." Da hilft auch kein Scherz und keine Ironie. Auch ein Überfall zeichnet den Mann eher als Rohling für den Rest der Ehe – und der kann lang sein. Der Schock, schreibt Blei, ist wohl kaum zu vermeiden.

Und der Schock der Oliviers ist groß. „Nach einigen tastenden Versuchen, etwas in Gang zu setzen, was hoffentlich als erotisches Vorspiel durchging" setzen sie erst einmal eine Runde aus. Seine neuerlichen Vorstöße „wären mir in irgendeinem Hinterzimmer im dritten Stock gewisser Häuser an der Lisle Street nie und nimmer abgenommen worden und konnten von meiner Frau höchstens als Geduldsprobe ertragen werden".

Als am Ende nicht mehr als ein paar theatralische Geräusche dabei herauskommen, wenden sich beide voneinander ab. Laurence Olivier weiß noch genau, wie sich die Phrasen in seinem Kopfe drehten: Meine Frau paßt nicht zu mir. Na schön, alle Männer sind Schweine. Bin eben auch nur ein Mensch. Und wollte ja gar nicht auf die Welt kommen. Und schläft dann endlich schmollend ein.

Vom Hochzeitstag an schreibt er zehn Jahre lang kein Tagebuch mehr. Und er bricht mit allen religiösen Riten. „Beides Zufall", schreibt er. Aber sein Traum vom „sexuell erfüllten Leben" ist erst mal ausgeträumt. Und das trifft ihn schwer.

Versuch mit falschem Phallus

Wie Jean Harlow und Paul Bern im Schlafzimmer versagen

Ihr Haar ist weiß wie die Weizenfelder von Kansas, wo sie geboren ist. Alles echt. Nichts gefärbt. Die Platinblonde ist ein Albino.
Als Harlean McGrew siebzehn ist und schon eine Kinderehe hinter sich hat, streicht sie als Statistin durch die Filmstudios von Hollywood. Siebeneinhalb Dollar verdient sie am Tag. Der Mittagstisch ist frei. Sie wird mal hierhin gestellt, mal dorthin geschoben, wartet dann wieder in den Kulissen.
Einmal bauen die Komiker Stan Laurel und Oliver Hardy sie in eine Szene ein: Feingekleidet entsteigt sie einem Taxi. Der dürre Stan knallt die Wagentür zu. Das Kleid ist eingeklemmt. Die Platin-Dame merkt es nicht, strebt aufs Hotel zu, betritt die Halle – in schwarzer Unterwäsche. Daß Harlean McGrew keinen Büstenhalter trägt, hat sich in den Studios herumgesprochen. 1929 ist das sehr aufregend. Und dann, eines Tages im September, kommt der Agent Arthur Landau zu Laurel und Hardy auf den Set. Er will sich aufheitern lassen, sucht seit Tagen eine erotische Besetzung für *Hell's Angels*, den Film über Bomben, Piloten und eine Sexgöttin. Greta Nissen war dafür vorgesehen. Aber nun soll der Film mit Ton gedreht werden. Alle Welt will doch 1929 nur noch Tonfilme. Und die schöne Norwegerin spricht ein schauriges Amerikanisch.
Da steht Harlean McGrew vor Landau. Sie wird seit *Hell's Angels* Jean Harlow heißen und nach der Premiere als Sex-Traum in den Köpfen der Männer spuken.

Paul Bern, der intellektuelle MGM-Produzent, heiratet 1932 den Superstar von Hollywood, Jean Harlow. Ihre Hochzeitsnacht ist der Beginn einer Tragödie

Jean Harlow bringt den Film-Bossen in den nächsten zwei Jahren als Gangsterliebchen, als Flittchen und Hure mit Herz Millionen ein. „Egal wieviel oder wie wenig Talent Jean Harlow besitzt", schreibt 1930 ein Kritiker, „Männer werden immer wild nach ihr sein, denn sie hat die sinnlich-erregendste Figur, die seit langem auf der Leinwand zu sehen war."
Dabei möchte die Blonde von Beverly Hills so gerne gute Rollen spielen, möchte ernstgenommen werden, sich weiterbilden, ist so leer. Um Gottes willen, was ist in Jean Harlow gefahren. Wer will sie denn – hochgeschlossen bis zum Hals – tragische Texte sprechen hören. Sex ist Trumpf. Und Sünde. Und sie ist nun mal Amerikas Symbol für Sex und Sünde.
Da hält Jean Harlow sich an einen Intellektuellen. An Paul Bern. Der MGM-Produzent ist eine Seele von Mensch, kann zuhören,

helfen, mitleiden. Er geht mit Jean ins Konzert, erzählt ihr von all den Büchern, die er kennt, natürlich, klassische Literatur müsse sie lesen, ja, er werde ihr etwas raussuchen. Und bringt ihr dies und das mit. Erklärt ihr alles. Endlich einer, der sie ernstnimmt.
Sie dreht gerade *Red Dust*, spielt mal wieder die Prostituierte mit dem goldenen Herzen. Da macht Paul Bern der 21jährigen einen Antrag. Sie nimmt ihn an, und die beiden heiraten am 2. Juli 1932.
Die Hochzeitsnacht ist ein Desaster. Paul Bern ist nicht in der Lage, mit Amerikas Sexidol die Ehe zu vollziehen. Er leidet an einer nervösen Störung, die seine Manneskraft blockiert. Paul Bern, der sich in der Öffentlichkeit so sanft und brav verhält, hat durch dieses Handikap über die Jahre hin einen Hang zum Perversen gepflegt.
Nun hofft er, durch Amerikas Wunderwaffe von seinem Leiden geheilt zu werden. Er gleitet nach seinem Versagen im Hochzeitsbett auf den Boden, betet die schöne Jean an, umfängt demütig ihre Füße, küßt ihre Zehen, bettelt um Hilfe und Erlösung.
Jean Harlow ist entsetzt und bricht in ein hysterisches Gelächter aus. Das erträgt Paul Bern nicht. Rasend greift er zum Spazierstock, den er ahnungsvoll bereitgestellt hat, prügelt auf seine Braut ein, verdrischt sie so sehr, daß sie schreiend zusammenbricht – mit einer Nierenquetschung.
Eine Tragödie beginnt, die Paul Bern jede Nacht dem letzten Akt ein Stückchen näher bringt. Als der Abgrund erkennbar ist, greift er zum künstlichen Phallus, den er sich besorgt hat. Wenigstens einmal will er potent erscheinen. Sie merkt es natürlich. Das Spiel ist aus.
Nach sechzig qualvollen Nächten inszeniert Paul Bern ein Ende wie in Cinemascope. Als seine Frau ihre Mutter besucht, stellt er sich im weißen Schlafzimmer nackt vor den großen Spiegel. Er überschüttet sich mit Jean Harlows Lieblingsparfum „Mitsouko“ und schießt sich mit einem 38er Revolver in den Kopf.
In seinem Abschiedsbrief schreibt er: „Dearest Dear, unglücklicherweise ist dies der einzige Weg, das schreckliche Unrecht, das ich Dir angetan habe, wiedergutzumachen und meine eigene tiefe Demütigung zu überwinden. Ich liebe Dich, Paul.
Du verstehst, diese letzte Nacht war nur noch eine Komödie.“

Jean Harlow ist Amerikas Sex-Idol der dreißiger Jahre. Sie heiratet Paul Bern, um endlich ernstgenommen zu werden

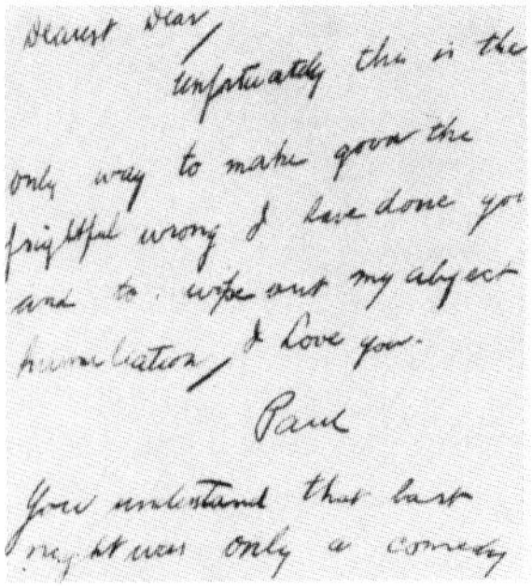

Dearest Dear,
Unfortunately this is the only way to make good the frightful wrong I have done you and to wipe out my abject humiliation, I Love you.
Paul
You understand that last night was only a comedy

Bevor Paul Bern sich mit einem 38er Revolver erschießt, schreibt er einen Abschiedsbrief an seine Frau

Zurück zu den Müttern

Wie Albert Camus mit Simone Hié eine ungewöhnliche Hochzeitsnacht zelebriert

Sie ist das schönste Mädchen von Algier. Sie hat rotblondes Haar, hohe Backenknochen, eine herrliche Figur, trägt die verrücktesten Kleider und nie etwas drunter. Simone Hié ist das Pin-up-Girl der Studenten von Algier.

Alle sind in sie verliebt. Einige bekommen sie. Einer behält sie: Albert Camus. Der junge Philosophie-Student ist romantisch wie sie, er liest ihr seine Gedichte vor, sie improvisiert für ihn Szenen mit allen möglichen Typen, einmal verführt sie ihn dabei.

„Die Franzosen von Algerien", wird Camus in *Heimkehr nach Tipasa* schreiben, „sind eine zufällige Mischrasse. Spanier und Elsässer, Italiener, Malteser, Juden, Griechen sind sich hier begegnet. Diese brutalen Kreuzungen haben, wie in Amerika, glückliche Resultate erzielt." Resultate wie Simone Hié und Albert Camus.

Den Ehrenkodex der Leute aus dieser Gegend beschreibt der junge Dichter in *Hochzeit des Lichts*: Man läßt seine Mutter nicht im Stich, man beschützt seine Frau auf der Straße, man fällt nicht zu zweien über einen einzelnen her, weil sich das nicht gehört. Und wer die Gebote nicht beachtet, ist kein Mann, und „das scheint mir eine gerechte und gesunde Auffassung zu sein".

Camus nimmt Simone mit in die Universität. Sie hat kein Abitur, kann sich nicht einschreiben lassen, kann aber hören. Und jeder glotzt sie an. Sie ist ein Fremdkörper in Hörsälen, taucht in engen Kleidern auf, wirft die Fuchsstola über die Schultern, stöckelt auf hohen Absätzen daher, trägt Wagenräder und Zigarettenspitzen, und immer sieht sie sinnend und leidend drein.

Simone nimmt nämlich Drogen. Morphium. Camus weiß das. Und er glaubt, daß er sie retten kann. Ihre gemeinsamen Drogen werden die Dichter sein und ihre Träume und seine Geschichten. Er gibt das Rauchen auf. Ihretwegen. Aber sie raucht kettenweise weiter. Er wird sie heiraten, dann ist er öfter um sie, kann sie ablenken und das elende Zeug vergessen lassen. – Nichts wird er verhindern. Schon gar nicht wird er sie retten.

Onkel Gustave, bei dem Camus wohnt und ißt, findet es unglaublich, daß so ein junger und begabter Kerl wie sein Neffe sich schon binden will. Und noch dazu an eine Stadtbekannte, einen Vamp, schlimmer noch, an eine „gourgandine", ein liederliches Frauenzimmer. Also entweder studiert er richtig und kann mit dem Onkel rechnen, oder... Also vorschreiben läßt Camus sich gar nichts, dann wird er eben selbst verdienen, wird Nachhilfestunden geben. Und Simones Mutter, eine Augenärztin in Algier, wird ihn unterstützen, denn die ist glücklich, daß sich jemand um ihr Kind kümmert.

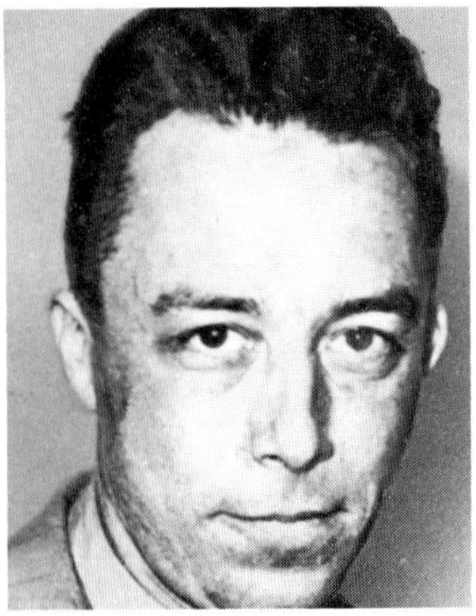

Albert Camus ist in Algier Philosophiestudent, als er das „schönste Mädchen der Stadt", Simone Hié, zur Frau nimmt. Camus, der es haßt, geduzt zu werden, bleibt auch in der Ehe beim „Sie"

In der philosophischen Fakultät ist Camus bald die Galionsfigur der Kommilitonen. Er bemüht sich nicht darum. Sie machen ihn einfach dazu, diesen Camus, der kühl ist und scheu und stolz, und von dessen Armut niemand etwas merkt. Er läßt sich auch nicht duzen. Das mag er nicht. Und sie sollen nicht Albert zu ihm sagen. Der Name ist gräßlich. Er heißt Camus – und fertig.

Der arrogante junge Mann trifft sich wöchentlich mit seinen „Ästheten"-Freunden. Sie hören Ravel und Debussy auf dem Grammophon, lesen Spinoza, Descartes und Kierkegaard. Und Camus schreibt und unterrichtet Abiturienten und heiratet am 16. Juni 1934 – kurz nach seiner bestandenen Psychologie-Prüfung – die 19jährige Simone Hié.

Da Camus noch nicht 21 ist, muß seine Mutter ihr Einverständnis schicken. Da fragt sie denn auch gleich an, was der Sohn sich denn zur Hochzeit wünsche. Ein Dutzend weißer Socken, sagt er. Und sein Onkel läßt sich am Ende auch erweichen, schenkt dem Brautpaar einen gebrauchten Citroën, und Simones Mutter hat eine Wohnung für sie eingerichtet – die jungen Leute finden das wunderbar.

Nur die Hochzeitsnacht, diesen heidnischen Zauber, den machen Camus und seine Frau nicht mit. Sie erlauben sich einen Jux und erfinden ihr eigenes Ritual: Camus schläft bei seiner Mutter und Simone bei ihrer Mutter. Die freien Geister bleiben auch in der Ehe beim „Sie", sie gar beim „Camus". Und wenn der morgens aus dem Haus geht, dann legt er seiner Frau Zettel ans Bett mit Gedichten und Gedanken. Oder er schreibt: „Sie schlafen gerade. Ich wage nicht, Sie zu wecken. Sie sind wunderschön. Das genügt mir."

Das Baby der Braut ist ein Bär

Wie Luise Rinser einmal aus Liebe und dann für die Moral vor den Altar tritt

Im Sommer 1935 will sie „blind, taub und stumm“ sein, will nicht an Politik und NSDAP denken und an ihre Schwierigkeiten in der Schule – Warum sind Sie nicht in der Partei? und so –, will an sich denken und an ihn, an Horst Günther Schnell. Der ist Pianist, und die junge Lehrerin Luise Rinser seine Schülerin. Ziemlich bald sagt er ihr, das mit dem Klavierspielen solle sie bleibenlassen. Aber sie wollen sich natürlich sehen, und so zeigt er ihr denn, wie man Sonaten, Quartette und Symphonien aufbaut, und sie begeben sich dabei „so ganz unvermerkt ins Abenteuer einer großen Liebe“.
Sie ist Aushilfslehrerin in der bayerischen Provinz und verdient wenig, lebt von Pfefferminztee, Bratkartoffeln und dem billigen grauen Preßsack und zahlt ihrem noch ärmeren Lehrer fünf Mark die Stunde.
Fremd ist ihr der Freund nur, wenn der zu seinem Lehrer geht, zum Komponisten Heinrich Kaminski, zum „Vater“, wie ihn alle nennen. Einmal darf sie mit zum Meister nach Ried bei Benediktbeuren. Ihr bleibt die Spucke weg, als der wie ein Guru mit Sandalen und Seiden-Toga auftritt. „Eine Figur aus dem Mittelalter“, sagt Luise Rinser, „kein Zeitgenosse. Ein Irrläufer.“
Das Essen – ein Spuk. Er spricht ein Gedicht, dann Schweigen. Nach dem Essen – ein Zeichen. Alle stürzen auf den Vater. Luise Rinser denkt: eine Fußwaschung? Eine Salbung? Ach wo. Der Guru will nur rauchen. Aber was ist mit ihrem Horst Günther passiert? Weggetreten. Steht im Banne des Meisters. Beachtet sie gar nicht mehr. Sie ist ein Nichts, „allenfalls eine Störung“.
Und dann ist da noch die Geschichte mit Benita, der Tochter des Gurus. Wunderschön ist sie. Eine Göttin. Eine Statue. Horst Günther Schnell soll sie heiraten. Später mal. Jetzt ist sie ja erst vierzehn. Das ist alles schon besprochen worden. Deshalb sagt der Guru wohl auch zu Luise Rinser: „Weißt du, daß Horst Günther ein Genie ist und daß du nicht die rechte Frau für ihn bist?“ Ja, das solle sie sich merken, ein Genie heiratet man nicht.
Gott sei Dank wird Schnell rasch wieder nüchtern, wenn er Kaminskis Dunstkreis entronnen ist. Und natürlich geht er nicht auf Luises Vorschlag ein, auf Benita zu warten. Er will *sie.* Und sie will er auch heiraten. „Wir gehören zusammen, aber wir gehören uns nicht“, sagt er zu Luise Rinser.

1937 zieht der Verlobte nach Berlin. Der Komponist muß noch lernen, hat Unterricht bei Paul Hindemith, ist damals dessen begabtester Schüler. Einmal besucht Luise Rinser ihn dort in der Carmerstraße, im billigen Zimmerchen bei der verarmten Baronin Griesheim. Aus der Küche quillt Essensduft, und die Wanzen verkriechen sich im weinroten Plüsch, und nebenan schläft sich eine Hure bis zum Abend fit.

Dann passiert's: Luise Rinser muß heiraten. Die Lehrerin in Lochhausen bei München bekommt nämlich zum drittenmal Besuch vom Schulrat. Der mahnt die Mitgliedschaft in der Partei an. Sie sei ja ohnehin schon unangenehm aufgefallen, habe mit einer Mädchenklasse über Sexualität gesprochen – also auch noch Unterwanderung der Moral, verdächtig. Der Entlassung aus dem Schuldienst muß sie zuvorkommen. Am besten wär's, wenn sie heiratet. Freiwilliges Ausscheiden bringt als Belohnung tausend Mark ein. Und welch ein Glück: Just in dem Monat wird Horst Günther Schnell Dritter Kapellmeister am Staatstheater Braunschweig.

Horst Günther Schnell wird Dritter Kapellmeister am Staatstheater Braunschweig und heiratet die schriftstellernde Lehrerin Luise Rinser

Der Bürgermeister von Lochhausen überreicht Luise und Horst Günther Schnell am 22. Mai 1939 feierlich *Mein Kampf*, da stößt der Schuh des Bräutigams zum erstenmal ans Schienbein der Braut. Und der Bürgermeister bittet sie herzlich, „dem Führer viele Kinder" zu schenken. Da trifft der Trauzeuge unterm Tisch hart auf den Schuh der Braut. Die kann nicht mehr, prustet los. Er auch. Der Blick des Bürgermeisters zwingt sie mit Mühe in den feierlichen Ernst zurück. Draußen sind sie nicht mehr zu halten.

Am nächsten Tag ist die kirchliche Trauung in der kleinen gotischen Kapelle am Gasteig. Auf dem Altar stehen zwei Lilien. „Aber eine Lilienbraut in Weiß war ich nicht", sagt Luise Rinser. „Wir waren schon vier Jahre verlobt", und beide sind 28 Jahre. Sie trägt ein dunkelblaues Kostüm, das schon ziemlich alt ist. Ein Brautkleid hätte sie sich ohnehin nicht leisten können.

Die Hochzeitsnacht verbringen sie nicht in München. Sie fahren im Zug nach Braunschweig – nicht in die Flitterwochen, sondern zur Wohnungssuche. „Und damit wir im Abteil allein blieben", sagt Luise Rinser, „wickelte ich meinen alten Teddybären in ein Tuch und wiegte ihn im Arm." Das Baby verschreckt, wie gewünscht, alle Zusteiger, „und so lagen wir uns ungestört in den Armen".

Vier Jahre später ist Horst Günther Schnell tot. Gefallen an der Ostfront. „Gefallen für Führer und Vaterland." Man schickt der Witwe mit den beiden Kindern seine Armbanduhr. Es ist die Uhr, die ihre Eltern ihm zur Hochzeit geschenkt haben. Nur das Glas ist herausgebrochen.

Luise Rinser hat keinen Mann mehr und keinen Beruf, und nach

ihrem ersten Buch *Die gläsernen Ringe* bekommt ihr Verlag keine Druckerlaubnis mehr für sie. Und da flüchtet im Sommer 1943 auch noch K. H. zu ihr nach Oberbayern, wo sie als „Evakuierte" lebt, dieser Schriftsteller, den sie in Schlesien kennengelernt hatte, Antifaschist, ehemaliger Kommunist und Homosexueller. Eine Zeitlang hatte Gerhart Hauptmann ihn beschützt, den schätzten die Nazis, da vermutete niemand einen Feind. Hauptmann hatte H. auch einen Arzt genannt, der dem Pazifisten die Sehnen zweier Finger der linken Hand durchtrennte. Also wehruntauglich.
Dennoch bekommt er 1943 einen Stellungsbefehl. Er flieht. Flieht zu Luise Rinser. Ein zweiter Befehl wird nach Oberbayern weitergeleitet. Sie schicken ihn wieder nach Berlin. Hilft nichts. Er kommt zurück. Die wissen also, wo er steckt, dieser politisch Unzuverlässige, der sich weigert, für den Führer zu kämpfen. Was also tun? Der Mann steht ja schon mit einem Bein im KZ und sie mit ihm. Und er hat keine Arbeitserlaubnis in Bayern und sie kein Geld und zwei Kinder. Aber wenn sie heiraten, dann kann er bleiben und arbeiten. Also dann. Sie heiraten zivil. Aber K. H. findet, eine kirchliche Hochzeit würde alles glaubwürdiger machen, ganz besonders, wenn sie dazu nach Salzburg führen, in die Höhle der Nazis, dem Ort der zuständigen Wehrmachtsbehörde, ja, im Salzburger Dom heiraten und im „Österreichischen Hof" essen. „Um Gottes willen!" ruft sie entsetzt. Und er: „Du mußt mich retten, du kannst es nicht verantworten, daß ich ins KZ komme." Das ist die Stelle, wo sie verwundbar ist. Sie sagt „ja" zu der Farce mit einem homosexuellen Mann, der ihr nicht einmal sympathisch ist. Später, als sie ihren dritten Mann, den Komponisten Carl Orff, heiraten will, gibt es endlose Scherereien um die Annullierung dieser Ehe. Die Hochzeit im Januar 1944 wird zum Alptraum: Lügen vorm Altar, Hoffen auf das Ende der Nazi-Herrschaft, Mißbrauch eines Sakraments. Verheerende Aussichten. Vor der Trauung geht sie zu einem jungen Geistlichen im Dom. Sie erzählt ihm alles. Was soll sie nur tun? Sie soll ihn heiraten, sagt der und rät zur „reservatio mentalis". Während der Zeremonie soll sie ganz fest denken: Dieser Treueschwur gilt nicht vor Gott und der Kirche.
Das Brautpaar schreitet über den roten Teppich im Dom. Der Vater der Braut ist so glücklich. Endlich hat die Tochter wieder einen Mann und die Enkel einen Vater. Er bezahlt alles, auch das Hochzeitsmahl im „Österreichischen Hof", wo die Nazibonzen – wie beide glauben – die Hochzeit zur Kenntnis nehmen *müssen.*
Die wissen aber nicht, daß die Brautleute zwei Einzelzimmer gebucht haben. Da liegt sie nun im Bett, die falsche Braut, und bleibt in ihrer falschen Hochzeitsnacht allein und weint und fühlt sich überrumpelt, vergewaltigt und gedemütigt.

Als Luise Rinser mit ihrer großen Liebe die Kirche betritt, stehen zwei Lilien auf dem Altar. „Aber eine Lilienbraut in Weiß war ich nicht", sagt sie. „Wir waren schon vier Jahre verlobt."

Eine Büchse ohne Öffner

Wie Peter Ustinov eine Horrornacht ohne Gebrauchsanweisung verbringt

Als Chamberlain Hitler den Krieg erklärt, kleben Peter Ustinov und seine Mutter Papierstreifen im Muster des Union Jack an die Fenster, um sie vor dem Zerspringen zu schützen. Und sie lesen im Rettungshandbuch, daß Opfer eines Senfgas-Angriffs aus der verseuchten Zone getragen, in Decken gewickelt und mit gesüßtem Tee versorgt werden müssen.

Ustinovs Vater findet, der Junge könne nicht mehr zu Hause herumlungern und auf die Einberufung warten, sondern solle versuchen, zum militärischen Geheimdienst zu gehen. Er arrangiert für den 18jährigen ein Treffen: Untergrundstation Sloane Square. Dort wird er einen Herrn mit Homburg treffen, der die *New Chronicle* liest. Den nach dem Weg zum Eaton Square fragen, dann würde der die Nummer wissen wollen. Die mit „neun" angeben. Genauso läuft alles ab, der Herr ist kurz angebunden, erkundigt sich nach Sprachkenntnissen. Deutsch? Natürlich, und Französisch auch und Russisch und ... „Ausgezeichnet, mein Lieber", sagt der, und weg ist er. Ustinov ist enttäuscht von seiner kurzen Bond-Karriere, erfährt aber, daß er kein Allerweltsgesicht habe, nicht in der Menge untertauchen könne, also unbrauchbar sei.

Brauchbar ist er fürs Victorianische Kabarett „The Players' Club". Er spricht vor – und ist schon angenommen. Gleich seine erste Schöpfung ist ein Triumph: Liselotte Beethoven-Fink, die deutsch-österreichische Sängerin, dick und halbgebildet und immer im Krieg mit den Fremdwörtern. Sie trägt auf der Bühne unbekannte Schubertweisen vor, und zwar solche, die selbst Schubert unbekannt wären. Ustinov genießt den Erfolg. Nur sein Gehalt ist eher ein Taschengeld, da muß man sich eben weiter umgucken.

Im Aylesbury Repertory Theatre gibt es zwei Pfund zehn die Woche. Das reicht wenigstens für sein möbliertes Zimmer, und er spielt abends einen deutschen Seehundbändiger, einen Doktor oder Professor Higgins – und schon ist er wieder weggekauft für die Revue *Swinging the Gate*. Die Gage, die er dort bekommt, ist so hoch, daß er ganz verzückt auf Zimmersuche geht.

Er mietet mitten in London in Dover Street eine Garçonnière. Wie kann es angehen, daß die so günstig ist? Garçonnièren sind doch immer sündhaft teuer gewesen. Aber natürlich! Weil Krieg ist. Die

Glasdächer sind ja auch wirklich nicht so praktisch bei Bombenangriffen. Allein das Verdunkeln dauert eine Ewigkeit. Aber was für ein Wohnen bei Entwarnung.
Im Sommer 1940 heiratet der 19jährige Ustinov die gleichaltrige Isolde Denham. Sie tun das eigentlich nur, weil Isoldes Mutter als Betreuerin evakuierter Kinder nach Amerika geht, und natürlich soll die Tochter mitkommen. Die will aber in der Schauspieltruppe bleiben, in der auch Ustinov ist. Kann man da nicht schnell heiraten?
Ustinovs Eltern haben noch nicht einmal den Schock über den Auszug ihres einzigen Sohnes von zu Hause verkraftet. Sie schweigen und sind ziemlich skeptisch. Isoldes Mutter ist gar nicht skeptisch. Aber sie war auch viermal verheiratet. Auf dem Standesamt in Marlows Road geben die beiden jungen Schauspieler sich das Ja-Wort, Ustinov im blauen Anzug, die Braut „in Nursery-Farben, also sie trug ungefähr das, was die Königin heute trägt", sagt Peter Ustinov. Und der kleine Spaniel, der dabei war, hat sich ziemlich schlecht benommen.
Am Abend spielen die Brautleute in der Revue, anschließend spendieren sie sich ein Abendessen im „Café Royal", sind glücklich, und draußen ist es noch immer warm, so daß sie nach Hause schlendern können in seine Garçonnière, und gottlob wissen sie nicht, was sie in dieser Nacht erwartet.
Isolde, sagt Ustinov, wußte wenig von den Realitäten des Lebens. Und er? „Ich wußte gar nichts." Wie ein kleiner Mönch sei er erzogen worden: Der Geist wird hochgezüchtet und gefüttert, der

Der 19jährige Peter Ustinov ist völlig unaufgeklärt, als er die gleichaltrige Isolde Denham heiratet. „Ich war wie ein kleiner Mönch erzogen worden."

Körper wird ausgeknipst, liegt brach. Er erinnert sich, daß sein Vater oft galante Dialoge mit Damen geführt hat. Die Originalität seiner Konversation habe er immer geahnt – aber verstanden? Überhaupt nichts.
Er ist in dieser Beziehung auch nicht neugierig, warum auch. Die Sache ist doch klar. Schon mit einem Jahr hat er's herausgefunden, als er mit einer dieser russischen Babuschkas spielt, diesen bunt bemalten Holzpuppen, wo eine immer kleinere in der anderen steckt. Schwangere Frauen sind das. Eine Schwangere trägt die andere. Und das Baby am Ende ist auch schon eine fertige kleine Frau in Bauerntracht. So ist das.
Als seine Mutter ihn auf einer Reise durch Südfrankreich viel zu spät über seinen Verbleib vor der Geburt aufklärt, bekommt er einen Schock. Neun Monate soll er in ihrem Bauch gesessen haben, ohne einmal Luft zu schnappen? Er ist völlig durcheinander, bekommt klaustrophobische Anwandlungen. Aber außer dieser verheerenden Meldung hat er nie etwas über das Zusammenleben von Mann und Frau erfahren. Und deshalb hat er auch keine Angst, an diesem Abend zum erstenmal mit seiner Frau allein zu sein, denn er weiß ja gar nicht, wovor er Angst haben sollte.
Und dann beginnt diese traumatische Nacht, über die es Ustinov noch heute schwerfällt zu reden. „Ich war doch so puritanisch in meinem Gefühlsleben, daß ich zwar Liebe und Zärtlichkeit suchte, aber nicht auf die Idee kam, sie ins Körperliche zu übersetzen."
Und da liegt nun eine Frau in seinem Bett. Die erwartet natürlich was. Das ist ihm schon klar. Es sind auch Instinkte da. Er hat nur keine Ahnung, was er tun muß. Er hatte gehofft, daß im Augenblick der Wahrheit eine Automatik einsetzen würde. Aber nichts dergleichen passiert.
Wenn man eine Büchse kauft, sagt Ustinov, ist eine Gebrauchsanweisung dabei und man hat einen Dosenöffner zur Hand. Aber hier liegt plötzlich eine Büchse im Bett, und die hat keine Gebrauchsanweisung, und es schwant einem nur, daß der Dosenöffner nicht weit sein kann.
Er merkt auch, daß diese nächtliche Szene durchaus etwas mit seinem Beruf zu tun hat, mit Theater, genauer mit Sense of timing. Aber in dieser Nacht stimmt gar nichts. Nicht der Text und nicht das Timing. Seine Braut schweigt nämlich, sagt kein einziges Wort, liegt nur da in einer Erwartungshaltung, die ihn verzweifeln läßt. Und am schlimmsten: Sie liegt da mit geschlossenen Augen und sehnt das Wunder der Liebe herbei. Es ist schließlich für sie das erste Mal, und das soll die Erfüllung sein. Aber es ist auch für ihn das erste Mal. „Und was kann man geben, wenn man nicht weiß, was man geben soll?"
Aus dieser Nacht im Sommer 1940 hat Peter Ustinov gelernt: Bräute mit geschlossenen Augen sind der Tod der Liebe.

Die Jungfrau in der Zelle geliebt

Wie Melina Mercouri mit ihrem ersten Mann durchbrennt

Mit zehn zieht sie ein Kleid ihrer Mutter an, entwischt in ein Café, tanzt den Leuten etwas vor, und weil ihr Großvater Bürgermeister von Athen ist, läuft der Nachrichtendienst wie geölt, in Null Komma nichts steht die Mutter im Café, und die gewaltige Ohrfeige ist weithin zu hören. Doch im Ohr bleibt Melina nur der Applaus der Leute.

Mit elf bringt Großvater Spiro sie ins Puppenspiel, da wird der griechische Revolutionär Katsantonis vom Türken Ali Pascha in Ketten gelegt und so verprügelt, daß Melina stöhnt und schluchzt, und der Großvater sagt: „Weine nicht, und mache nie die Augen zu."

Mit zwölf will sie Schauspielerin werden, koste es, was es wolle, alle Ohrfeigen der Mutter werden da nichts helfen. Und weil Schauspieler für ihre Rollen geschminkt werden, fängt sie schon mal damit an. Mit Vaseline und Lippenstift bemalt stolziert sie durch die Straßen von Athen. Als sie auch noch zur Wimperntusche greift und die schönen Augen diabolisiert, bleiben die Leute schon mal stehen und starren das bunte Mädchen an, dessen Jungfräulichkeit inzwischen angezweifelt wird. Da hat der Bruder etwas zu tun. Jeder Bruder tritt für die Ehre der Schwester ein. Blutig und zerschunden kommt er abends nach Haus – aber siegreich.

Mit vierzehn sieht Melina auf der Bühne den Mann ihres Lebens. Es ist Giorgos, der Traum aller Athener Jungfrauen. Sie sitzt mit ihrem Großvater in der ersten Reihe, glüht und sieht gar nicht mehr wie ein Mädchen aus mit ihren herausfordernden Blicken, den aufgeworfenen, roten Lippen und den zwei schon stattlichen Erhebungen.

Fünfzehn Abende hintereinander wird Giorgos seine Rolle spielen, fünfzehn Abende hintereinander wird sie ihn aus der ersten Reihe anschmachten. Die Mutter denkt, das Kind sei bei Freunden und Verwandten, für jeden Abend erfindet Melina eine andere Ausrede. Und das Geld für die Theaterkarten?

Das holt sie sich auf der Straße. Sie geht betteln. Erzählt den Passanten die unmöglichsten Geschichten. Sie sei Diabetikerin und brauche dringend Insulin, oder sie habe ihre Börse verloren und müsse mit dem Zug nach Hause. Und am Abend dann – welch ein Glück.

Sie will ihn kennenlernen, will ihn haben. „Ich machte ihm das Leben zur Hölle“, schreibt Melina Mercouri in ihren Memoiren. „Ich schickte ihm Cremetörtchen, von denen ihm übel wurde. Ich sandte ihm Blumen, und er wußte nicht, wohin damit. Ich schrieb ihm endlose Briefe, rief unzählige Male bei ihm an.“ Da gibt der gebeutelte Mann auf, verabredet sich mit ihr im Café an der Akropolis, und sie erzählt ihm von ihren Erfahrungen mit Zigaretten und Whisky, aber ja, das könne sie alles bestens vertragen, und er spendiert ihr eine Portion Eis, und als er sie im Taxi nach Hause fährt, küßt er sie.

Das schockt sie überhaupt nicht! Jetzt geht die Bombardierung mit Törtchen und Telefon erst recht weiter, jetzt steht sie sogar vor

Melina Mercouri – hier mit fünfzehn Jahren – bringt ihre Familie zur Verzweiflung. Sie schminkt sich, macht einem Schauspieler den Hof und heiratet heimlich einen der reichsten Großgrundbesitzer von Griechenland

seiner Tür. Aber Giorgos' Geliebte macht auf und ruft Melinas Mutter an.
Das Strafgericht tagt, alle erwarten sie: die Mutter, der Vater, der Großvater, der Onkel. Der ist auserkoren, das Kind zu verprügeln. Warum? Weil sie sich die Jungfräulichkeit hat leichtfertig abjagen lassen. Aber keine Spur, sagt sie, er habe sie geküßt, und das auch nur ganz kurz, sie sei völlig „intakt". Doch niemand glaubt ihr. Man erwägt, sie in ärztliche Behandlung zu geben. „Ich sah keinen anderen Ausweg als Selbstmord", schreibt Melina Mercouri. „Und so warf ich mich mit Schwung vor ein Auto." Aber das bremst.
Sie trifft Giorgos heimlich. Er probt Rollen mit ihr. Sie lesen Verlaine, Rimbaud, Apollinaire. Als sie fünfzehn ist, macht er ihr den Antrag, seine Geliebte zu werden. Sie weiß nicht genau, warum sie das ablehnt.
Und dann kommt der Sommer, und die Familie reist wieder mal nach Spetsai in die Ferien, und eines Tages steht eine herrliche Yacht im Hafen, sie gehört Pan Characopos, dem Mann, der Melina Mercouri heiraten wird.
Pan ist ein bekannter Mann in Griechenland, einer der größten Grundbesitzer, überall stecken seine Aktienpakete. Melinas Mutter nennt Pan „die Bank von England". Und die macht jetzt Urlaub in Spetsai. Melina und ihre Freunde werden eingeladen. Und weil Pan ein skandalumwitterter Mann ist, beschließt die 15jährige, ihn toll zu finden. Und er hat längst gemerkt, welchen Satansbraten er da an Deck geholt hat. Sie schwimmen zusammen, dösen an weißen Stränden, trinken, tanzen, feiern an Bord, und Pans Frau sieht Melinas Blicke nicht, sie spielt Karten – tagaus, tagein.
Als Pan weitersegelt, hat er Melina darin bestärkt, zum Theater zu gehen, und sie wirft sich, zurück in Athen, mit Macht in alle Rollen, die sie vorsprechen will. Sie übt vor allem aber Weinen, übt das vor dem Spiegel, hält Zwiegespräche mit ihrer Mutter – die ist im Spiegel und sie davor –, möchte ein Grammophon von ihr zum Rollenlernen. Aber davon kann keine Rede sein. Sie kennt die Reaktion der Mutter, brüllt sie aus dem Spiegel heraus, und siehe da, sie kullern, sie laufen über die Wangen, erquetschte, ertrotzte Tränen. Das übt sie bis zur Perfektion.
Heimlich spricht sie im Theater vor. Sie sagt nur ein Gedicht auf – und wird genommen. Aber die Mutter läßt sie natürlich nicht gehen, ausgeschlossen, ein Kind aus feinen Kreisen soll heiraten, eine gute Partie machen, Kinder bekommen. So ist das nun mal in Griechenland, auch 1940.
Dann ruft Pan Characopos an. Er will sie wiedersehen. Sie klagt ihm ihr Schicksal. Und da er entschlossen ist, dieses Kind zu erretten, läßt der Millionär sich für viel Geld von seiner Tänzerin scheiden. Dann sagt er eines Tages zu Melina: Vergiß das Theater in Athen. Theater wird in Frankreich gemacht, von Renoir, von

Jouvet, von Pitoëff. Heirate mich, dann nehme ich dich mit nach Paris.

Daß Pan ein Reaktionär ist, irritiert Melina – die spätere sozialistische Kulturministerin ihres Landes – nicht. Daß er wohlwollend über General Metaxas spricht, der sich nach kommunistischen Unruhen 1936 zum Diktator hochgeputscht hat, macht sie nicht nervös. Sie interessiert sich damals für Männer, nicht für Politik. „Sofern überhaupt von irgendeinem Standpunkt meinerseits die Rede sein konnte", schreibt sie, „war ich jedenfalls rechtskonservativ." Und sie gibt zu, daß der Akzent wohl eher auf rechts als auf konservativ stand.

„Ich wußte mit Bestimmtheit, daß ich den Kommunisten nicht traute, ohne genau zu wissen, warum." Daß die zu Tausenden in Metaxas' Gefängnissen sitzen und noch immer weiterkämpfen, das beeindruckt sie, macht ihr aber auch angst. So ist der reiche Pan genau der richtige Mann für sie, denn er kämpft 1941 um keine Sache, sondern um sie. *Sie* will er erretten, und *sie* ist für sich im Augenblick das Wichtigste.

Pan und Melina brennen durch. Sie schicken ihrer Mutter ein Telegramm: „Trauung vollzogen." Das ist eine glatte Lüge. Sie sind nicht verheiratet, fahren wie abgerissene Abenteurer nach Nauplion, von dort auf das Inselchen Bourzi, das nicht mehr als ein nackter Felsen ist. Und es hat nur ein Hotel, das früher ein türkisches Gefängnis war. In diesem Gefängnis feiern Pan und Melina ihre Befreiung. Und hier nehmen sie auch ihre Hochzeitsnacht vorweg. „Ich opferte meine Jungfräulichkeit in einer Zelle, in der die Gefangenen einst auf ihre Hinrichtung gewartet hatten. Auf Pans Wunsch trug ich ein Nachthemd aus schwarzen Spitzen. Er legte keinen Wert auf bräutliches Weiß. Ob mich das vielleicht doch ein bißchen enttäuschte? Ganz und gar nicht. Es gefiel mir."

Eine Woche später heiraten die beiden in der kleinen Dorf-Kirche von Kalamata auf dem Peloponnes. Trauzeugen sind die Pfarrerstöchter. Bei der Zeremonie trägt Melina Mercouri ihren „Fluchtmantel", ein altes Stück, das noch aus der Schulzeit stammt und viel zu kurz ist. Das hatte sie in der Eile einfach so aus dem Schrank gegriffen. Ihre Freunde werden später verbreiten, Melina sei in ihrem Taufkleid getraut worden. Und das ist ja nicht so falsch, denn als sie am Altar steht, da ist sie gerade sechzehn Jahre alt.

Trauung zwischen Bomben und Granaten

Wie Hans Fallada 1945 in Berlin sein Hochzeitszimmer zertrümmert

Eines Tages trifft Hans Fallada die schöne Witwe Ursula Losch. Er ist so angezogen von ihr, daß er sich mitten im Krieg in eine zweite Ehe stürzt

Im Arbeitskalender spiegelt sich seine ganze Misere wieder: Nichts getan. Sehr schlechter Tag. Schlimmer Sonntag. Rumgepusselt. Fliegerangriff. Nichts Rechtes getan. Verunglücktes Grasmähen. Karnickelhäsin geworfen. Junge tot, Alte tot.

Und dann wieder Krach mit Suse, seiner Frau. Rudolf Ditzen – mit dem Pseudonym Hans Fallada – hat die Nase voll, verläßt das Dorf Carwitz, muß mal wieder Luft holen, wenigstens für einen Tag, fährt nach Feldberg, setzt sich in eine Kneipe.

Da ist sie ja wieder, diese verrückte Frau, die er schon ein paarmal gesehen hat, hockt mit den Männern am Stammtisch, trinkt wieder gewaltig, ist aggressiv, laut, mit siegellackrotem Mund, und die Finger sind gelackt und die Fußnägel rot, nicht zu glauben. Und wie sie die Beine übereinander schlägt!

In seinem Roman *Der Alpdruck* wird er sie beschreiben: „Die blutjunge Frau saß allein zwischen den Männern des Stammtisches, sie schüttelte ihre rotblonden Locken… Dann warf sie den Kopf zurück, ihre kleine weiße Kehle schien vor Lachen zu tanzen – Himmel, wie sie lachen konnte, Gott, wie jung sie war."

23 Jahre ist sie und Witwe. Hat gerade in Berlin ihren Mann verloren, lebt jetzt mit ihrer Tochter bei ihrer Mutter in Feldberg. Fallada setzt sich zum Stammtisch, erzählt, und erzählen kann er ja, und sie ist ganz weg und lacht, und er bestellt Wein. Nein, er wird heute nicht zu Suse zurückgehen. Hier ist das Leben, dort ist der Krach.

Er übernachtet in Feldberg, bleibt auch noch die nächste Nacht, bummelt dazwischen am Tag mit der jungen Frau durch die Straßen. Das ist wieder ein Fressen für die Klatschbasen. Ja, guckt sie euch nur an, die lustige Witwe, die rotgelackte Nägel zur Trauer trägt.

Hans Fallada verliebt sich in Ursula Losch. Er ist knapp 51 und läßt sich nach fünfzehn Jahren Ehe von Anna Issel scheiden, von seiner „Suse", dem „Lämmchen", der „Mummi" seiner drei Kinder. Wer hätte das gedacht? Anna Ditzen kämpft nicht. Sie weiß von der Liaison in Feldberg, von dieser jungen Person, die trinkt und Morphium nimmt. Anna wird ihn nicht halten können, er ist ja längst auf dem Weg zur anderen.

Am 28. August geht Fallada zum erstenmal nach der Scheidung

zurück ins Haus. Er ist angetrunken, sucht in seinem Arbeitszimmer Sachen zusammen – auch sein Gewehr. Er gerät mit Suse aneinander, und voller Zorn ballert er los, zielt nicht auf sie, trifft sie auch nicht, aber es zischt doch ganz nah an ihr vorbei.
Sie ruft den Arzt. Der gibt ihm eine Beruhigungsspritze und plaudert im Dorf. Fallada wird unter Anklage gestellt, Mordversuch an seiner Frau. Er wandert für dreieinhalb Monate in eine geschlossene Anstalt.
Dort schreibt Fallada seinen Roman *Der Trinker* – in gut zwei Wochen. Alles ist drin: Angst, Haltlosigkeit, Panik, das Mädchen, seine Frau, der „Mordversuch", das Chaos. Als er aus der Anstalt entlassen wird, kehrt er zu Suse zurück. Er ist entschlossen, sie wieder zu heiraten. Suse sagt ja. Heiligabend 1944 schreibt er ins Tagebuch: „Schönes Weihnachtsfest. Aussöhnung mit Suse."
Er will nur am zweiten Weihnachtstag rasch nach Feldberg, sich von Ursula Losch verabschieden. Das müsse sie doch verstehen. Als er der Geliebten gegenübersteht, sind alle guten Vorsätze dahin. Er verlobt sich mit ihr, geht nicht mehr nach Hause zurück. Er reist mit seiner Braut nach Berlin. Und die Spießer zerreißen sich das Maul hinter ihrem Rücken.

Nach 15jähriger Ehe läßt sich Hans Fallada von Anna Issel, seiner „Suse", seinem „Lämmchen" scheiden. Nach einem „Mordversuch" an ihr muß er für dreieinhalb Monate in eine geschlossene Anstalt

„Berlin! Berlin, wieder einmal Berlin–! Diese geliebte Stadt... wenn an irgendeinem Platz der Erde, so gab es hier für sie eine Chance: in diesem zertrümmerten, ausgebrannten, verblutenden Berlin–!" schreibt Fallada in *Der Alpdruck*.
Sie wohnen in Ulla Loschs altem Haus in der Meraner Straße. Es ist halb ausgebombt, halb mit Flüchtlingen besetzt. Aber sie erkämpft sich schließlich ein Zimmer. Und zwischen dem Heulen der Sirenen, zwischen Bombenalarm, brennenden Häusern und muffigen Luftschutzkellern bereiten Ursula Losch und Rudolf Ditzen ihre Hochzeit vor, lassen Karten drucken, wählen einen Vers aus Ludwig Bechsteins Märchen.
„So muß denn das liebliche Mägdelein herbei, um mit dem häßlichen Bräutigam fortzufahren. Seinen rauhen Kopf auf des Mädchens Schoß legend, brummte er:
Graue mich, grabble mich
Hinter den Ohren zart und fein
Oder ich freß' Dich mit Haut und Bein!"
Die Anzeige verschicken sie an Freund und Feind und lassen sich am 1. Februar 1945 trauen. Verleger Ernst Rowohlt und Lektor Peter Zingler, deren Sympathien bei Falladas erster Frau liegen, müssen wohl oder übel Trauzeugen spielen. Der Standesbeamte füllt das Formular zwischen Todesanzeigen und Vermißtenmeldungen aus. Wer heiratet denn auch schon in dieser Zeit zwischen Bomben und Granaten? Dann schwören zwei im zertrümmerten Berlin, sich die Treue zu halten, „bis daß der Tod Euch scheide". Er scheidet zwei Jahre und vier Tage später.

Aber jetzt soll gefeiert und auf die Pauke gehauen werden. Natürlich, Rowohlt und Zingler müssen mit, Ulla hat doch schon alles vorbereitet zu Hause. Zum Feiern ist den Zeugen nicht zumute. Sie haben wirklich keine Lust, mit dieser Losch, die Suse verdrängt hat, auf dem Tisch zu tanzen. Und da geht es auch schon wieder los: Sirenen, Fliegeralarm. Das ist die Chance für die Freunde, also nichts wie weg und in die Keller. Fallada merkt, daß die beiden sich aus dem Staub machen wollen. Er brüllt Ihnen nach, sie sollen kommen, wenn Entwarnung ist! Haben sie das gehört? Er hofft es schwer, denn er hat wirklich keine Lust, den Abend allein mit Ulla zu verbringen.

Ursula Losch hat für das Hochzeitsessen zwei Flaschen Wein organisiert. Doch die Gäste bleiben aus. Da inszeniert ihr Mann mit ihr ein unvergleichliches Chaos

Dann fallen die Bomben. Als die Leute wieder aus den Kellern kriechen, sitzt das Brautpaar am gedeckten Tisch und wartet. Auf wen? Fallada weiß doch längst, warum Rowohlt und Zingler nicht mehr auftauchen. Und dabei hat Ulla doch zwei Flaschen Wein organisiert. Wo sie die nur wieder her hat? Aber dann mag er nicht mehr warten. Nimmt die Gläser und knallt sie in den Spiegel. Nimmt den Stuhl und zertrümmert ihn. Kippt den Tisch.

Die Braut steht fassungslos da. Aber dann kriegt sie Lust und packt mit an. Wäre doch gelacht, wenn der Schrank nicht auch zu schaffen wäre. Und der Lehnstuhl. Und das Bett. Federn müssen fliegen, Frau Holle, es ist doch Winter. Stück für Stück wird zerschlagen und zertreten. Draußen Vernichtung. Warum nicht auch drinnen? Vernichtung einer Hochzeitsnacht.

Nur die zwei Weinflaschen entgehen dem Angriff. Die trinken sie am Ende der Attacke und schlafen kaputt und verzweifelt im Chaos ein.

Graue mich, grabble mich
Hinter den Ohren zart und fein,
Oder ich freß dich mit Haut und Bein!

Ein Bett, ein Schuß, ein Führer

Wie Adolf Hitler Eva Braun im Bunker heiratet

Meine Braut ist Deutschland", sagt Hitler, und weil die Frauen das nicht begreifen wollen, sagt er es immer und immer wieder. Das findet selbst sein Leib-Fotograf Heinrich Hoffmann etwas einseitig und sagt: „Herr Hitler, Sie brauchen nur zu wählen, keine Frau wird Ihnen einen Korb geben."

Leni Riefenstahl schon. Jedenfalls schreibt sie in ihren Memoiren, daß sie Ende 1932 mit Hitler an der Nordsee spazierengeht. „Stumm" traben sie nebeneinander her. Dann bleibt Hitler plötzlich stehen. Starrt ihr in die Augen und „legte langsam seine Arme um mich und zog mich an sich ... Er schaute mich erregt an, als er merkte, wie abwehrend ich war, ließ er mich sofort los ... dann sah ich, wie er seine Hände hob und mit Blick zum Himmel beschwörend sagte: ‚Ich darf keine Frau lieben, bis ich nicht mein Werk vollendet habe.'"

Die Abwehr heißt nicht, daß Leni Riefenstahl ihn nicht mag. Im Gegenteil. Sie ist schwer beeindruckt vom „Führer", und als sie ihn Ende Februar 1932 im Berliner Sportpalast zum erstenmal hört, sogar „wie gelähmt". Dabei sitzt sie so weit weg, daß sie nicht einmal „in Hitlers Gesicht sehen" kann. Und doch passiert es ihr. Sie hat eine Vision: Die Erde spaltet sich und ein Wasserstrahl schießt heraus, „so gewaltig, daß er den Himmel berührte und die Erde erschütterte". Sie gesteht, daß sie Hitler „verfallen" ist.

Das ist wohl auch seine Nichte Geli Raubal. Jedenfalls bringt sie sich um. Schießt sich in Hitlers Wohnung in München eine Kugel ins Herz. Seinetwegen. Und seinetwegen soll sich auch die Engländerin Unity Mitford auf einer Bank im Englischen Garten eine Kugel in die Stirn gejagt haben. Und in einem Berchtesgadener Hotel zieht man in letzter Sekunde einer Hitleranbeterin den Kopf aus der Schlinge.

Da beginnt Adolf Hitler, sich „vor den Frauen zu fürchten". Jedenfalls sagt er das seinem Fotografen. Und er findet: „Ich bringe den Frauen kein Glück." Und das finden die Frauen wohl auch. Denn wie viele reinrassige Germaninnen schreiben ihm täglich und erflehen ein Kind von ihm. Das wäre wohl kaum zu schaffen. Und so verbreitet Hitler denn wieder und wieder: „Meine Braut ist Deutschland." Als er die mißhandelt, vergewaltigt und in die Hölle getrieben hat, diktiert er am 28. April 1945 gegen 20.00 Uhr seiner

Sekretärin Traudl Junge zunächst ein langes politisches und dann sein persönliches Testament ins Stenogramm. Darin heißt es: „Da ich in den Jahren des Kampfes glaubte, es nicht verantworten zu können, eine Ehe zu gründen, habe ich mich nunmehr vor Beendigung dieser irdischen Laufbahn entschlossen, jenes Mädchen zur Frau zu nehmen, das nach langen Jahren treuer Freundschaft aus freiem Willen in die schon fast belagerte Stadt hereinkam, um ihr Schicksal mit dem meinen zu teilen. Sie geht auf ihren Wunsch als meine Gattin mit mir in den Tod."

Während die Sekretärin beide Testamente in die Maschine schreibt, soll ein Mann vom Volkssturm, Gauamtsleiter Walter Wagner, Hitler und Eva Braun trauen. Es gibt aber keine Trauscheine im Führerbunker. Also wird Wagner im Panzerspähwagen losgejagt, im zerbombten Berlin Heiratsformulare aufzutreiben. Als er kurz vor Mitternacht wiederkommt, wartet die Hochzeitsgemeinde bereits in Hitlers Zimmer, darunter Martin Bormann und Goebbels mit seiner Frau.

Hitler trägt Uniform und Fräulein Braun Hitlers Lieblingskleid, ein langes Hochgeschlossenes aus schwarzem Seidentaft, dazu eine Kette mit Topasanhänger. Die Zeremonie ist kurz, „bis daß der Tod Euch scheidet..." wird eingehalten werden. Die Braut verschreibt sich auf der Heiratsurkunde, streicht ein großes „B" hinter Eva durch, ergänzt „Hitler geb. Braun". Der 29. April ist gerade angebrochen.

Adolf und Eva Hitler gehen ins Arbeitszimmer hinüber, wo der Tisch gedeckt ist. Die Braut bringt der Sekretärin, die das Testament tippt, Sekt und Brötchen, nimmt Glückwünsche der Bunkerangestellten entgegen und geht dann zurück zur Hochzeitsgesellschaft, die ißt und trinkt und das Volk verflucht, das eben nicht gut genug ist für den Endsieg. Soll es doch verrecken.

Eine Nacht vor seinem Selbstmord heiratet Adolf Hitler seine langjährige Gefährtin Eva Braun. In der Hochzeitsnacht diktiert er zwei Testamente – ein politisches und ein privates

Um 4.00 Uhr früh geht Hitler zu Traudl Junge, die ihm die Testamente vorlegt. Er liest seinen politischen Letzten Willen noch einmal durch, mahnt darin „zur peinlichen Einhaltung der Rassengesetze“ und drängt zum „unbarmherzigen Widerstand gegen den Weltvergifter aller Völker, das internationale Judentum“. Dann unterschreibt er und geht zurück zu den Gästen, die noch immer ihr Schicksal beklagen.

Gegen 5 Uhr 30, als der Tag beinahe anbricht, begibt sich das Ehepaar Hitler für den Rest seiner Hochzeitsnacht ins Schlafzimmer der Braut. Da ist es nämlich gemütlicher als in Hitlers Bunkerzimmer mit Tisch und Stuhl und Feldbett, da hatte das Fräulein Braun bei seinem Einzug in die Unterwelt Vorhänge vor die Wände aus Beton gehängt. Und das Bett ist auch nicht aus Sparta.

Während Hitler mit seiner Braut dem Ende entgegendämmert – zehn Stunden später nimmt er die Kugel und sie die Blausäure – wird Eva Brauns Schwager vor dem Bunker von einem Exekutionskommando der SS erschossen. Der General der Waffen-SS, Otto Hermann Fegelein, hatte türmen wollen. Das war Verrat. Und Eva Braun widersetzte sich dem Todesurteil nicht, auch wenn es den Mann ihrer Schwester traf. Die Geliebte Hitlers hatte 24 Stunden vor der Hinrichtung zu ihrem Bräutigam gesagt: „Du bist der Führer, Rücksichten auf die Familie dürfen keine Rolle mehr spielen.“

Den Schuß hören die Hitlers im Brautbett des Betonbunkers nicht.

„Du bist der Führer“, sagt Eva Braun zu Adolf Hitler und nimmt hin, daß ihr Schwager in ihrer Hochzeitsnacht hingerichtet wird

Es muß geklauter Kaviar sein

Wie Johannes Mario Simmel im Nachkriegs-Wien Hochzeit feiert

Der Chemiestudent mit der blühenden Akne lebt im Wien der Ratten, der Kälte, der Trümmer und des *Dritten Manns*. „Verflucht sei Adolf Hitler" hat er auf sein Banner geschrieben, und dafür tippt er sich die Finger wund. 65 Millionen seiner Bücher werden vierzig Jahre später verkauft sein.

Unmittelbar nach dem Krieg ist Johannes Mario Simmel noch Dolmetscher bei der US-Militärregierung und den berühmten „Vier im Jeep", arbeitet mit Russen, Amerikanern, Franzosen und Engländern zusammen, und sie saufen miteinander, verbrüdern sich und träumen von einer Welt des Friedens in der Kälte zwischen den Trümmern.

Wien ist wie Berlin eine viergeteilte Stadt. Jede Besatzungsmacht hat ihren Sektor, nur der I. Bezirk, der Stadtkern, ist internationale Zone – da wechseln die Mächte monatlich. Und wenn die Sowjets wieder dran sind, wird natürlich sofort der Lubitsch-Film *Ninotschka* verboten, weil darin drei Genossen den Freuden der westlichen Welt verfallen. Kann doch gar nicht angehen. Reiner Revanchismus. Müßte man aber doch vielleicht gesehen haben. Also gucken sich die russischen Offiziere die frivole Farce heimlich in Zivil an. Schließlich läuft der Film auch im russischen Monat.

Jede Besatzungsmacht hat ihre eigene Zeitung. Die *Welt am Abend*, für die der 22jährige Simmel Geschichten schreiben soll, wird von den Franzosen verwaltet. In der Nacht vor dem Tag, an dem die erste Nummer erscheint, stirbt die Frau des Kulturredakteurs im Kindbett, und den Witwer setzt ein Nervenzusammenbruch außer Gefecht. So wird Johannes Mario am Morgen der jüngste Kulturchef, den Österreich je hatte.

Die Redaktion der *Welt am Abend* liegt im I. Bezirk in der Wollzeile. Gedruckt wird am Fleischmarkt. Zum Umbruch muß man hin- und herrennen, muß vor allem ein guter Turner sein, denn das Treppenhaus der Redaktion ist nach einem Bombentreffer eingestürzt, und das Zimmer des Kulturredakteurs Simmel kann man nur über eine Leiter erreichen, die später einmal eine Rolle im Roman *Hurra, wir leben noch* spielen wird. Diese Leiter, die französische Pioniere gebaut haben, schwankt bei Wind, und wenn es friert, vereisen die Sprossen.

Am 11. Februar 1947 friert es Stein und Bein. Und die laute

Hochzeitsgesellschaft klettert am Abend die Stiegen hoch, die Linke an der Leiter, die Rechte am Geschenk. Daß Johannes Mario und Christa ihre Hochzeit in der Redaktion feiern, hat einen Grund: Hier ist es warm. Zu Hause bei ihr und auch bei ihm saukalt. Also wird man durchfeiern und früh um sechs gleich die Zeitung machen, die um elf dann am Kiosk ist.

Simmel hat Christa Born im Kino kennengelernt, im *Kabinett des Dr. Caligari*. Er ist gerade voller Liebeswut über eine kaputte Liaison mit Helena, die sehr viel später seine dritte Frau werden wird und dann nach der Scheidung acht Millionen Mark kassiert. Jetzt will er seinen Kummer ertränken, denkt: „Nix wie ran", schnappt sich Christa, bringt sie nach Hause.

Warum trägt sie nur diese zerrupfte Mecki-Frisur? Na, sie wachsen eben noch nicht so recht wieder, die Haare. Sie hat in Berlin einen Phosphor-Angriff überlebt. Hat lichterloh gebrannt, ist in die Spree gesprungen, und da hat einer ihr den Kopf so lange unters Wasser gedrückt, bis die Flammen keinen Sauerstoff mehr fanden. Manchmal gerät sie noch in Panik, wenn sie träumt oder Feuer sieht. Und ein bisserl absent ist sie auch schon mal und unsicher. Aber dieser verrückte Simmel, dieser dünne Mensch mit dem blühenden Gesicht, reißt sie mit. Ob sie ihn heiraten will? Himmel,

Christa Born lernt ihren Mann Johannes Mario Simmel im Kino kennen, im *Kabinett des Dr. Caligari*. Sie hat in Berlin einen schweren Phosphor-Angriff überlebt und muß eine dunkle Brille tragen

was für ein Kerl. Sie haben sich doch gerade erst bei *Caligari* kennengelernt. Natürlich will sie. Ist zwar drei Jahre älter als er, aber dafür hat sie einen Beruf, ist Journalistin, leitet eine Presseagentur in der Fichtegasse.

Im Standesamt ist es zum Erfrieren kalt. Zwei Vermummte werden getraut. Der Bräutigam trägt zur gefärbten Uniform Schal und Ohrenschützer, die Braut vier Damenhosen mit langem Bein, eine Amihose darüber, Pullover, Handschuhe, Mütze, Mantel. Sie klappern ihr „Ja" durch zitternde Zähne, nein, nicht, weil sie aufgeregt sind, sie haben doch längst miteinander geschlafen. Die Nachkriegszeit ist die freieste Zeit ihres Lebens.

Simmels französische, englische, amerikanische und sowjetische Freunde kommen am Abend wie die Heiligen Vier Könige aus dem Morgenland in den Redaktionsstall hochgekrochen. Und sie bringen rohes Fleisch und Brot und Krimsekt, Lachs, Champagner, Whisky, Mais, Schinken und Hühner in Konserven, Marmelade und Erdnußbutter, Doughnuts und Ginger-Ale und Zigaretten – satt. „Es war ungeheuerlich, was meine Freunde da aus den Armee-Kantinen zusammengeklaut hatten", sagt Simmel heute.

„Tiny", der Zwei-Meter-zwanzig-Neger aus Amerika, kocht in zwei Redaktionsküchen, rast zwischen Hüftsteaks und Hühnerkeulen hin und her. Der alte Plattenspieler bekommt frisches Futter, leiert die ganze Nacht hindurch die Hochzeitsgeschenke ab: *Sentimental Journey* und *C'est si bon* und den *Dunkelroten Seidenschal.* Der Bräutigam hat die Nachtschicht übernommen, also gehört die Redaktion der Hochzeitsgesellschaft. Simmel muß nur die Nachrichten aus dem Fernschreiber verteilen: Friedensvertrag mit Italien sieht Reparationen an UdSSR, Jugoslawien und Griechenland in Höhe von je 100 Millionen Dollar vor. Wolfgang Borchert hat sein Heimkehrerdrama *Draußen vor der Tür* vollendet. Und Tiny ruft zu Tisch.

„Großer Gott, haben wir gefressen, haben wir gesoffen", sagt Simmel. „So was bringt heute kein Fünf-Sterne-Hotel mehr auf die Beine!" Und wer all das köstliche Zeug nach der ewigen Kohlsuppe nicht verträgt, erbricht sich schon mal knapp an der Leiter vorbei. Und die Freunde halten zwischendurch Reden auf die Zukunft, „aber eben nicht pompös, sondern in der Sprache Saroyans und in der Sprache Steinbecks und Priestleys", und ein Ami und ein Russe fahren Simmels Mutter nach Mitternacht im olivgrünen Sedan nach Hause.

Dann geht die Party erst richtig los, dann wird Wein und Whisky und Champagner getrunken, und auf dem Tanzboden wächst das Gras. Im Fernschreiberzimmer steht ein Bett, in dem Christas und Marios Freunde ihre Freundinnen ausprobieren, sie tun das bis drei Uhr in der Früh – dann bricht das Bett zusammen. „Tiny" ist wirklich zu groß.

Als alle sternhagelvoll sind, passiert es: Pierre, der Franzose, sucht das Klo. Er öffnet die Tür – und fliegt vom zweiten Stock immer an der Leiter entlang. Liegt unten wie tot am Boden. Sie rufen die amerikanische Ambulanz und einen US-Army-Doktor, und es gibt Sirenen und eine ganze Menge Aufregung. Pierres Beine sind gebrochen, ein paar Rippen auch, und die Gehirnerschütterung ist schwer. Da rauschen auch schon englische MPs an, weil's der englische Monat ist im I. Bezirk, die sind ungeheuer mißtrauisch, vermuten Mordversuch an einem Franzosen und sperren die ganze Bande ins britische Militärgefängnis.
Da hocken sie nun für den Rest der Hochzeitsnacht im Knast: Johannes Mario Simmel, der künftige Auflagenmillionär, Christa Simmel, die acht Jahre später stirbt, „Tiny", der 1952 im Korea-Krieg am „Heartbreak-Ridge" fällt, Mojshe Fainberg, der sich 1955 das Leben nimmt. Alle Mann hoch, Franzosen, Engländer, Österreicher, Amerikaner, Deutsche, Russen werden nun verhört. Und alle Mann sind stockbetrunken.
Die Vernehmung dauert einen halben Tag. Es gibt Protokolle von lallenden Aussagen, und der Schnüfflertrupp einer Spezialabteilung der MP bekommt auch nicht mehr raus. Gegen Mittag wird die marode Hochzeitsmeute entlassen. Jeder läuft in eine andere Richtung. „Christa und ich gingen in unser kaltes Zuhause und schliefen wie tot ein." Und die *Welt am Abend* erscheint mit drei Stunden Verspätung am Kiosk.

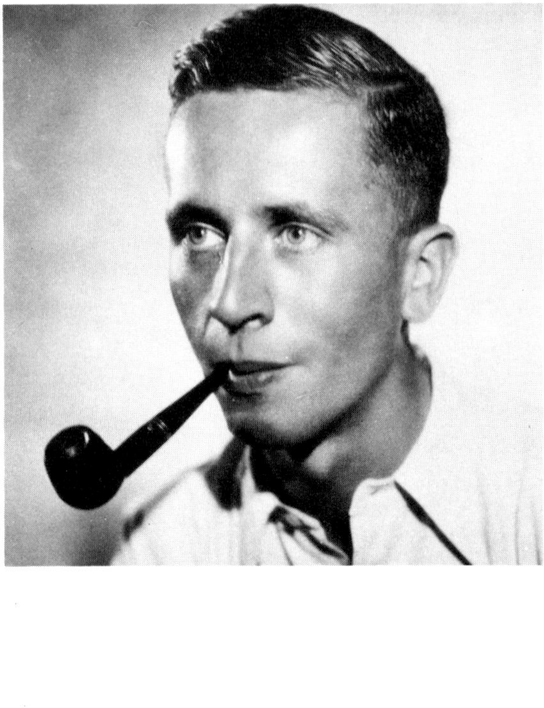

Den Rest seiner Hochzeitsnacht verbringt Johannes Mario Simmel mit seiner Frau und allen Gästen im britischen Militärgefängnis

Mit Schleier und Pappkoffer ins Gefängnis

Wie Artur Brauners Hochzeitsnacht zum Trauma für die Gäste wird

Er sitzt mit seinem Bruder in den Ruinen von Stettin, sitzt zwischen Brennesseln und Unkraut auf der Treppe eines zerbombten Hauses am Holzmarkt und ißt eingeweckte Birnen. Im Keller des Hauses haben sie eine verschüttete Speisekammer entdeckt.
Die jungen Männer haben sich aus einem Konzentrationslager in Polen bis hierher durchgeschlagen. Es ist Juni 1945, und der 26jährige Artur Brauner träumt sich in die Zukunft. Nach Hollywood will er, Filme machen. Sein Bruder denkt „wertbeständiger", will ein Juweliergeschäft in der Fifth Avenue eröffnen. Filmen, sagt er, sei was für Spinner. Nicht, wenn man filmt, was man erlebt hat, sagt Artur Brauner, nicht, wenn man der Welt ins Gewissen tritt, zeigt, was in den KZs passiert ist. Er wird einen Film drehen, der *Morituri* heißt. Wer will das sehen? fragt sein Bruder.
Da schleppen bei der sengenden Hitze zwei blonde Mädchen in wattierten Mänteln schwere Rucksäcke hinter sich her. Sie kommen aus Hannover, sagen sie, aus einer Kolbenfabrik, wollen weiter nach Warschau, die Mutter suchen. Eigentlich sind sie aus Lemberg, sind Jüdinnen. Wie bitte? Blonde Jüdinnen, die im Hitler-Deutschland gearbeitet haben? Ausgeschlossen. Die lügen.
Sie lügen nicht. Vater und Bruder sind in Lemberg erschossen worden. Maria Albert konnte mit Mutter und Schwester vor dem Abtransport ins KZ nach Warschau fliehen. Freunde verstecken sie dort, helfen, dunkle Haare blond zu färben, verschaffen arische Papiere. Nach dem Aufstand im Ghetto gelangen die Schwestern nach Hannover. Mutter bleibt in Warschau. Und die wollen sie jetzt suchen.
Die Brüder Brauner bringen die Schwestern Albert zum Bahnhof, finden einen Platz im Viehwaggon, und Artur gibt Maria einen Zettel mit Berliner Adresse. Sie muß kommen, wenn sie die Mutter gefunden hat. Muß. Also dann in Berlin.
Ein Jahr später klopft Maria in Brauners winzigem Untermietzimmer in Zehlendorf an die Tür. „So, da bin ich wieder", sagt sie. Sie hatte die Mutter gefunden und mitgebracht. Zerschunden, krank und elend. Drei Jahre war sie in einem Ofen versteckt, in einem Brotofen. Nachts holten Freunde sie raus, nachts, wenn es niemand sah. Sie ist blind geworden auf einem Auge und krank und kaputt.

Vier Tage vorm Heiligen Abend, am 20. Dezember 1946, feiert Artur Brauner schon Premiere. *Sag die Wahrheit* heißt der Film, in den er sein Erspartes gesteckt hat. Es gibt Erdbeersekt und Alcolat, einen süßlichen Alkoholersatz, dazu Marmeladenstullen. Die Gewinnquote bringt mehr als den Einsatz. Er kann an *Morituri* denken, und heiraten kann er auch.

Am 28. Februar jenes eiskalten Winters 1947, als die Berliner ihren Grunewald für die Öfen abholzen, heiratet Artur Brauner Maria Albert auf dem Standesamt von Berlin-Zehlendorf. Sie fahren im eigenen „Adler" vor und tragen das Wärmste, was sie haben. Aber nach der Trauung fühlen sie sich nicht anders als zuvor. Beide sind keine orthodoxen Juden, aber es fehlt einfach der Segen seiner Eltern. Ohne Segen ist das Ganze nur eine halbe Sache.

Und weil seine Eltern, die Nazi-Deutschland überlebt haben, im Lager Heidenheim auf Papiere für Amerika warten, müssen die Brautleute sich beeilen. Und weil Heidenheim jenseits der Zonengrenze liegt, brauchen sie einen Interzonenpaß. Und weil sie nach dem Ausfüllen des 69 Fragen langen Antrags acht Wochen warten sollen, setzen sie sich ins Auto – Mutter vorn, Maria hinten – und fahren einfach mal ohne Paß los. In acht Wochen nämlich sind die Eltern längst in Amerika.

Sie schicken ein Telegramm: Kommen heute abend und feiern Hochzeit. Den feinen Nadelstreifen, den Brauner beim Schneider Kodell hat fertigen lassen, und Marias schlichtes Kleid mit üppigem Schleier packen sie in den Pappkoffer, und ab geht der „Adler".

Sie fahren acht Stunden bis Eisenach. Dann Richtung Obersuhl. Über Feldwege Richtung Grenze. Nebel kommt auf. Wo sind sie? Wasser rauscht. Also an der Werra wohl. Eine Behelfsbrücke, eine Wachbaracke, ist da wer? Also nichts wie durch, Schreie, Rufe, Maschinenpistolen. Wer kann im Nebel schon treffen. Sie sind drüben, hurra, und leben noch.

Drüben stecken weißbehelmte Amerikaner von der Military Police die drei ins Kittchen. Maria reißt den Koffer auf, zieht den Brautschleier hervor, wedelt ihn wie eine Friedensfahne hin und her, zeigt auf sich und ihren Mann, sagt: „Wir Hochzeit, du verstehen?" Brauner trällert dazu den Hochzeitsmarsch aus *Lohengrin*. Ein Ami tippt sich an die Stirn. Und Brauners sprechen kein Wort Englisch und die Amerikaner kein Wort Polnisch und keinen Brocken Deutsch. Warum sollten sie auch, der Fall ist klar, illegale Grenzgänger. Oder gar Agenten, getarnt als Hochzeitspaar? Brauner grollt, Maria ist verzweifelt, die Mutter weint. So geht das die ganze Nacht hindurch, die eigentlich ihre Hochzeitsnacht werden sollte. Erst am nächsten Nachmittag klärt sich alles auf, Entschuldigungen, zwei Stangen Chesterfield als Hochzeitsgeschenk, ein Vermögen, „bye-bye, and have a good time".

Kurz vor Mitternacht kommen die Hochzeiter bei Brauners Eltern an. Die Amerikaner haben die Verspätung durchgegeben. Die Gäste warten. Hundert oder mehr empfangen die verlorengeglaubten Helden in der Vier-Zimmer-Wohnung in Heidenheim. Es sind Übriggebliebene. Verwandte, Freunde, Fremde. Überlebende aus Auschwitz, Majdanek, Treblinka. Eine furchtbare Gemeinde. Da ist ein Onkel aufgetaucht, dort hat ein Bruder überlebt, eine Nichte, eine Tante. Und zwei Mütter und ein Vater segnen ihren Sohn und ihre Tochter, die ein Kind erwarten und geheiratet haben.
Es gibt Kartoffelpuffer. Und Brauners Mutter hat Pelmani gebakken, diese köstlichen, mit Fleisch gefüllten Teigtaschen in Brühe. Und Früchte sind da, und Käse und Wein haben sie organisiert – welch ein Luxus. Nach dem Essen tanzen sie zur Musik, tanzen bis tief in die Nacht hinein.

Als Artur und Maria Brauner vom Standesamt zurückkommen, fühlen sie sich nicht verheiratet. Es fehlt der Segen seiner Eltern. Und damit beginnt eine aufregende Geschichte

Gegen fünf Uhr früh passiert es dann. Die Geige, die Klarinette und das Cello spielen das alte Lied von der jiddischen Mamme. Die Gäste beginnen leise zu schluchzen, weinen dann lauter und schreien schließlich und raufen sich die Haare und schlagen mit den Köpfen an die Wand, zerschlagen Gläser und rufen: Wo ist meine Mutter, mein Mann, mein Baby – laufen weinend weg vom Fest. Der Rest bleibt verstört zurück, fängt sich langsam, wiegt sich tanzend in den neuen Tag hinein. Am großen abgegessenen Tisch sitzen Artur und Maria Brauner und hören in ihrer Brautnacht den Alten zu, die Geschichten erzählen, Geschichten aus Lemberg und Warschau und Wilna, damals, als sie geheiratet haben, als der Polnisch-Russische Krieg war, ja, da mußten sie sich auch verstekken. Sie essen die Reste auf, weil sie Hunger haben, und erzählen aus der Zeit, die für immer verloren ist, und sind gezeichnet von der Zeit, die sie nie mehr werden vergessen können.

Beischlaf mit Blick auf Ozean

Wie Rock Hudson in Santa Barbara heimlich die Sekretärin seines Agenten zur Frau nimmt

Im Oktober 1955 ist Rock Hudson Cover-Boy von *Life*. Der Film *Giganten* ist gerade abgedreht, und der Star ist in dem Magazin mit acht Millionen Auflage „Hollywoods bestaussehender Junggeselle“. Welch eine Karriere. Prangt auf dem Titel mit Jeans und Westernhemd und rotem Halstuch. Und *Life* schreibt, daß alle Fan-Zeitschriften den 29jährigen immer wieder drängen, doch zu heiraten oder endlich zu erklären, warum er's nicht tut.

Da ist sie wieder, diese Drohung. Und wieder rät der Agent: Nimm dir eine Frau, und die Gerüchte hören auf. Wenn's erst einmal eine Enthüllungsstory gibt, in der behauptet wird, Rock Hudson sei homosexuell – dann gute Nacht. Und ewig diese indiskreten Fragen. Mögen Sie keine Frauen? Und: Schlafen Sie nackt? Was, zum Teufel, geht das die Leute an. „Ich erinnere mich an meine Mutter“, erzählt er später, „die immer gesagt hat: ‚Und was ist, wenn Feuer ausbricht?' Und ich dachte, ja, richtig, was ist, wenn Feuer ausbricht – ich müßte nackt auf die Straße laufen, und die Leute würden meinen Pimmel sehen.“

Genau das natürlich wollen die Leute wissen. Und sie wollen sicher sein, daß ihr Superheld nicht zu diesen „Tunten“ gehört. Die werden in den fünfziger Jahren gemieden wie Aussätzige. Deshalb gehen Rock Hudson und seine Freunde auch selten aus. Zu dritt gelegentlich, zu viert nie. Denn vier Männer sind zwei Paare. Das ist das Homo-Einmaleins der US-Bourgeoisie. Also müssen sich Homosexuelle verstecken, müssen sich tarnen, Code-Sätze erfinden. „Ist er musikalisch?“ fragt man – und weiß Bescheid.

Der Kinsey-Report über männliche Sexualität, diese 800 Seiten starke wissenschaftliche Untersuchung, die 1948 erschienen ist, hat nichts an der brutalen Einstellung der Amerikaner gegenüber Homoerotik geändert. Dabei hat Kinsey herausgefunden, daß 37 Prozent der männlichen Bevölkerung gleichgeschlechtliche Erfahrungen gemacht haben. Undenkbar. Kein Spießer glaubt das. Und Rock Hudson, der den Report verschlungen hat, atmet auf. Er ist also doch ziemlich normal. Und schließlich ist er Frauen ja auch nicht abgeneigt.

Phyllis Gates, die Sekretärin seines Agenten Henry Willson, mag er sogar sehr. Sie ist schlank, appetitlich, graziös, hat Charme, Humor, Temperament und versteht sich bestens mit Rocks Freun-

den. Was sie so an Gerüchten hört, verdrängt sie, sie ist verliebt in ihn und er auch in sie.
Als Rock Hudson sich Ende 1954 sein erstes Haus in den Hügeln nördlich des Sunset Boulevard kauft, ein Ranch-Haus mit zwei Schlafzimmern, da bittet er Phyllis, zu ihm zu ziehen. Sie tut es, und auch das ist wieder unmöglich. Er darf nicht homo- und nicht bisexuell sein, er darf aber auch nicht unverheiratet mit einer Frau zusammenleben, so ist das damals. Was also, wenn die Presse dahinterkommt? „Die können mich!" sagt Hudson.
Einen Monat nach der Titelgeschichte in *Life*, Anfang November 1955, sitzen Rock Hudson und Phyllis Gates bei „Frascati's". Als sie bestellt haben, sagt der Star zur Sekretärin: „Let's get married." Sie denkt, er macht mal wieder einen Witz, aber er macht keinen Witz, er will sie wirklich heiraten. Hudson heiraten – das ist für sie der kühnste ihrer Träume.

„Well, Bunting, we did it", sagt Rock Hudson zu Phyllis Gates, als die beiden getraut sind und in die Flitterwochen fliegen. Und sie antwortet: „Yes, darling, we did it."

Und dann die übliche Panik: Ein Kleid muß her, der Ring soll passen. Ein Platin-Ring mit Diamanten, Rock will keinen, weil er ihn beim Filmen doch immer wieder absetzen müßte. Sie brauchen Gesundheitszeugnisse, Koffer müssen gepackt werden, und alles soll geheim bleiben, der Star will keine Presse, er bestellt die Tickets von Los Angeles nach Miami – für die Flitterwochen – auf den Namen Charles und Pearl Roy. Und Henry Willson, der Agent, organisiert alles für die Trauung in Santa Barbara, aber im Rathaus von Santa Monica müssen sie erst noch die Heiratslizenz abholen, und die Freundin Pat müssen sie im Wagen mitnehmen, die kommt um drei mit dem Hochzeitskuchen und dem Ring und findet zwei Chaoten vor. „Come on, guys", sagt sie, „das Rathaus schließt um fünf." Und dann zum Flughafen, die Freunde Jim und Gloria abholen. Und Rock fährt wie der Teufel. Auf dem Pacific Coast Highway hören sie Sirenen hinter sich.
Der Polizist erkennt Rock Hudson nicht. Er glaubt ihm auch nicht, daß er so rasen muß, um rechtzeitig zu seiner Trauung zu kommen. Der Strafzettel kostet 27 Dollar.
Und weiter geht der Streß. Gegen sechs Uhr sind sie im Biltmore-Hotel in Santa Barbara. Henry Willson hat keinen Fotografen besorgt. Also das kommt für Phyllis nicht in Frage. Da heiratet sie schon den schönsten Mann von Hollywood, darf nicht darüber reden, und nun auch noch keine Bilder als „Beweis". Nein, ein Fotograf muß her.
Und Reverend Thorpe hat keine Ahnung, daß er einen Filmstar trauen soll. Sein Spruch für die beiden Unbekannten stammt aus dem Buch *Josua*, Kapitel 24, Vers 15: „Ich aber und mein Haus wollen dem Herrn dienen." Ja, wenn sie daran immer dächten, würde ihr gemeinsames Leben sinnvoll sein.
Phyllis ist ganz schwarz vor Augen, sie wird bleich, ist einer Ohnmacht nahe. Irgendwo von fern hört sie den Pfarrer sagen: „Do you take this man to be your lawfully wedded husband..." und bringt gerade ein dünnes „I do" heraus. Ihr Mann spricht laut und klar, steckt ihr den Ring an den Finger, küßt sie, alle küssen sich. Und dann bekommt die Presse zu fressen, sie rufen Hedda Hopper an, die Klatschkolumnistin, und schließlich speist die kleine Hochzeitsgesellschaft, und die Brautleute werden mit Reis beworfen, und um Mitternacht hebt ihre Maschine nach Florida ab.
Das Flugzeug ist nicht voll. Sie sitzen allein. Er legt seinen Arm um sie, sagt lächelnd: „Well, Bunting, we did it." Und sie antwortet: „Yes, darling, we did it." So schreibt es Phyllis Gates in ihrem Buch *My Husband Rock Hudson.* Die Hochzeitsnacht, die sie im Flugzeug verbringen, wollen sie nachholen, wenn sie ausgeschlafen haben. Doch als sie morgens todmüde von Miami-Airport ins Saxony-Hotel fahren, ist kein Zimmer für Charles Roy bestellt. Sorry, sie sind ausgebucht, haben eine Coca-Cola-Konferenz. Das

Hotel ist voll. Es gibt nur noch ein kleines Zimmer im achten Stock. Hudson nimmt es, und seine Frau ist entsetzt. Kein Platz, kein Ausblick, ein schmales Bett und eine nackte Glühbirne unter der Decke – also, wenn er nicht noch mal nachfragt, wird sie fragen. Er will kein Aufsehen, aber sie ist schon an der Rezeption. Sie seien auf Hochzeitsreise, sagt sie. Und da liegen auch bereits die Morgenzeitungen, „Rock Hudson geheiratet". Natürlich, irgendwie kam er ihnen doch gleich so bekannt vor, jawohl, ein Zimmer mit Ozean-Blick, sofort.

Mittags laufen sie einer Horde Journalisten in die Arme, nachmittags essen sie Krabben und trinken Wein, und Rock Hudson sagt seiner Frau, Hollywood sei ein Sumpf, ein böses Pflaster, voller mißgünstiger Leute, die Gerüchte verbreiten und schlimme Lügen. Nichts dürfe sie je davon glauben. Und als er das sagt, schreibt Phyllis Gates, hat er Tränen in den Augen.

Am Abend stehen sie lange auf dem Balkon und hören der Brandung zu. Die Luft ist lind, die Lust wird groß, sie umarmen sich. „Und dann gingen wir ins Bett und liebten uns leidenschaftlich, liebten uns so gut wie noch nie, nicht so kurz und hektisch, wie wir es sonst so oft getan hatten."

Ein Kollaps in der Hochzeitsnacht

Wie Zarah Leander ihren dritten Mann mit der Ambulanz in die Flitterwoche bringt

Irgendwann 1955, hoch über den Wolken im Jet, fragt sie den Kapellmeister Arne Hülphers: „Willst du mich heiraten?" Und er sagt: „Auf diese Frage warte ich schon jahrelang."

So ist sie, die kesse Zarah Leander. So ist sie noch mit 48. Liebe und Canasta sind ihre Hobbies. Und beides spielt sie nur zu zweit. Das tut sie zum erstenmal mit zwanzig, zum zweitenmal mit 25, und sie singt aus rostiger Kehle: *Kann denn Liebe Sünde sein* und *Nur nicht aus Liebe weinen.*

Liebe und Canasta, sagt Zarah Leander, seien ihre Hobbys. Und beides spiele sie nur zu zweit

Die Revue-Sängerin, die in Wien groß wird und in Berlin Furore macht, kokettiert in ihren Memoiren *Es war so wunderbar!* mit ihrem erotischen Appetit und dem der anderen. Alle haben sie gemocht, auch alle da oben. Mit Hitler hat sie Hähnchenbeine geknabbert und ihm Ratschläge für seine widerborstigen Haarsträhnen gegeben. Den Reichswirtschaftsminister Walter Funk hat sie unter den Tisch getrunken. Ach, und Goebbels. „Ich pfeife darauf, was man meint und glaubt und denkt", schreibt sie, „und erkläre offen: Goebbels war ein interessanter Mensch. Er mißfiel mir nicht."

Und sie ihm offenbar auch nicht. Als er sie in seine Villa nach Schwanenwerder bittet und sonst niemanden geladen hat, und als er bei Kerzenschimmer Chopin auf dem Flügel „klimpert" und eine Batterie von Flaschen hat kommen lassen, und als sie dann zum Sofa schielt mit all den vielen Seidenkissen, ja, da hätte er gern ein wenig von Zarah genascht, dem Ufa-Star aus Mittelschweden. Aber so weit geht Frau Leander nicht mit ihrem „züchtigen Leib". Sie scherzt und klopft ihm auf die Finger, und Herr Goebbels kann ihr gar nicht böse sein, sagt: „Sie sind so herrlich frech" – schreibt sie blauäugig wie vor tausend Jahren.

Nun schlägt sie ein letztesmal auf die Pauke, heiratet den dritten Mann. Arne Hülphers hat sie 1955 als Pianist auf einer Tournee begleitet, drei Monate singt sie vor vollen Häusern, sie sind ein zugkräftiges Paar, und der Sommer ist heiß, und sie trinken Grapetonic mit Ginspritzern. Aber warum sagt er denn nichts. „Kann er den Mund nicht aufmachen?" Da macht sie den Antrag über den Wolken.

Sie mieten sich eine Wohnung in Göteborg und heiraten im Januar 1956. „Die Hochzeit", schreibt Zarah Leander, „hatte etwas von einem Sportereignis, einem Titelkampf in fünfzehn Runden. Alle waren da, ganz Europa war anwesend. Die Fotoblitze zuckten, angefangen von der Trauung in der Börse ... bis zum Empfang und Lunch im Restaurant Lorensberg."

Am Abend ist das Brautpaar total erschöpft. Er hätte lieber in „aller Stille" geheiratet. Sie nicht. Dann hätte sie ja „auf einen Applaus verzichten" müssen. Niemals. Nun ist ja auch alles überstanden, nun gehen sie in ihre Wohnung, wollen verschnaufen, noch ein Häppchen Kaviar essen. Sie hat doch alles in der Küche schon auf Eis gelegt, auch Champagner.

Ja, sie muß zugeben, es war die anstrengendste Hochzeit ihres Lebens. Fünfzig Fotografen und immer lächeln. Und immer einen kecken Spruch zur Hand. Aber sie schafft das schon, die „alte Fregatte", sie ist nicht so schnell „auf Grund zu bohren". Nun sitzt sie in der Küche und löffelt Kaviar und trinkt ein Gläschen, und der Bräutigam kommt einfach nicht, kneift wohl.

Also nicht bei ihr. Sie wird ihm schon Beine machen. Ruft. Keine Antwort. Sie mit festem Schritt ins Brautgemach. Da liegt er auf dem Bett. Will er die Hochzeitsnacht alleine feiern? Sie schüttelt den Gatten. Aber der kommt nicht mehr hoch. Arne Hülphers hat einen Kreislaufkollaps.

Sie fahren mit der Ambulanz ins Krankenhaus. Der Gatte kommt ins eine Stockwerk, die Gattin ins andere. Doch, doch, sagt der Arzt, ihr täte es auch ganz gut, mal auszuspannen. Und so verbringen die beiden denn ihre Brautnacht in verschiedenen Krankenzimmern und schreiben sich eine Flitterwoche lang Briefe vom einen Stockwerk ins andere.

Die Hochzeit mit Arne Hülphers hat für Zarah Leander „etwas von einem Sportereignis, einem Titelkampf in fünfzehn Runden". In der letzten Runde ist sie die Siegerin

Es brennt das Bett und explodiert

Warum der Konzertmanager Fritz Rau eine heiße Hochzeitsnacht erlebt

Heiligabend geht er ins „Cave", seine alte kleine Jazzhölle von Heidelberg, diesen linken Studentenkeller mit Underground-Feeling. Natürlich ist der Laden an diesem Abend dicht, aber er hat einen Schlüssel. Er macht alle Lichter an, holt sich drei Flaschen Rotwein, trinkt sie nacheinander aus.

Gott, was haben sie hier für Musik gemacht. Gedichte gelesen. Und mit Ex-Generälen übers Dritte Reich gestritten, über den Rassenwahn und die Konzentrationslager. Jetzt veranstaltet Fritz Rau selbst Tourneen mit Norman Granz und Oscar Peterson.

Nach der dritten Flasche ist der junge Mann sturzbetrunken. Und als er dann noch vierzig Flaschen an die Wand geworfen hat, plumpst er bewußtlos hin. Er mag einfach kein Weihnachtsfest feiern. Auch das von 1956 nicht.

Silvester hat er sich von seinem Heiligabend-Blues einigermaßen erholt. Er geht in eine gemütliche Gaststätte an der pfälzischen Weinstraße, bestellt was zu essen, er hat doch ewig Hunger. Und dann sieht er eine Frau in der Tür, und es trifft ihn der Schlag. Es ist die Frau, der man nur einmal im Leben begegnet. Sie setzt sich neben ihn. Mit ihrem Verlobten. Rau ist schon wieder einer Ohnmacht nahe.

Der Begleiter verschwindet mal, als ihr Nachtisch kommt. Gebakkene Banane. So was hat Rau noch nie gegessen. Seine Gier danach ist gewaltig. Er fragt: „Können Sie mir etwas von Ihrer Banane abgeben?" Warum sollte sie, sagt sie kühl und fängt an zu essen.

„In einem richtigen Anfall von Wahnsinn", sagt Rau, „so wie es Bukowski immer beschreibt, hab' ich ihre Hand gepackt mitsamt der Gabel und hab' einfach in die verdammte Banane hineingestochen und sie mir direkt in den Mund geschoben." Erst ist sie fassungslos, dann fängt sie schallend an zu lachen.

Er stellt sich vor. Fritz Rau. Sie heißt Hildegard Fast. Sie kennt ihn nicht. Schade. Hat noch nichts von ihm in den Zeitungen gelesen. Da muß er bei Null anfangen und in kürzester Zeit diesen dynamischen Schönling, diesen Verlobten da austricksen. Also ist er „Heinz Erhardt und Rainer Maria Rilke in einer Person". Und wirbelt sie auf der Tanzfläche herum, und danach kommt ein Blues. Ja, der wirkt schon. Und dann duzt er sie und küßt sie kurz

vor Mitternacht und sagt: „Ich bitte dich um Verständnis, aber ich möchte jetzt einfach nicht mehr, daß du noch mit einem anderen tanzt." Und sie gibt ihm ihre Adresse und entlobt sich noch in selbiger Nacht.
Nicht, daß Rau der große Zampano wäre, Herr über alle Betten. Die Hure im Puff von Barcelona hat es schwer gehabt, ihm die Unschuld zu nehmen. Und das ist ja erst ein paar Jahre her, war kurz nach dem Abitur. Für ihn ist das „Bett der Lüste" damals eher ein elektrischer Stuhl. „Das Mädchen hatte seine liebe Not mit mir. Ich war total passiv und eigentlich am Koitus nicht wirklich interessiert." Er ist ganz einfach freudlos, hat auch Angst, zahlt am Ende umgerechnet fünf Mark für die Schwerarbeit, „aber die Befriedigung fand ich erst später, in meinem Hotelzimmer, allein".
Und auch das ist natürlich damals so eine Sache. Von Onanie schwindet das Rückenmark. Das sagt man den jungen Leuten noch nach dem Krieg. Horrorgeschichten über Krücken und frühen Tod machen die Runde. Vor nichts schrecken Pfarrer und Lehrer doch zurück. Und die Eltern klären auch nicht auf. Also tuschelt man. Und hat keine Ahnung. Lebt im Lande des Puritanismus. Und irgendwann befühlt man vorsichtig seinen Rücken. Also total verklemmt durch die Gesellschaft?
Ach wo, sagt Fritz Rau, die Umwelt hat ihn nicht beengt. „Ich selbst war verklemmt." Aber dann hat er ganz einfach die Leistung verweigert, sich nicht an die Regeln der Zeit gehalten. Nach dem Nationalsozialismus, sagt er, wäre die Alternative der Kommunismus gewesen. Aber was tut er? Wählt die Anarchie. Macht nicht mit, macht gegen. Kauft sich einen schwarzen Existentialistenpullover, tut noch was Rotes um den Hals – und geht Leute verblüffen. „Ich lasse mir nichts vorschreiben", sagt er sich, „ich bin Anarchist." Und deshalb sind für ihn die fünfziger Jahre eine Zeit der Befreiung. „Und ich selber hatte die Freiheit, unter Brücken zu schlafen oder mich kaputtzumachen oder – später – auf Frank Sinatra zu verzichten." Er ist „unmöglich, um das Mögliche zu erreichen".
Hildegard zum Beispiel. Aber da benimmt er sich so unmöglich, daß sie ihn nicht wiedersehen will. Nach dem Silvesterabend läßt Rau drei Monate nichts mehr von sich hören. Das reicht. Jetzt legt sie den Hörer auf.
Er wird das schon in Ordnung bringen. Chaos zu schaffen und zu bändigen ist eine seiner leichtesten Übungen. Er macht mit der Jazz-Band im VW-Bus einen kleinen Umweg, fängt Hildegard zu Hause ein, schleppt sie mit, läßt sie nicht mehr los. So einfach ist das.
Dann schreibt er ihr jeden Tag. Als er mit dem Oscar Peterson-Trio unterwegs ist, lädt er sie ein und übernachtet mit ihr zum erstenmal im Hotel. Als er sie am Morgen zum Bahnhof bringt, fragt er: Hast

du Geld? Sie hat. Hundert Mark. Davon kauft er zwei Verlobungsringe. Neunzig Pfennig muß er selbst in den Hosentaschen zusammenkratzen. Aber vor der Hochzeit schreckt er immer wieder zurück. Zu festgelegt, zu bürgerlich. Und dann will sie ihn auch wieder auf die Universität schicken, das ist doch alles nichts.
Hildegard kommt vom Arzt und ruft bei Rau an: Sie bekommt ein Kind. „Auf einmal hatte ich keine Angst mehr, saß nur bei meiner Hildegard und hab' jeden Tag ihren Bauch befühlt und ihr einen richtigen Heiratsantrag gemacht." Dazu legt er die Platte *Angel Eyes* auf.
Am 28. August 1957 verkneifen sich beide Heiratskandidaten auf dem Standesamt das Lachen. „Diese unterbezahlten Beamten mit ihren hohlen Reden", sagt Rau. Ihm tun wirklich alle Leute leid, die nur im Rathaus heiraten. In der Kirche bewegen ihn die Worte des Pfarrers tief. Er spürt, „daß hier etwas Einmaliges passiert, das sogar einem Anarchisten die Tränen in die Augen treibt".
Am späten Abend gehen zwei Verliebte im kleinen Bad Bergzabern spazieren. Nicht lang, denn es ist kalt, und sie frieren. Als sie ins Hotel zurückkommen, hat das Zimmermädchen schon einen Heizofen ans Bett gestellt.
„Es war eine turbulente Hochzeitsnacht", sagt Fritz Rau. Denn irgendwann weit nach Mitternacht sind die Glühdrähte des Elektroofens durchgeschmort, die Daunendecke fliegt vom Bett, der Bezug kokelt erst und brennt dann lichterloh, und die Sprungfedern unterm Brautpaar explodieren.

In der Kirche bewegen ihn die Worte des Pfarrers. „Ich spürte, daß hier etwas Einmaliges passiert, das sogar einem Anarchisten die Tränen in die Augen treibt", sagt Fritz Rau, der 1957 Hildegard Fast heiratet

Über die Schwelle in die frische Wäsche

Wie Uwe Seeler die Hochzeit des Jahrhunderts feiert

Er heiratet am Mittwoch, weil am Sonntag ein Spiel ist, und bei einem Spiel muß er fit sein, da kennt er kein Pardon. Der Aufstieg zum Fußballhelden von Hamburg und der ganzen Nation hat nichts an seiner Einstellung geändert: Uwe Seeler, der brave Bursche aus der Unterschicht, rennt auch auf dem Weg zum Millionär noch nach dem Ball wie um sein Leben. Mit einem Fest am Freitag und gar noch einer Hochzeitsnacht könnte er schwerlich „volle Kraft voraus" garantieren.

Es ist überhaupt alles geplant. Ilka, die Clubkollegin aus der Handballabteilung, lernt den jungen Mann 1953 kennen, und da weiß sie schon: Das ist er. Zu jedem Geburtstag, zu jedem Weihnachtsfest wünscht sie sich ein Stück zur Aussteuer hinzu, Bettwäsche, Handtücher, Bestecke, Töpfe, wie sich das gehört. Und als der Termin der Hochzeit feststeht, geht sie säuberlich durch, was noch fehlt, macht eine Liste, notiert für Freunde und Verwandte die Geschäfte, wo man was bekommt – es muß ja seine Ordnung haben.

Als Uwe Seeler bei Ilkas Mutter um die Hand der Tochter anhält, sagt die: „Nee, min Jung, du willst die Deern heiraten? Die kann ja nicht mal Wasser kochen." Und wenn er der Deern von Auslandsreisen Geschenke mitbringt, sagt sie: „Verwöhn' mir das Mädel nicht so." Natürlich, wer kann sich in den frühen Fünfzigern schon so viel leisten.

Der junge Seeler leistet sich vor allem Kino. Er geht mit Ilka in Western- und Revue-Filme, die mag er zu gern. „Aber eigentlich ging man natürlich zum Händchenhalten hin", sagt er.

Sonst hat alles seine Ordnung. Nach dem Antrag kommt die Verlobung mit Ringen bei den Eltern des Bräutigams in der Bismarck Straße, Hamburg-Eimsbüttel. Danach darf Ilka ihren Verlobten sogar nach Schweden zur Weltmeisterschaft begleiten. Mit Charter. Und als Verlobte kann sie bei Festen dabei sein und im Clubhaus essen. Und dann bauen sie ein Haus, draußen vor den Toren Hamburgs, in Norderstedt, ausgerechnet „Weg am Sportplatz", dort, wo heute das Bundesliga-Team trainiert und die Jugendabteilung zu Hause ist.

Er kann sich damals schon ein großes Haus leisten, aber er baut ein kleines. Eine Urzelle sozusagen. Später kann man ja ausbauen. Tut er auch. Ein paarmal. Heute hat das Haus Villenmaße. Und ein Swimmingpool kommt hinzu, als Swimmingpools das Größte sind. Der ist inzwischen wieder zugeschüttet – ist ein gemütliches Schlafzimmer geworden. Das Grundstück war damals billig. HSV-Mäzen Paul Hauenschild hat Seeler wegen seiner Verdienste um den Verein einen Sonderpreis gemacht. Eine Mark pro Quadratmeter. Ein symbolischer Preis.

Nur keine Schulden machen, ist Uwe Seelers Devise, nur nicht über seine Verhältnisse leben. „Man muß ruhig schlafen können", sagt er. Wie Konsul Buddenbrook. Der hanseatisch korrekte Großkaufmann sagt bei Thomas Mann: „Sei mit Freude bei den Geschäften am Tage, aber mache nur solche, daß du nachts gut schlafen kannst." Er hat doch bei Null angefangen, sagt Seeler. Hat gespart. Und nie mehr ausgegeben, als er hatte.

So spielt er auch Fußball. Nicht mit dem Lorbeerkranz auf den frühen Geheimratsecken, nicht mit dem Bewußtsein, ich kann ja, macht ihr mal. Nein. In jedem Spiel läuft er sich die Lunge aus dem Leib, bei Regen, bei Matsch, bei Affenhitze. Bis zur letzten Minute, mit Blut am Bein, mit Wunden an der Wade. Jede Mark hat er sich ehrlich verdient. Und mehr als diese Mark gibt er nicht aus.

Natürlich schenkt er seiner Frau etwas Besonderes zur Hochzeit. Einen Brillantring. Doch auch den sucht er nicht nach Schein und Lust aus, er läßt sich etwas empfehlen. „Ich hatte einen guten Schmuckberater." Und was trägt er zur Hochzeit? Einen dunklen Anzug, gediegen, aber nicht übertrieben. Keine Spur von Jet-set. „Wir wußten doch damals gar nicht, wie man ‚Smoking' schreibt", sagt er.

Rechtshänder Uwe Seeler posiert im HSV-Clubraum mit seiner Frau Ilka für die Fotografen an der Hochzeitstorte. Anschließend führt die Polonaise treppauf, treppab. „Wie die Verrückten sind wir durch die Räume gefegt."

Nur keine Experimente – ist auch so eine Seeler-Devise, nicht nur Adenauers Wahlspruch. Zwei Jahre nach der Hochzeit will Inter Mailand das Super-Talent für eine Million kaufen. Das ist Wahnsinn. Das hat es noch nie gegeben, eine solche Ablösesumme, eine solche Verführung.

Als Uwe Seeler ablehnt, feiert ihn der Theologie-Professor Helmut Thielicke als Leitbild der Jugend. In einem berühmt gewordenen Brief schreibt er dem Fußball-Idol: „Sie sind ein viel zu guter Sportsmann und haben einen zu verläßlichen Charakter, als daß Sie sich nicht selbst die Frage gestellt hätten, ob derartige Praktiken nicht der Ruin des Sports seien, ob seine Idee und sein Ethos nicht dadurch vergiftet würden."

Ach, an Ethos denkt Uwe Seeler da am wenigsten. Er fragt sich eher, wo das Talent bessere Früchte bringt: Im Experiment, das ihn nachts nicht schlafen läßt, oder auf dem langsamen, aber sicheren Weg. Wie beim Hausbau. Wie bei der Heirat. Sechs Jahre kennt er Ilka. Ein Jahr ist er mit ihr verlobt. Nun kann er getrost heiraten. Es wird keine Überraschungen geben.

Am 18. Februar 1959 fährt das Brautpaar im weißen Mercedes 300 eines Freundes zur schönen alten Eppendorfer Kirche. Die Kreuzung muß von der Polizei abgesperrt werden. Die Hamburger wollen ihren Uwe sehen. „Das hat mich tief beeindruckt", sagt Uwe Seeler. Ach, und er ist so aufgeregt. Dabei kennt er Pastor Gerber doch, diesen weltlichen Pfarrer, der in seiner Predigt aus dem Sport eine wirkliche Lebensphilosophie zieht, aber keine Spur abgehoben. „Im Sport kannte er sich bestens aus", sagt Seeler. „Der wußte, was läuft." Als das Brautpaar die Kirche verläßt, muß es durch das Spalier roter Hosen und weißer Hemden einer Jugendmannschaft.

Gefeiert wird im Clubhaus an der Rothenbaumchaussee. Es gibt Sekt zum Empfang. Carstens SC und Söhnlein. Viele Gäste ziehen Silberstäbchen aus den Westentaschen. Natürlich, es ist die Zeit der Sektquirle. „Nur, bei diesen Sorten mußte man drei Tage rühren, bis das Zeug draußen war."

Nach dem Sekt gibt's Geschenke, nach den Geschenken Kaffee und Kuchen, nach Kaffee und Kuchen das Abendessen. Vater Erwin Seeler hält eine Rede. Die Drei-Mann-Kapelle spielt *Was machst du mit dem Knie, lieber Hans*. Die Polonaise geht durch's ganze Clubhaus, „wie die Verrückten sind wir durch die Räume gefegt", und zwischendurch trinken sie „Bommi mit Pflaume", dieses sensationelle Getränk der fünfziger Jahre, den Bommerlunder, dessen Pflaume mit bunten Plastikstäbchen aus dem Glas gefischt wird.

Gegen halb zwölf kommen ein paar Jungs von *Bild* vorbei und zeigen der Gesellschaft mal, was sie da feiern, die „Hochzeit des Jahrhunderts" nämlich, so steht es da in fetten Lettern. Und sie haben das Brautpaar auf T-Shirts gedruckt. Und die kleine Kapelle spielt jetzt wie der Teufel, weil es Mitternacht ist und Ilkas Schleier beim Tanz zerrissen wird. Uwe wirbelt sie dabei mit Nachtmütze und Pantoffeln herum, und dann ist es ja auch längst mal wieder Zeit für einen „Bommi mit Pflaume“. Die letzten Gäste werden früh um fünfe rausgefegt.

Ilka und Uwe Seeler bleiben bis halb zwei. Dann steigen sie etwas angetütert und mit hochgerafftem Brautkleid in ihren stratosilbernen VW und holen erst mal den „Köter“ bei seinen Eltern ab, diesen „serbischen Steppenmischling“ aus Schäferhund und Königspudel, und in zwanzig Minuten sind sie draußen in Norderstedt. „Natürlich habe ich Ilka über die Schwelle getragen“, sagt Uwe Seeler. „Da fing mein Training an!“

Sie schlafen zum erstenmal im neuen Haus. Dabei ist es längst fertig. Aber sie wollten mit der Hochzeitsnacht beginnen. Ilka Seeler hat alles vorbereitet, alles ist tipptopp in Ordnung, die Betten nie zuvor benutzt und frisch bezogen und aufgeschüttelt.

Von wem sind sie aufgeklärt worden? Die Braut vom Vater. Der hat ihr in einem Ärztebuch an ausklappbaren Männern und Frauen gezeigt, was so alles passieren kann.

Der Bräutigam ist nie aufgeklärt worden. Aber er hat rechtzeitig dies und das bei den älteren Spielern aus der Mannschaft aufgeschnappt. „Den Rest haben wir uns mit der Zeit beigebracht“, sagt Uwe Seeler. „Eigentlich war man schon ziemlich hilflos.“

Als das Brautpaar nach der Trauung in der Eppendorfer Kirche vor die Tür tritt, erwartet sie ein Spalier roter Hosen und weißer Hemden

Ein Brötchen bändigt die Wildsau

Wie der Zeichner Horst Janssen dem Adel zu einer Sternstunde verhilft

Die Frau seiner Lüste fährt von Rosenheim über Hamburg in ihr Schloß nach Schleswig-Holstein. Er rast zum Bahnhof, kauft *Stern*, *Bunte*, *Quick*, Milka, Nougat, küßt das schöne Kind im Abteil der dritten Klasse, zieht einen Lappen Geld aus der Tasche, da, sie soll sich in die erste Klasse setzen, es pfeift, er springt ab, sie winken. Ja, sie wird anrufen.

Verena von Bethmann Hollweg, Enkelin des Reichskanzlers von Kaiser Wilhelm II., wird Horst Janssens Frau. Aber das weiß er noch nicht. Und sie auch nicht. Er war auch schon zweimal verheiratet, aber dafür ist er erst dreißig Jahre, und er kennt Verena schon seit ein paar Wochen, und sie ist zwanzig und hat „Arme wie frische Brötchen", was will er mehr.

Verena ruft an. Janssen soll nach Schloß Altenhof kommen. Sie will ihn den Eltern vorstellen. Himmel, Janssen war noch nie auf einem Schloß. Er ist Buden gewöhnt, Höhlen, schläft auch schon mal in der Badewanne, und wenn Geld naß wird, kommt es auf die Wäscheleine. Aber was macht man mit Adel? Wie grüßt man den überhaupt? Also, verbeugen wird er sich nicht. „Du sagst einfach ‚Guten Morgen, Herr von Bethmann Hollweg'", sagt Verena.

Janssen sitzt im Salon. Er guckt auf seine Schuhe. Sieht doch ganz manierlich aus, denkt er. Eine alte Freundin hat ihm noch gestern die Taue schwarz gefärbt, die statt Schnürsenkeln in seinen Schuhen stecken. Geht doch alles.

Achtung, ein Herr kommt. Janssen springt auf: „Guten Morgen, Herr von ..." Verena knufft ihn in die Seite. Das ist doch der Butler. Mittags kommt ein anderer. Er wieder auf: „Guten Morgen ..." Das ist wieder der Butler – umgezogen. Und eine halbe Stunde später kommt der Gärtner, und Janssen steht nicht auf und hält den Mund, und der Gärtner ist der Hausherr. „Er liebte mich auf den ersten Blick", sagt Janssen.

Die Mutter nicht. Dabei kennt die sich in der Malerei aus, hat selbst bei Derain und Léger studiert, aber sie hat zu schlimme Sachen über diesen versoffenen Künstler aus Hamburg gehört, der wie ein Gott zeichnet und wie ein Teufel zusticht, wenn Eifersucht sich mit Alkohol vermischt. Ja, er hat eine seiner Leidenschaften mit dem Messer angefallen, machte sieben Monate mit Bewährung. Immerhin, das ist sieben Jahre her. Aber was man sonst so hört,

Schlägereien, und er fährt Auto und hat keinen Führerschein, kriecht auch mal am Haus die Regenrinne hoch, wenn die Angebetete nicht öffnet, und dauernd nimmt er irgend jemandem die Frau weg. Und ein Kind hat er auch schon.
Trotzdem machen sie mit der Mutter eine kleine Tour im „Mahagoni-Mercedes". Die Liebesleute sitzen im Fond. Plötzlich sagt Verena: „Mama, ich heirate Janssen." Janssen sagt heute: „Ich wußte ja auch nichts davon." Aber ihm kann's recht sein, dem Kleinbürger, dem Snob, der nach oben will. Aber der Adel will nicht nach unten. Und deshalb kam, wie Janssen sagt, „die Chose mit dem Bremsfuß", der Wagen steht, die Mutter ist entsetzt. Der

In Schloß Altenhof geht der Zeichner und Bürgerschreck Horst Janssen vor seiner Braut Verena von Bethmann Hollweg in die Knie. Die Enkelin des Reichskanzlers von Kaiser Wilhelm II. wird Janssens dritte Frau. Doch seit er sie kennt, heißt Ehe für ihn nur noch „Verena"

Vater sieht das nicht so eng. „Ich höre, Ihre Geschäfte gehen gut", sagt er zum Zeichner. Die Bethmanns hätten halt nur einen Namen, aber kein Geld, das müsse er schon selbst besorgen. Wird er. Denn er hat die Nase voll von seinem bisherigen Leben. Mit allen hat er sich doch überworfen. Mit dem Galeristen Brockstedt, mit dem Maler Paul Wunderlich, er muß das alles mal in Ordnung bringen, dazu braucht er Ruhe.

Vor allem aber Ruhe zum Arbeiten. Die Ruhe wird Verena ihm geben. Die ersten Ehen gelten nicht mehr. Ehe – das heißt jetzt Bethmann Hollweg.

„Natürlich selbst" – Horst Janssen in einem von tausend Selbstbildnissen. So sieht er sich 1975

Er tut alles für diese Verbindung. Er geht zur Fasanenjagd. Geht zum Konfirmandenunterricht, um sich taufen zu lassen. Steckt auch meist in der Gesindeküche, weil er da keinen Fehler machen kann. Flippt nur einmal auf der Verlobung aus, als Verenas Onkel mit ihm anstoßen will und Janssen, der Flegel, einfach sitzen bleibt und Schwiegermutters adeliger Ellenbogen sich in seine Rippen bohrt: „Stehen Sie auf, junger Mann!" Da rennt er empört davon, Verenas Mutter hinterdrein. Sie jagen durchs Schloß, hoch die Treppen, im Plättzimmer stehen sie sich keuchend gegenüber. „Ich bin Napola-Schüler", brüllt Janssen, „wer gehorcht, das seid ihr!"

Ach, wie oft wird er noch mit dem Nazi-Drill der National-politischen Erziehungsanstalt drohen, wie oft die Leute noch in den Hintern treten. Aber jetzt sieht Verena beinahe die Hochzeit platzen. Doch es ist wohl schon zuviel vorbereitet. Zwölf Adelshäuser aus dem Norden haben bereits ihr gemeinsames Hochzeitsgeschenk eingekauft: einen kleinen Kühlschrank für das junge Paar. Und Janssens Cutaway ist fertig. Du liebe Güte, Janssen im Cut mit Plastron am Hals, nicht auszudenken, Horst-Christian Maske von Sternheim. Und Walzer tanzen kann er auch, Brockstedt hat es ihm beigebracht, und weil Janssen perfekt sein will, übt er allein mit dem Besen weiter. Also, die Hochzeit kann steigen.

Sie steigt zum Erntedankfest 1960. „Es sollte eine richtige Hochzeit sein", sagt Janssen, „mit Fähnchen und Volk am Straßenrand." Und ein geistreicher Bürgerschreck entzückt in den festlich geschmückten Räumen die Plessens und Rantzaus zwischen Suppe und Dessert mit witzigen Reden. Daß sie die Wildsau der Boheme in ihre Trophäensammlung aufnehmen, nennt Janssen später „die letzte Sternstunde des deutschen Adels".

Aber an die Hochzeitsnacht kann er sich nun wirklich nicht erinnern. Sie haben doch so viel getrunken, und beim Tanzen ist das ganze Zeug in den Kopf hochgeschwappt, nein, wirklich, keine Ahnung. „Also, ich mach' mal die erste Nacht zur Hochzeitsnacht, an die ich mich wieder erinnere", sagt er. Das ist die Nacht auf dem Bananendampfer, mit dem sie in die Flitterwochen fahren, Azoren, Kolumbien, Panama-Kanal und so.

Da ist er nämlich zuerst noch verdammt nüchtern. Aber die Freunde machen zum Abschied im Hafen eine richtige Party, da ist er bald voll Sekt, und irgendwer steckt ihm eine Flasche Campari oder Steinhäger zu, die kippt er hinunter, an Bord muß er doch warten, bis der Alkohol nicht mehr unter Zollverschluß steht. Das dauert. Aber dann, auf hoher See, trinkt er sich satt.

Nachts zwischen drei und vier schwankt er sternhagelvoll von der Bar in die Kajüte. „Ich also rein und ans Bullauge, um noch mal Luft zu kriegen", und was sieht er? Mann über Bord! Er weckt seine Frau. Die sagt: Laß mich in Frieden. Er raus an Deck. Alle Mann mal herhören! brüllt er durch die Nacht. Mann über Bord! Maschinen stoppen! Warum hört denn da niemand? Er schreit runter in die Maschinenräume, schreit: Ich bin ein Freund des Reeders! Alle Maschinen stop! Aber niemand gehorcht seinem Befehl.

An Deck steht derweil Verena Janssen im Hemde der Nacht, fragt einen: Haben Sie meinen Mann gesehen? Ja, wenn Sie den Verrückten da meinen, der ist... Ja, wo ist er denn? Janssen ist weg. Janssen über Bord?

„Aber ich saß am Ende des Schiffes, da, wo die Fahne immer flattert, da hockte ich am Boden, rang die Hände und betete." Er betete zwischen Tau und Takelage für den, der nicht mehr an Bord kommen kann, weil er nie von Bord gegangen ist. Janssen hat die Leuchtfeuer vor Hollands Küste gesehen. Zwei Tage traut er sich nicht mehr an Deck. Aber dann lockt der Schnaps – siebzehn Pfennig das Glas.

Zwölf Jahre nach der Hochzeit zeichnet der Meister seine Verena Janssen mit zartem Strich

Mausebär in der Speisekammer

Wie Ulrike Meinhof und Klaus Rainer Röhl heiraten, um ein Haus mieten zu können

Sie verloben sich in Krögers Bierstuben. Eigentlich ist das nur so eine Schnapsidee. Aber sie sitzen so gemütlich da, mitten unter Hamburger Arbeitern, und mögen sich gerade sehr und sagen zu den Leuten: Hört mal her, wir haben uns eben verlobt. Die finden das natürlich toll, und sie trinken zusammen, einfach so, am 13. September 1960.

Dabei findet Ulrike Meinhof diesen Klaus Rainer Röhl, als sie ihn in der Bonner Pressekonferenz der Atomgegner kennenlernt, einfach grauenhaft. Dieses arrogante Gehabe, dieser ewig schiefe Mund mit dem süffisanten Lächeln. Kann sie auf den Tod nicht ausstehen solche Typen.

Er findet sie auch gräßlich. So geradlinig, ernst und angestrengt. Eine sendungsbewußte Pazifistin mit christlichem Appeal. Nicht auszuhalten diese intellektuelle Redseligkeit. Und lachen kann sie wohl überhaupt nicht. „Es war Abneigung auf den ersten Blick", sagt Röhl. „Auf beiden Seiten."

Das ändert sich, als Ulrike Meinhof das Auslandsressort von *Konkret* übernimmt, dessen Herausgeber Röhl ist. Das linke Politmagazin der Studenten ist ziemlich heruntergewirtschaftet. Sie bringt mit ihren Leitartikeln wieder Schwung ins Heft, richtet ein Archiv ein, schafft überhaupt erst mal Ordnung in dem total verschlampten Laden. Das imponiert Röhl. „Sie kam da hereingestürmt in unsere Gruppe", sagt er, „brachte mit ihrem evangelischen Ernst den Marxismus über uns, lächelte über das Alte und setzte neue Maßstäbe. Auch Treue."

Denn die beiden, die sich zunächst nicht ausstehen können, lieben sich inzwischen. Angeber Röhl hat gottlob Qualitäten. Und nur „Qualität kann Qualität erkennen", sagt Ulrike Meinhof. Sie leben zusammen. Sie ist häuslich, kann fabelhaft kochen, gesund kochen vor allem, macht die verrücktesten Gerichte aus Gemüse. Röhl schmilzt dahin. „Und dann hörten wir Musik, redeten und liebten uns." Mit der Erotik haben sie nie Probleme gehabt, sind nicht verklemmt, wissen Bescheid. „Es stimmte", sagt Röhl.

Konkret stimmt auch wieder. Seit Ulrike Meinhofs Eintritt in die Redaktion schreiben Robert Neumann und Peter Hamm für das Blatt, Wolfdietrich Schnurre, Arno Schmidt und Hans Magnus Enzensberger. Und dann klagt Franz Josef Strauß gegen das Magazin, denn im Mai 1961 schreibt Ulrike Meinhof einen Artikel mit dem Titel „Hitler in euch". Darin heißt es: „Eine Revision des Antisemitismus kann sich nicht in Studienfahrten nach Israel erschöpfen, ist als Prosemitismus nur eine halbe Antwort, erfordert vielmehr die Absage an jeden politischen Terror... Wie wir unsere Eltern nach Hitler fragen, werden wir eines Tages nach Herrn Strauß gefragt werden."

Strauß klagt also. Gustav Heinemann verteidigt Ulrike Meinhof, die Klage wird abgeschmettert, die Kosten trägt die Staatskasse, die Publicity hat *Konkret.*

Röhl und Ulrike Meinhof wollen ein Haus mieten. Sie finden eins in Hamburg-Lurup. Der Besitzer fragt: „Sind Sie verheiratet?"

Am 26. Dezember 1961 heiraten Ulrike Meinhof und Klaus Rainer Röhl im Hamburger Bezirksamt Barmbek. Der Bräutigam hat das Hochzeitskleid in einem feinen Modeladen an der Alster gekauft

„Ja", sagen beide. Und beide fragen sich, warum sie's eigentlich nicht sind. Das Haus wollen sie unbedingt, und wilde Ehen haben in der Ära Adenauer keine Chance. Es ist eine prüde Zeit, auch wenn man in Studentenkreisen seine Abtreibungsadresse hat und schon ziemlich offen liebt, nicht versteckt unter der Decke, sondern drüber und mit Licht.
Der Kommunistischen Partei sind verheiratete Paare auch lieber. Röhl und Meinhof sind in der verbotenen KP, fahren einmal die Woche nach Ostberlin, treffen sich in konspirativen Wohnungen mit den „Eierköpfen der Partei", und die ertragen sie nur, weil sie anschließend den Sänger Ernst Busch besuchen und die Lyrikerin Sarah Kirsch und den Schriftsteller Volker Braun.
Gott, sind die Leute spießig in der SED. Zu Rosa Luxemburgs Zeiten hat man doch auch nicht geheiratet und trotzdem zusammengehalten. Jedenfalls sind die Herren drüben entzückt, als sie von einer bevorstehenden Heirat hören. Einem Ehepaar kann man trauen, einem Liebespaar nicht. Also gut, und es ist ja auch beschlossene Sache. Röhl bricht noch einmal kurz in die Freiheit aus, taucht in die Arbeiterklasse ab – zu einer Friseuse. Dann ist er überzeugt: Es gibt nur noch Ulrike Meinhof.
„Ich gebe dir zehn Jahre", sagt sie, „so lange sollst du mir treu sein." Das gefällt ihm. Und sie nennt ihn „Mausebär". Und er sagt: „Ich will in der Petri-Kirche heiraten, und von der Kanzel herab sollen Pastor Niemöller und Helmut Thielicke und der Studentenpfarrer Michalski predigen. Alle gleichzeitig, alle durcheinander, wie im Zirkus", und auf der Orgel soll Bach gespielt werden, und dann will er Lieder von Ernst Busch aus der DDR hören. Du spinnst, sagt Ulrike Meinhof. Sie ist auch entsetzt, daß Röhl zu Weihnachten einen Tannenbaum anschleppt. Das sei kein christlicher, sondern ein heidnischer Brauch. „Ich war keine Spur christlich", sagt er, „aber ein Baum mußte her."
Es muß auch ein Brautkleid her. Ulrike Meinhof hat nichts dagegen. Röhl kauft es bei „Gloria" an der Alster. Das ist einer der extravagantesten Läden damals. Er wählt ein Kleid aus weißer chinesischer Rohseide, es hängt noch heute bei ihm im Schrank. 450 Mark kostete es. Das ist 1961 eines Kapitalisten würdig.
Am 26. Dezember heiratet die 26jährige Ulrike Meinhof den 33jährigen Klaus Rainer Röhl. Die Trauung im Bezirksamt Barmbek ist zum Erbarmen. Ein scheußlicher Raum, ein paar Phrasen, zwei Ringe, eine Unterschrift und aus. „Ich hätte gern in der Kirche geheiratet", sagt Röhl. Ulrike Meinhof wirkt in ihrem feinen Kleid wie ein Fremdkörper. Die Trauzeugen Lili und Jürgen Holtkamp passen schon besser in die Umgebung mit ihrer bürgerlichen Kluft. „Wir waren ja schließlich Mittelstandskommunisten", sagt Röhl.
Nach der Trauung geht's nach Hause in die Lessingstraße 7. Sie bereiten zusammen alles für den Abend vor, bauen das Buffet auf,

Ulrike Meinhof kocht bulgarische Zwiebelsuppe. Die nennen sie so, weil noch niemand in Bulgarien gewesen ist. Kommt man ja damals gar nicht hin. Also kann auch keiner ein Gericht überprüfen. Und es soll natürlich schon was aus dem Ostblock auf den Tisch, eine gute kommunistische Suppe, die exotisch schmeckt.
Dann stellen sie überall Leuchter auf, und Röhl macht den Maître de plaisir, als die fünfzig Gäste eingetrudelt sind mit Platten, Büchern, Töpfen, Handtüchern und was man so schenkt zwischen Kopf und Küche. Erst hält Röhl eine Rede, dann holt er die kirchliche Trauung nach. Alle müssen sich setzen und den Mund halten, während er die *Hochzeitskantate* von Bach auflegt, Deutsche Grammophon BWV 202, „weichet nur, betrübte Schatten...“, Maria Stader singt Sopran. Und danach legt Röhl Busch-Lieder auf. Dann dürfen die Freunde aufstehen und tanzen.
Ulrike Meinhof tanzt Boogie-Woogie, sie tanzt wie eine Wilde. Röhl ist schon wieder in Aktion, sammelt Autoschlüssel ein, die Herren müssen geben, die Damen ziehen. Wem gehört der VW, wem der Kadett? Pärchen bilden sich, das Brautpaar führt die Polonaise an, raus auf die Terrasse, runter in den Garten, es ist eiskalt draußen, also zurück, ein Kuß unter der Tür, und rein in die gute Stube. Es ist eine Party, wie Parties Anfang der sechziger sind: Man tanzt, ißt, trinkt Sekt, Schnaps, Wein, steht rum, raucht, redet, und in der Küche ist es am gemütlichsten.
Röhl ist in der Küche. Vielleicht auch weil da Ingemäuschen ist, seine alte platonische Liebe. Also er ab mit Ingemäuschen in die Speisekammer, und da liegen sie in seliger Umarmung zwischen Zwiebeln und Kartoffeln. Das Fest ist auf dem Höhepunkt.
Da kommt die Braut. Sie geht energisch auf die Speisekammer zu, Tür auf, Ingemäuschen am Haarschopf gepackt, rausgezogen und gesagt: „Das ist jetzt mein Mann. Ist das klar?“
Nachts gegen zwei gehen die Gäste. Der harte Kern bleibt natürlich, Klaus Steffens und seine Frau und Peter Rühmkorf. Die klönen sich fest, machen Manöver-Kritik, und dann muß noch aufgeräumt werden, also irgendwann um vier oder fünf fällt das Brautpaar total geschafft ins Bett. „Aber bei der jugendlichen Art, die wir hatten“, sagt Röhl, „wird es auch noch zum Äußersten gekommen sein.“

Wälsungenblut in Hollywood

Wie Christine Kaufmann und Tony Curtis ihre Hochzeitsnacht vorwegnehmen

Als die Kindfrau mit Hut und Handschuh sechzehn ist, lernt sie das erwachsene Kind kennen. In Salta, in Argentinien. Sie verlieben sich ineinander, aber nicht so, daß sie die Sinne verlieren. Sie sind Verbündete vom ersten Augenblick, und es ist, als kennen sie sich ewig.

Gleich am ersten Abend schlafen sie miteinander. Und das 35jährige erwachsene Kind muß keine Jungfrau befreien, das hat die Kindfrau schon mit dreizehn hinter sich gebracht. Nein, sie verleben eine himmlische Nacht, sind wie Geschwister, die sich endlich wiedergefunden haben, sie werden *Taras Bulba* miteinander drehen, und jetzt haben sie Zeit, denn ihre Mutter kommt erst in drei Tagen. Eine Ewigkeit im Paradies für Christine Kaufmann und Tony Curtis.

Dann muß sie nach New York, weiterdrehen. Er kommt später nach. Also schickt er erst mal Blumen und ein Goldarmband. Sie ist schwer beeindruckt von ihm und der amerikanischen Freiheit.

Natürlich sieht die Mutter den Eindringling nicht gern. Sie möchte ihr Kind solange wie möglich für sich behalten. Schließlich lebt sie von Christine, lebt vom Rosen-Resli. Jawohl, sie hat die Tochter in die Filmerei hineingedrängt. Gott ja, gezwungen. Aber wer wird denn nicht am Ende gern ein Star. Und Christine ist doch ein Star geworden. Und nun schleicht sich da Nacht für Nacht ein Mann ins Hotelzimmer ihrer Tochter, der verheiratet ist mit Janet Leigh, seit zehn Jahren schon, und Kinder hat er, und mehr als doppelt so alt wie ihre Tochter ist er auch.

Tony Curtis mag Christines Mutter nicht. Und Christine selbst kommt sich käuflich vor, weil ein Teil ihrer Filmgage gleich an die Mutter weitergeht. Sie will auch einfach nicht mehr überwacht werden.

Später begreift sie ihre Mutter, die Französin ist, besser. Die hat in einem Kellerloch gelebt in München, hat einen deutschen Militärmenschen mit wenig Zivilcourage geheiratet, hat nie Geld gehabt. Und Christine hat gelernt von der Frau, die nichts verdrängen mußte. Alle Auschwitzfilme hat sie ihr gezeigt und gesagt: Sieh dir das an und vergiß es nie, das haben die Deutschen mit den Juden gemacht.

Nun zieht sie mit einem Juden durch die Weltgeschichte, genießt

den Luxus, trägt Valentino, lebt. Viele Juden in Hollywood sind später über Tony Curtis entsetzt, daß er diese „Nazikuh" geheiratet hat. Sie nimmt es ihnen nicht übel. Sie versteht ihre Position.
Ans Heiraten denkt Christine Kaufmann überhaupt nicht. „Ich war der Prototyp des Unschuldslamms", sagt sie, „ich war nie berechnend." Daß alle anderen sagen: Seht euch das kleine Biest an, angelt sich gleich den Hauptdarsteller!, weiß sie. So ist das eben in Hollywood. Sie will ihn nicht angeln, sie will mit ihm reden, denn mit ihm kann sie über alles sprechen, sogar über Gott. Er versteht auch, daß sie mit dreizehn aus der katholischen Kirche ausgetreten ist, weil sie keinen Gott ernst nehmen kann, „der alles weiß und dann doch die schlimmsten Dinge zuläßt": Hunger, Krieg, Auschwitz.
Es ist kein Problem, daß sie mit Curtis schläft. Sie leben ja nicht zusammen. In Hotels nehmen sie zwei Zimmer, in Hollywood wohnt sie gleich um die Ecke. „Das Problem ist vielmehr, kein Kind zu bekommen", sagt Christine Kaufmann. Irgendwann bleibt ihre Periode aus. Panik. Nicht bei ihr, sondern bei ihm. Sie ist eine Minderjährige, er würde ins Gefängnis kommen. Er hat verfluchte Angst. Sie sagt, er soll sich beruhigen, sie will ihn ja nicht heiraten, und ein Kind kann sie auch allein kriegen. „Tony, mit seinen wunderschönen, samtigen jüdischen Augen, die wir Germanen nie haben können", sagt sie, „war immer der Mann, von dem ich Kinder haben wollte." Aber jetzt kriegt sie noch kein Kind, es war blinder Alarm.
Eines Tages sagt Curtis zu ihr: Wir heiraten morgen. Einen Antrag macht er nicht. Sie sagt ungefragt ja. Sie kann gerade noch ein

Eines Tages sagt Tony Curtis zu Christine Kaufmann: „Wir heiraten morgen." Sie kauft in aller Eile ein Kleid von Valentino – und dann fliegen sie nach Las Vegas. Die Zeremonie dauert nur ein paar Minuten, aber die junge Braut ist tief bewegt und weint

Kleid kaufen, ein Valentino, hellblauer Chiffon, Tonys Luxussekretär besorgt die Ringe, und dann fliegen sie nach Las Vegas.
Alles ist vorbereitet im Hotel. Ein Zimmer in Pastellfarben, die Zeugen Anne und Kirk Douglas sind da, ein Friedensrichter kommt. Und plötzlich ist sie überwältigt. Die Feierlichkeit in den Worten erschreckt sie. Die Worte selbst erschrecken sie auch. Tony und sie sollen zusammenhalten „in guten und in schlechten Tagen“. Da ist ja „eine ganze Welt“ in einem Satz, denkt sie. In schlechten Tagen? Wie fürchterlich. Ein Schauspieler, der schlechte Tage sieht, ist tot. Sie merkt, hier wird nicht mehr gespielt, hier wird Ernst gemacht. Sie ist berührt und weint. Die Zeremonie dauert nur ein paar Minuten.
Die Braut ist in Trance. Weiß nicht mehr, ob sie noch gegessen haben und wo und was. Weiß nur noch, daß sie im Spielsaal 300 Dollar in Münzen verspielt – ganz entrückt in einer künstlichen, bizarren, irrealen Welt. „In meine Ehe bin ich wie in ein dunkles Loch gesprungen“, sagt sie.
In der Hochzeitsnacht probieren sie nicht das Kamasutra durch. „Ich bin nicht einmal sicher, ob wir überhaupt miteinander geschlafen haben.“ Sinnlichkeit und Sexualität dominieren nicht bei ihnen. Ihre Beziehung ist stärker, schwesterlich, brüderlich, fest umschlungen. Und sie amüsieren sich, daß sie in der Nacht der Nächte keine jungfräulichen Rätsel lösen müssen.

„Tony Curtis heiratet Teenager“ steht am Tag nach der Trauung in den Zeitungen. Da wird Christine Kaufmann klar, wie die Gesellschaft sie eingestuft hat

Ihre Hochzeitsnacht, sagt Christine Kaufmann, das war doch die in Salta, in Argentinien. Sie kommt zu Curtis ins Zimmer. Musik. Sie sagt nach ein paar Tönen: „Das ist Miles Davis.“ Er steckt ihr eine Kamelie ins Haar. Sein Körper ist so schön wie ihrer. Nicht doppelt so alt. Sie merken, wie ähnlich sie sich sind. „Wir haben sogar die gleiche Blutgruppe, Rhesus negativ“, sagt Christine Kaufmann. Und als sie sich lieben, lieben sie sich wie Geschwister. „Es war wie Wälsungenblut.“ Und sie hat keine Angst, ist frei, muß in kein anderes Zimmer, denn ihre Mutter kommt erst in drei Tagen. „Das war meine Hochzeitsnacht.“
Am Hochzeitsmorgen, dem echten, sieht sie zum Frühstück die Zeitungen. In zwanzig Zentimeter hohen Lettern steht da: „Curtis heiratet Teenager.“ Da wird ihr klar, wie die Gesellschaft sie eingestuft hat. „Es war mir egal.“ Egal ist ihr damals auch die Politik. Sie hat keine Ahnung von Kennedy und Rassenhaß, von Schweinebucht und Kuba. „Ich weiß nur noch, daß mein Arzt mir an dem Tag, als Kennedy erschossen wurde, sagte, daß ich schwanger sei.“

Ein halbes Hähnchen nach Karl Marx

Wie Rudi Dutschke seine Hochzeit mit Gretchen Klotz rechtfertigt

Mittags ißt Gretchen Klotz mit ihrer Freundin bei Aschinger in Berlin. Was, so billig kann man im Frühjahr 1964 noch essen? Fünfzig Pfennig für die Erbsensuppe, und das Brötchen gibt's gratis dazu. Klar, daß sich hier Studenten treffen. Mit noch ein paar Leuten ziehen sie dann auch weiter. Ins Aquarium. Verrückte Fische gucken. Und danach landen sie im Café am Steinplatz. Auch so ein Treff für Studenten.

Da sitzt sie durch Zufall neben Rudi Dutschke. Sie denkt, er ist Pole, weil er lauter polnische Bücher bei sich hat. Nein, sagt er, er will Polnisch lernen. Und sie erzählt, daß sie aus Amerika kommt, aus Chicago, wo die Eltern eine Apotheke haben. In der Nähe von München hat sie Deutsch gelernt, langweilig war's da. Jetzt ist sie gerade nach Berlin gekommen. Möchte Theologie studieren. Eine gute Sache, sagt Dutschke.

Anschließend gehen alle zusammen ins Kino, sehen sich *High Noon* an, die Geschichte von Will Kane, der es am Tag seiner Hochzeit mit einem üblen Revolverhelden zu tun bekommt. Danach trinken sie noch etwas. „Die anderen, die da waren, haben dann irgendwie entschieden, daß wir zusammengehören", erzählt Gretchen später dem Dutschke-Biographen Ulrich Chaussy. „Die fanden, wir passen gut zusammen. Na ja. Dann sind wir eben zusammengeblieben."

Aber nicht sehr lange, Dutschke denkt, daß eine Freundin seine revolutionären Aktivitäten negativ beeinflußt. Er scheut Bindungen, sagt, sie solle gehen. Das tut sie. „Ich war traurig", sagt sie. „Ich reiste zurück nach Amerika und habe lange nachgedacht."

Eines Tages liest sie in der Chicagoer Zeitung von einer Demonstration gegen Moise Tschombé. Der Ministerpräsident aus dem Kongo ist den engagierten Studenten von West-Berlin nicht willkommen. Er hat die Finger bei der Ermordung seines fortschrittlichen Vorgängers Patrice Lumumba im Spiel gehabt. Er unterhält weiße Söldner, bereichert sich auf Kosten des Volkes, und nun will er nach dem Papst, nach Lübke, nach Kardinal Döpfner und den Wirtschaftsbossen auch noch vom Regierenden Bürgermeister Willy Brandt in Berlin hofiert werden. Da protestieren die Studenten. „Congo oui – Tschombé non."

Gretchen bekommt Heimweh nach Berlin und Rudi Dutschke. Sie

liebt ihn. Sie schreibt einen Brief an ihn, bittet, zurückkommen zu dürfen. Das ist Anfang 1965. Ach, er ist ja so unentschlossen, der Revolutionär, der Soziologie studiert. Er muß sich doch um den SDS kümmern, um Washington, Saigon und Hanoi. Wochen später schreibt er Gretchen endlich, er würde sich freuen, wenn sie käme.

Sie kommt, aber sie geht zunächst nach Hamburg. Beginnt dort mit dem Theologie-Studium. Da ist eine Distanz. Das wird Dutschke recht sein. Und Abend für Abend sehen die Deutschen nun in der *Tagesschau* den Krieg aus Vietnam zu Bier und Butterbrot. Und sie hören den amerikanischen Präsidenten Lyndon B. Johnson sagen: „Wir sind ... in Süd-Vietnam, um die Ordnung in der Welt zu stärken."

Fast sechzig Prozent aller Bundesbürger haben 1965 bereits einen Fernsehapparat. Aber in den Nachrichten wird nie von Völkermord geredet. Das tun nun Dutschke und die Studenten. In der Nacht zum 5. Februar kleben sie in Berlin Plakate an die Wände: „Erhard und die Bonner Parteien unterstützen MORD, Mord durch Napalmbomben! Mord durch Giftgas! Mord durch Atombomben!" Und sie fordern am Ende: „AMIS RAUS AUS VIETNAM." Der „Antiamerikanismus" ist geboren.

Das ist die Zeit, wo Rudi Dutschke und Gretchen Klotz übers Heiraten sprechen. Ideologisch, findet er, sei es falsch. Vom Finanziellen her praktisch. Aber dann liest er wieder Briefe an Marx. Warum halst du dir eine Familie auf? heißt es da. Ja, warum halse ich mir eine auf, fragt sich Dutschke. Aber irgendwie kam er auch aus seinen Familienbanden nicht heraus, sagt Dutschkes Freund Thomas Ehleiter, der intellektuelle Anreger, der Dutschke dann nach dem Attentat lange therapeutisch umsorgte. „Ehe" habe für Dutschke auch Absicherung der Freundschaft bedeutet, Hülle und Freiheit zugleich. Und Freiheit durchaus in der traditionellen Interpretation: Die Frau ist zu Hause, regelt alles, hockt am Herd, kocht – und er ist frei für die Revolution.

Dutschke will auch Kinder. Es ist immer sein Wunsch gewesen, die „Gattung Mensch" weiterzuführen. Das ist für ihn keine Frage der Staatserhaltung, sondern eine Frage der Philosophie. Dennoch fällt es ihm schwer, in der Zeit der Kommunen zu erklären, warum er heiratet.

Ein Jahr nach seiner Hochzeit gelingt ihm das schon viel besser, als er über Ehe, Liebe und Sex schreibt. „Hans und Grete, wie sie sich verbinden, das ist bestimmt durch ihre gesellschaftliche Bewußtlosigkeit und ist bestimmt durch den Druck, der auf die Menschen dieser Gesellschaft ausgeübt wird. Wir (Studenten) aber haben die Chance, ein bißchen zu begreifen von dieser Gesellschaft. Da ist der Liebeszusammenhang schon eingebettet in den Kampfzusammenhang, gegen diese Gesellschaft zu kämpfen. Und das ist die

Grundlage für eine Ehe, die sich prinzipiell von der Hans-und-Grete-Ehe unterscheidet."

Ja, so mag es gehen. So etwa erklärt er es ja auch schon kurz vor der Hochzeit. Da heißt es ziemlich spröde in einem Brief: Durch Gretchen „haben wir endlich einen ‚guten Draht' nach Nordamerika, sind jetzt dabei, die New Yorker Leute ... mit den Südamerikanern in Verbindung zu bringen". Und dann ist auch irgendwann mal zu Ende diskutiert. Im März 1966 wird geheiratet.

Sie verschicken keine Einladungen. Wenn schon, dann soll alles anders sein. Verfremdet und doch sinnlicher. Wie ein alter „Hochzeitslader" begibt sich Rudi Dutschke persönlich zu seinen Freunden. Man wird in einer Bierkneipe in Charlottenburg feiern, in der

Gretchen Klotz und Rudi Dutschke auf einer Vietnam-Demonstration in Berlin. Für seine Hochzeit mit der amerikanischen Theologie-Studentin läßt Dutschke sich etwas Besonderes für die Predigt einfallen, die ein Freund halten soll

Pinte am Tegeler Weg. Ab elf Uhr früh steht sie zur Verfügung, also gleich nach dem unvermeidbaren Standesamt.
Und dann hat Dutschke eine glorreiche Idee: Thomas Ehleiter soll eine Predigt halten, eine Predigt mit Marx- und Bibel-Texten. Er und Gretchen würden da etwas zusammenstellen. Marx hat sich doch entschieden gegen die französischen Theoretiker gestellt. Die sind für ihn gedankenlose Kommunisten. Die sagen: Weiber müssen vergesellschaftet werden, denn was sich nicht vergesellschaften läßt, das taugt auch nichts. In der Theorie dieser Rohlinge sieht Marx einen Persönlichkeitsverlust, ein Absinken ins Tierische. Für Marx selbst konnten Mann und Frau sich nur begegnen und lieben, indem der eine im anderen seine Natur wiederfindet.
Es kommt Dutschke sehr gelegen, daß Marx so dachte, denn er denkt ja ähnlich. Auch für ihn ist die Kommune eine Vergesellschaftung der Frau. Das fasziniert ihn zwar, aber eben nur in der Theorie. In der Praxis mag er es nicht leben. Er ist ja auch nie richtig aufgeklärt worden. Wer wird denn in den fünfziger Jahren schon aufgeklärt. Die Mutter warnt nur immer wieder vor liederlichen Verhältnissen. Was das ist, sagt sie nicht. Dutschke selbst hat früh Freud gelesen, weiß also, wo's längs geht. Er schläft auch bei Frauen, oder besser, er übernachtet bei ihnen. Da ist er nicht gehemmt. Er ist zwar prüde erzogen worden, er ist aber nicht prüde im Geiste.
Ein Asket, das ist er schon. Sein Zimmerchen vor der Ehe ist wie eine Mönchszelle. Über dem Bett an der weißen Wand notiert er sich die wichtigsten Dinge des Tages: Heute Marx gelesen, Seite soundso. Oder: Heute Lessing gelesen, Seite soundso. Wenn er fortgeht, hat er immer ein Buch bei sich. Eher geht er ohne Schuhe oder mit verschiedenen Socken weg. Aber nie ohne Buch. „Die asketische Verdrängung und Sublimierung unbefriedigter Bedürfnisse glaubte ich ... als höchsten Grad von Freiheit ausgeben zu können", schreibt Dutschke später an einen Freund. Und dem vertraut er auch an, daß er mit 24 Jahren zum erstenmal mit einer Frau geschlafen habe, nämlich mit Gretchen Klotz.
Nun heiratet er. Zum Mittagessen in die Charlottenburger Kneipe kommen zehn Leute. Nur die engsten Freunde und Gretchens Eltern. Es gibt eine Hochzeitssuppe, ein halbes Hähnchen mit Bier und Pudding zum Nachtisch. Kein Sekt, keine Weine, keine scharfen Sachen. Dutschke hat keine Beziehung zum Alkohol.
Dann hält Thomas Ehleiter die Predigt. Gretchen hat eine Stelle aus dem Propheten Hosea gewählt, einen Text mit der Botschaft: Ich will Liebe – kein Opfer. Liebe und Erkenntnis. Vertrag und Treue. Genau das ist auch ihre Botschaft an ihren Mann Rudi Dutschke.
Der Freund liest den Text auf hebräisch, dann auf deutsch. Danach wird das Ganze für Gretchens Eltern ins Englische übersetzt. Die

sitzen stumm am Tisch, sind über das Procedere dieser merkwürdigen Hochzeit geschockt. Eine Braut ohne weiße Seide, ein Bräutigam ohne Schlips und Kragen, das ist doch kein Fest, das ist doch reine Revolte. Ach, wenn sie wüßten, daß ihr Gretchen ausgerechnet auf ihrem Hochzeitsgeschenk, einem teuren Grundig-Radioapparat, bei Aktionen den Polizeifunk abhören wird...

Nach dem Propheten folgt ein Wort von Paul Tillich, das Dutschke ausgesucht hat. Es geht um die Befreiung des Menschen vom Elend. Zum Abschluß liest Ehleiter die Marx-Passage aus den frühen Schriften über die kreative Liebe. „Liebe ist kreativ" – das ist für Rudi und Gretchen Dutschke ein glaubwürdiges Motto.

Am frühen Abend löst sich die kleine Gesellschaft auf. Am späten Abend sammelt sie sich wieder – ohne die Schwiegereltern, aber mit Freunden von nah und weit, aus der Nachbarschaft und aus Bolivien, Kolumbien, Kuba und Puerto Rico. Sie bringen eine Band als Geschenk mit, eine Geige, eine Trommel, ein Saxophon, sie schenken auch Bücher und Schallplatten, keine Tücher und Schüsseln. Materielle Geschenke – das wäre niemandem eingefallen. Ein Kochtopf hätte Rudi Dutschke total verstört. Ein Kochtopf wäre ihm nie in den Sinn gekommen, selbst, wenn er ihn gebraucht hätte.

Es wäre auch keinem der Gäste in den Sinn gekommen, die Hochzeitsnacht der Brautleute zu durchschwätzen. Sie wissen gar nicht, wie man small-talkt. Sie reden über die Funktion des Sozialistischen Deutschen Studentenbunds, über seine Chancen, sie diskutieren, inwieweit man von West-Berlin aus Amerika stören und beeinflussen kann. „Wenn man mit Dutschke sprach, hatte das immer mit Politik zu tun", sagt Thomas Ehleiter. „Politik war für ihn keine Abstraktion, sondern Leben."

Ein Wort wie „Hochzeitsnacht" dagegen ist für den Revolutionär eine tote Vokabel, ein Appell der bürgerlichen Gesellschaft: Jetzt tut was! Nein, nicht er. Er hatte es schon vorher getan. Und dann hat er die Hochzeit entzaubert und desillusioniert. Er hat etwas getan – außerhalb der Ordnung.

Die Käsefrau ist Zeuge

Wie Joschka Fischer in Gretna Green dem bürgerlichen Mief entgeht

Sie lernen sich im „Club Voltaire" in Stuttgart kennen. Er findet, daß sie „eine blöde Kuh" ist, und sie hält ihn für einen „arroganten Kerl".

Kurz darauf treffen sie sich durch Zufall wieder. Die junge hübsche „Hippie-Jule" ist gerade dabei, ihr Bündel zu packen und von daheim wegzugehen. Sie hat die Nase voll, will nach Paris trampen, er soll doch mitkommen, wenn er Mut hat. „Da hatte sie eine dicke Lippe riskiert", sagt Joschka Fischer. Er hat Mut, hat längst die Moral von damals satt, die Verlogenheit der Leute, die Arbeitswut und den bürgerlichen Mief. Sie trampen zusammen nach Paris. Auf der Autobahn fragt er: „Wie heißt du eigentlich?"

„Edeltraud", sagt sie, „Edeltraud Fischer."

„Mach keinen Mist!" sagt Fischer.

Als sie in Paris ankommen, ist es eiskalt, und sie gehen sich auf die Nerven. Er sagt: „Ich hau' ab, ich fahr' nach Süden, nach Marseille." Sie sagt, sie fährt nach Amsterdam zu den Provos, mal gucken, was da los ist. Er soll doch mitkommen. Gut. Aber danach fährt er hin, wo's warm ist.

Sie sitzen am Straßenrand, essen Brot und Käse und trinken Rotwein. Ein Fernfahrer nimmt sie mit. Hinten im Laster „kamen wir uns dann näher", sagt Fischer. Und auf dem Provo-Boot von Amsterdam schlafen sie zum erstenmal miteinander. Sie ist seine erste Frau, „und es war die totale Katastrophe", weil er doch nicht weiß, wo's längs geht. Auf der Straße aufgeklärt, sagt er, und von Verhütung null Ahnung.

Sie trennen sich nicht. Von Amsterdam geht's nach Marseille. Da steigen sie Heiligabend 1966 im Billig-Hotel „Du Nile" ab, einem halben Puff im Nuttenviertel. Sie fühlen sich frei und sind verliebt, und im neuen Jahr fahren sie zurück ins enge Stuttgart.

Nun geht das so hin und her. Ohne Trauschein können sie nicht zusammenleben. Es ist die Zeit der sauberen Leinwand, des Abtreibungsverbots, der Homosexuellendiffamierung, auch der sauberen Straße. „Wenn man sich da küßte, konnte man Probleme kriegen." Wohngemeinschaft ist ein Fremdwort, Damenbesuche im Mietzimmer sind ein Grund zur Kündigung, und heiraten? Erst mit 21. Sonst gibt's einen mörderischen Papierkrieg.

So kommt es, daß Joschka und Edeltraud Fischer nach Gretna

Joschka und Edeltraud Fischer nach ihrer Trauung in Gretna Green. Beim Ja-Wort hat Fischer Schwierigkeiten, woran er sich später mit Schrecken erinnern wird vor seiner Vereidigung als erster grüner Umweltminister

Green fahren, ins schottische Heiratsparadies. Er hat doch immer heiraten wollen, sagt Fischer, „mit der Heiraterei war ich sehr konservativ“. Sie kratzen die letzten Penunzen zusammen. Und ab in Richtung Insel per Anhalter. Es ist Ende März 1967 und wieder mal ungemütlich und kalt.

In Gretna Green müssen sie fünf Wochen leben. Als Bürger sozusagen. Sollen natürlich auch Geld ausgeben. Das Städtchen will ja leben. Aber sie haben kein Geld zum Ausgeben. In der Baracke, in der sie leben, kostet die Miete neunzig Mark. Für die ganze Zeit. Für die Überfahrt und Reise ist schon einiges draufgegangen. Fünfhundert Mark hatten sie im ganzen. Nein, da können sie keine Sprünge machen, da bleiben sie erst mal vier, fünf Tage im Bett, das kostet wenigstens nichts. „Wir sind das ganze Kamasutra rauf- und runtergegangen“, sagt Joschka Fischer, und die Mäuse unterm Bett piepen und pfeifen dazu.

Nach fünf Tagen Fummeln gehen sie sich so auf die Nerven, daß sie kein Bett mehr sehen können. Also raus aus den Federn und rein in die Gemeinschaftsküche und irgendwas Billiges gemacht, Makkaroni oder Reis oder so, wie die anderen Paare in der Baracke auch. „Wir waren eine richtige Internationale“, sagt Fischer. Franzosen, Südamerikaner, Italiener, Bayern sind da. Und es geht zu wie in der Legebatterie, wie am Fließband. Heute heiratet der eine, morgen der andere. Und die Fischers haben noch vier Wochen Zeit.

Also trampen sie mal einen Tag. Und gucken sich den anderen Tag die Gegend an. Bloß raus aus der Baracke. Bloß nicht wieder ins Bett müssen. Sie wandern auch mal. Aber nicht zu lange. Wandern macht hungrig. Und sie haben kaum noch Geld, und das muß noch drei Wochen reichen, noch zwei Wochen. „Wir haben dem Hochzeitstag entgegengefiebert“, sagt Joschka Fischer, „denn der Hochzeitstag war auch unser Reisetag.“

Dann ist es soweit. Der Seesack ist gepackt und wird im Standesamt abgestellt. Der Bräutigam trägt einen weißen Jeans-Anzug von Levis, der inzwischen natürlich nicht mehr weiß ist. Die Braut hat einen lindgrünen Anzug an, mit Rollkragenpullover drunter. Trauzeugen sind die Käsefrau von nebenan und ein Typ aus Liverpool. Der ist von oben bis unten tätowiert, und jedes zweite Wort, das aus seinem Mund fällt, heißt „fucking“. Der Rest ist unverständlich. Er heiratet ein paar Tage später. Für die Fischers hat er sich feingemacht, glänzt im schwarzen Anzug aus dem Kaufhaus.

Die Zeremonie ist kurz und unromantisch. Sie wird ja längst nicht mehr in der alten Schmiede von einst zelebriert. Dennoch bleibt Fischer beim „Ja“ die Stimme weg. Daran erinnert sich achtzehn Jahre später der erste grüne Umweltminister der Bundesrepublik. Vor seiner Vereidigung im Hessischen Landtag muß er an dieses gequetschte „Ja“ denken. Nein, das darf ihm nicht noch einmal

passieren. Er liest den Eidestext wieder und wieder, bis er ihn auswendig weiß.
Nach der Trauung nichts wie weg aus Gretna Green. Per Autostop nach London. Spätabends kommen sie dort an. Sie haben kein müdes Pfund mehr für ein Hotelzimmer, keinen Penny mehr für ein Sandwich und ein Lager. Die Horror-Hochzeitsnacht beginnt. Sie gehen durch London. Es ist kalt, und es nieselt sich ein. Sie gehen die ganze Nacht durch London. Sie sind völlig geschafft, und ihre Kleider sind klamm und feucht. Im Morgengrauen, kurz vor sechs, stehen sie auf der Westminster Bridge. Da verlieren sie fast die Nerven. Edeltraud Fischer holt zwei Heiratsurkunden aus dem Seesack. Sie zerknüllt die erste und wirft sie in die Themse. Er reißt ihr die zweite aus der Hand, brüllt sie an und – klebt ihr eine, und er schämt sich schon im nächsten Augenblick dafür. Da dröhnen vom Big Ben sechs gewaltige Schläge auf sein Haupt.
Drei Stunden später klingeln sie bei der Deutschen Botschaft am Belgrave Square. Sie möchten Geld für die Heimfahrt. Wissen, daß sie es zurückzahlen müssen. Dennoch sagt ein Unterbeamter „nein“. Da fragt Fischer: „Wo ist hier die nächste Polizeistation? Dann werden wir uns eben aus dem Land werfen lassen.“ Das hört ein Oberbeamter und gibt den Abgebrannten Kredit.
Als die Jungvermählten in Stuttgart ankommen, ist die Rechnung vom Bundesvermögensamt schon da. Inclusive Zinsen.

Getraut wird längst nicht mehr in der alten Schmiede von einst. Die Zeremonie beim Ehepaar Fischer ist ohne alle Romantik

Mit Stresemann und Tränen

Warum der Modemacher Wolfgang Joop die Hochzeitsnacht durchweint

Junge, sagt die Mutter zum Sohn, die Karin wird immer dicker, unten und auch obenrum, ist da was? Nein, sagt der Sohn, da ist nichts.

Wenn das Brötchen erst mal angebissen ist, sagt die andere Mutter zur Tochter Karin, will es niemand mehr weiteressen. Und der Vater sagt, wenn die Flasche einmal offen ist, will jeder davon trinken. Nein, sagt die Tochter, der Korken ist noch drauf.

Da erbt die Mutter des Sohns reichlich alten Schmuck. Der Sohn fragt: Darf ich Karin einen Ring zum Geburtstag schenken? Um Himmels willen, sagt die Mutter, nur keinen Ring, ein Ring, der bindet.

Aber der Sohn ist doch längst gebunden. Und als Karin im siebten Monat ist, kann wirklich nichts mehr verheimlicht werden. Das Brötchen ist angebissen, jawohl, aber Wolfgang Joop wird es heiraten, das ist doch klar. Nie haben sie an Abtreibung gedacht. Sie finden es herrlich verrückt, daß da so ein „Mirakel" heranwächst. Seine Mutter ist gleich einverstanden. Sie ist Preußin. Das Wichtigste ist, daß alles seine Ordnung hat, daß die Marmelade zum Beispiel nicht aufs Brot geklatscht, sondern in kleinen eleganten Klacksen aufs butterbeschmierte Stück getupft wird. Wer das beherrscht, hat schon gewonnen. Daß die Freundin des Sohnes schwanger werden kann, ist doch natürlich. Die beiden mögen sich schließlich und wollen ja auch heiraten. In Ordnung.

„Wir standen auf der Vorstufe zum sexuellen Aufbruch", sagt Wolfgang Joop. „Wir waren kurz vor Kolle." Die Angst der älteren Generation steht allerdings noch in Hochblüte. Als Joops Vater den Sohn einmal mit der künftigen Schwiegertochter in intimer Position erwischt, läuft er fassungslos zu seiner Frau und fürchtet, sich wegen Zuhälterei strafbar gemacht zu haben. Daß der Sohn nun heiraten muß, macht ihn auch nicht glücklich. Söhne, sagt Joop, sind für Väter doch wie Ersatzreifen. Sie sehen das in ihnen, was sie selbst versäumt haben. Und so denkt Joop senior: Der Junge ist ja viel zu jung, der muß doch erst was werden.

Nun heiratet der Junge im Dezember 1967 mit 23 Jahren die 21jährige Karin Bernatzky in Braunschweig. Und alles geht holterdiepolter. Die Braut des künftigen Modemachers näht sich mit heißer Nadel ein weites Mini in Pink. „Hinten hing noch die Borte

runter“, sagt Joop, „wir haben sie mit Stecknadeln befestigt.“ Und die falschen Wimpern sitzen nicht richtig. Ohne Wimpern war man damals doch so gut wie nackt.
Er selbst steigt in einen Stresemann. Knapp 600 Mark hat der gekostet, ein Wahnsinn, aber selbst verdient. Dabei studieren beide doch noch. Aber er will nicht in einem dieser modernen, engen Beatles-Anzüge das Jawort sprechen. Für den Stresemann hat er alte Bilder restauriert. Er malt auch für seine Braut zur Hochzeit einen Watteau en miniature auf ein Silberplättchen fürs Armband. Er liebt es klassisch und verwegen. Drum trägt er den Stresemann auch mit Plastron. „Wie Goethe.“ Und am Abend zuvor hat ein Freund ihm eine siamesische Katze geschenkt. Auch so ein klassisches Tier.
Die Brautleute haben nicht an die Ringe gedacht. Kaufen in letzter

Am späten Hochzeitsabend, als Wolfgang Joop und seine Frau Karin noch Sachertorte essen, fühlt sich der Bräutigam schon ziemlich unwohl. Den ganzen Tag über haben seine Augen getränt. Und nun passiert ihm noch Schlimmeres

Minute zwei dünne Goldreifen. Zu groß. Die kleineren sind breit wie Wagenräder und mit Ornamenten verziert. Gräßlich. Also nehmen sie die zu großen. Sie werden sie eben am Mittelfinger tragen.
Die Trauung auf dem Standesamt von Braunschweig ist spröde, unsentimental und spießig wie die meisten standesamtlichen Trauungen. Der Beamte fragt die beiden, ob sie einander auch nichts verschwiegen hätten. Also der Bauch ist nun wohl eindeutig, denken sie, wie soll man das verschweigen. Nein, Geschlechtskrankheiten meint der Mann, Vererbtes, das man weitervererben kann. Nicht, daß sie wüßten. Warum tränen Joop eigentlich schon seit Stunden die Augen?
Bei den Eltern der Braut essen sie zu Mittag. Bei Joops Eltern zu Abend. Es werden keine Reden gehalten. Aber Geschenke werden ausgewickelt. Ein Kaffeeservice treibt dem Bräutigam die Nackenhaare in die Höhe. Die Kochtöpfe der Marke „Pyroflam" können auf 4000 Grad erhitzt werden. Wozu? Sie wollen doch nur Wasser kochen oder Milch für's Baby. Und eine „Paluxette" fördern sie zutage, eine Kaffeemaschine, die wie eine Rakete dampft. Für ein Jahr wird Kaffee dazu geliefert, gemahlen. Die Firma wird ihn in Abständen schicken. – Verdammt, warum tränen Joops Augen immer mehr? Sträubt sich was in ihm gegen diese Heirat? Gott, ist ihm das peinlich. Hoffentlich merkt die Familie nichts.
Die Familie merkt und schweigt. Und als nun noch sein Gesicht langsam zu schwellen beginnt, verabschiedet der Bräutigam sich mit seiner Braut. Es ist ohnehin spät genug, ein Uhr in der Nacht. Vielleicht ist auch die schwere Sachertorte schuld daran. Wer ißt schon um Mitternacht noch solche Sachen?
Die Brautleute steigen in das Souterrain, in Joops sakrale Höhle. Er konnte das Jungmädchen-Schleiflack-Zimmer von Karin nie ausstehen. Nun ist er dort, wo er sich wohl fühlt, in der moosgrünen gotischen Gruft mit gotischem Gestühl und gotischer Truhe. „Gotik war etwas Erotisches für mich", sagt Joop. Und er löscht das elektrische Licht, sobald die Kerzen angezündet sind. Und die Katze schnurrt im Körbchen neben der Couch für eine Person, auf der Karin im siebten Monat ihren weinenden Mann die Nacht hindurch im Arm hält, dessen Gesicht nun total zugewachsen ist. Daß er allergisch ist, hat er nicht gewußt. Allergisch gegen – Katzen.

Der heiße Ofen ist eine Jungfrau

Wie Elvis Presley sich Priscilla Beaulieu bis zur Hochzeit aufspart

Er kommt mit Brokatweste zum Abendbrot. Das Haar voll Pomade, die Schußwaffe im Halfter. Sie taucht im engen Schwarzen auf. Das Haar zum Turmbau von Babel toupiert, den Revolver mit Perlmuttkolben im Büstenhalter.
Nach dem Essen geht die Show dann richtig los. Er ist der Regisseur, sie sein Star. Sie zieht die Schuluniform an und läßt sich vom Lehrer verführen. Sie ist die Sekretärin, die nach getaner Arbeit nackt und bloß aufs Bett fällt. Sie ist die Lehrerin, die ihren Schüler mit sanfter Gewalt nimmt. Sie zieht sich aus, sie zieht sich an, er fotografiert mit Polaroid. Sie fotografiert. Viele Kassetten gehen am Abend drauf. Sie schämt sich schon, wenn sie im Drugstore diese Mengen kauft, setzt Sonnenbrillen auf, stottert Entschuldigungen beim Bezahlen von zwölf neuen Packungen Polaroid. Und morgen braucht sie ja schon wieder welche.
In Graceland/Memphis ist wirklich was los.
Fast fünf Jahre lebt Elvis Presley nun schon mit Priscilla Beaulieu zusammen. Er hat sie in Deutschland kennengelernt. Ihr Vater war in Wiesbaden bei der Air Force, Elvis in Bad Nauheim stationiert. Sie ging zur Schule und war vierzehn.
Inzwischen ist sie seine Lolita geworden, seine Barbie-Puppe. Honey, sagt er, wir sind nun mal in Las Vegas. Jede Frau hat ihr Haar hier weiß Gott wie frisiert. Und du mußt mehr Make-up auflegen. Sie hat von der Mutter gelernt: je weniger, desto besser. Jetzt sieht man ihre Augen vor Balken gar nicht mehr. Und wenn die Puderschicht zu dünn ist, schickt Elvis sie fort, zum Drauflegen. Ihre schönen Haare läßt sie schwarzfärben, zu wilden Frisuren hochtoupieren, mit Spray verkleistern. Und er probiert mit ihr knackenge Kleider an, in denen sie kaum laufen kann. Verdammt heißes Ding, sagt er dann, das nehmen wir.
Elvis Presley formt sich einen Sex-Ofen nach dem Bild der Gesellschaft – aber daheim in Graceland stellt der bigotte Rockstar sein Püppchen aufs Podest. Noli me tangere, nein, das stimmt nicht ganz. Sie darf schon an ihm herummachen. Sie schlafen auch zusammen, das heißt, sie schlafen im selben Bett, spielen erotische Stückchen, aber Priscilla bleibt Jungfrau. Er will sie nehmen, wenn er sie heiratet, aber wann er das tun wird, das weiß er noch nicht. Er hat keine Eile, denn er hat keine Not. Er nimmt sich seine

Gespielinnen nach den Rock-Konzerten oder auch Tourneen, *Baby I don't care*, und Honey liest zu Hause in den Zeitungen, was ihr Gott und Meister wieder für erotische Erfolge zu verbuchen hat. Das Doppelleben, das sie führt, macht sie fast hysterisch: Tagsüber Schulmädchen und abends Femme fatale, die nur gereizt wird, aber nicht genommen. Oder nur in den Arm genommen.

Wenn er von einer Rocktournee zurückkommt, fragt er: Ist mein kleines Mädchen brav gewesen? Ja, sie war brav, sagt das Mädchen. Und dann liegt sie nachts neben ihm im Bett, und „ich fühlte seine Leidenschaft, und wieder schien er unsere verlorene Zeit gutmachen zu wollen", schreibt Priscilla Beaulieu in ihren Erinnerungen an *Elvis and me.* „Ich war sicher, diesmal würde es damit enden, daß Elvis mich richtig liebte. Ich war trunken vor Ekstase. Ich begehrte ihn. Wurde kühner, erwiderte die Liebkosungen und zeigte ihm ehrlich und offen, wie sehr ich nach ihm, nach einer Vereinigung verlangte."

„Laß dich nicht hinreißen, Baby", sagt Elvis zu ihr. „Für mich ist das eine heilige Sache... Du weißt, ich möchte, daß es etwas ist, worauf wir uns beide freuen können... Verstehst du, was ich meine?" Nein, sie versteht nicht mehr, was er meint. Sie hat gerade von Anita in den Zeitungen gelesen. Ach, sie ist es leid, sie will wissen, woran sie ist. Das sagt er ihr: „Die Vereinigung will ich aufsparen bis zum richtigen Augenblick."

Priscillas Eltern sind langsam entsetzt über das merkwürdige Verhältnis. Wie lange soll das noch weitergehen? fragen sie immer wieder. Warum packst du nicht endlich deine Sachen und kommst nach Hause? Es ist Zeit.

Fünf Jahre haben sie zusammengelebt – Elvis Presley und Priscilla Beaulieu. Doch sie ist noch Jungfrau. „Die Vereinigung will ich mir aufsparen bis zum richtigen Augenblick", sagt er ihr alle Jahre wieder

Aber sie kann nicht. Sie kommt doch nicht los von ihm. Dabei ist sie oft ganz verzweifelt. Besonders einmal, als er wieder Jesus spielt. Das ist Mitte der sechziger Jahre. Elvis Presley liest damals häufig in seinem Haus in Bel Air aus der Bibel vor. Seine Zuhörer sind seine Anbeterinnen, lauter Pseudo-Magdalenas, die ihre Brüste aus den Blusen hängen lassen. So kauern sie vor ihrem Idol, hören lüstern zu und stellen dumme Fragen: Elvis, glaubst du, die Frau am Brunnen war noch Jungfrau?

Priscilla hält das nicht mehr aus. Sie wird sich umbringen. Gleich jetzt im Schlafzimmer. Er wird schon sehen. Aber dann ist es zu spät. Sie geht nach nebenan, holt ihr halbes Fläschchen Placidyl, nimmt zwei Tabletten, man muß ja nicht gleich übertreiben, erst wird sie sich herrichten, schön machen für den Unwürdigen, und dann den Rest schlucken. Bei dem Gedanken muß sie weinen, und sie legt sich mal „Probe", ja, und den Mund halb geöffnet, so wie er das liebt. Soll sie einen Abschiedsbrief schreiben?

Sie also wieder hoch. Vielleicht hat er die Miezen ja längst rausgeworfen, weil er sie vermißt, weil er zu ihr kommen will. Sie guckt mal durch die Tür. Die Miezen hocken noch enger an ihrem Gott, der nun den totalen Durchblick hat auf Fleisches Lust. Dafür will sie sich umbringen? Sie geht ins Bett und liest. Als er kommt, küßt er sie auf halbgeöffnete Lippen. Da vergißt sie alles. Vielleicht wird er sogar heute... Nein, er wird nicht. Er hat doch längst wieder einen Schwung Pillen eingeworfen, schläft ja schon fast.

Endlich, kurz vor Weihnachten 1966, sagt Elvis zu seinem „Teufelchen": Mach die Augen zu. Und da hat sie auch schon dreieinhalb Karat am Finger. „Wir werden heiraten", sagt er, denn er findet, die Zeit sei gekommen. Und Elvis' Vater und seine Großmutter sind's zufrieden, und Priscillas Eltern werden nach Bel Air eingeladen. Gott sei Dank, nach fünf Jahren können sie nun aufatmen, sie haben die Tochter doch fast schon verlorengegeben als ewige Begleiterin, als Lolita des Rockstars. Und der Bräutigam ist nervös und aufgeregt wie nie zuvor.

Hochzeit ist am 1. Mai 1967. Natürlich soll sie geheim bleiben. Priscilla kauft ihr Brautkleid mit Sonnenbrille und einem Freund als „falschem" Bräutigam. Sie legen falsche Fährten für Journalisten. Ja, Presley fliegt von Los Angeles aus in sein Haus nach Palm Springs. Dabei fliegt er mit der Braut nach Las Vegas. Schon um sieben Uhr früh sind sie zur Trauung angemeldet. In der Privatsuite des Besitzers vom Alladin-Hotel wollen sie feiern – bevor die Hochzeit publik wird.

Aber dann sickern Gerüchte durch, und irgendwie gerät ihnen alles aus der Hand. Sie geloben sich Treue und stehen schon im Blitzlichtgewitter. Ganz erschöpft fliehen sie in Frank Sinatras Learjet nach Palm Springs. Aber da warten neue Journalistentrauben. Und sie haben fast 48 Stunden nicht geschlafen.

Am Ende trägt Elvis die Braut über die Schwelle ins Haus hinein. Er singt dazu ein hawaiianisches Hochzeitslied, er küßt sie lange und schleppt sie die Treppe hoch – hinein ins Schlafzimmer. Es ist noch hell, und die Sonne scheint, und Elvis legt die Braut aufs Doppelbett. Beide sind schwer nervös. Er zögert, denn er weiß, was ihm bevorsteht. Er hat Priscilla für den „rechten Augenblick" den Himmel auf Erden versprochen. Da ist er nun – der Augenblick.
„Sachte berührte er meine Lippen mit den seinen", schreibt Priscilla Presley. „Dann schaute er mir tief in die Augen. ‚Meine Frau', flüsterte er, als er mich an sich zog." Nach fünf Jahren Zündeln explodiert der Vulkan nun mit einem Lustschrei, platzt „in einer Raserei der Leidenschaft".
Diesen Augenblick, schreibt sie, wird sie nie vergessen. „Als ich vom Kind zur Frau wurde", weiß sie, daß sich das lange Warten gelohnt hat. „So altmodisch das klingen mag – jetzt waren wir eins."
Als sie drei sind – als Lisa geboren ist –, gibt's dann wieder Schwierigkeiten. Eine Mutter ist etwas Heiliges. Wie eine Jungfrau. Und mit einer Heiligen schläft man nicht.

Der Rock-König hat seine Frau auch äußerlich nach seinem Wunschbild geformt: schwarzgefärbte, toupierte Haare und ein Puppengesicht mit dicker Puderschicht

In der Drehpause zum Standesamt

Wie Rainer Werner Fassbinder zwei Fliegen mit einer Klappe schlägt

An einem Morgen im August 1970 hebt Rainer Werner Fassbinder am Schalter der Deutschen Bank 40 000 Mark ab. Da trifft er die Schauspielerin Irm Hermann. Der gibt er fünfhundert Mark und sagt ganz nebenbei: „Ich heirate heute." Sie ist völlig verstört, trifft sich mit Hanna Schygulla, „und wir haben uns beide betrunken".

Irm Hermann sieht nämlich sich als seine „Ehefrau". Sie war es doch, die den Genius Fassbinder entdeckte. Ach, sie hätte in die Knie gehen können vor ihm. Aber er hatte ihr eine noch schlechtere Rolle zugedacht: Sie und Hanna Schygulla waren immer die zwei Seiten seines gespaltenen Mutterbildes, die eine die Hure, die andere die Heilige, und die Hure brüllt er an, und mit der Heiligen wagt er kaum ein Wort zu sprechen. Und da er kein Mutterbild heiraten will, nimmt er sich Ingrid Caven. Aber eigentlich ist alles ja ganz anders.

Eigentlich liebt Fassbinder ja Günther Kaufmann, das Mischblut aus München, seinen Star aus *Whity*. Nun soll der sein *Amerikanischer Soldat* sein, sein Killer Ricky, der coole Typ, der Whisky trinkt und Menschen abknallt. Für ihn hat er die Rolle geschneidert. Und gedreht werden soll in Cinemascope. Aber sie geraten sich ganz fürchterlich in die Haare, der sinnliche „bayrische Neger" und Phönix Fassbinder. Und nach dem Krach platzt die Produktion. Fassbinder schwirrt ab nach Paris auf den Sauna-Trip. Da hat er doch so manchen guten Griff gehabt und so manchen guten Gedanken.

Den hat er auch jetzt: Er wird den Film trotzdem drehen – ohne Kaufmann. In Null Komma nichts wird alles in München arrangiert. Sie drehen Tag und Nacht, und Fassbinder, der selbst mitspielt, ist sanft wie selten. „Eine großangelegte Inszenierung", sagt Kurt Raab, der Schauspieler, der den Film damals ausstattet. „Er wollte Kaufmann in die Knie zwingen." Und ähnlich werden will er ihm auch. Kaufmann ist verheiratet und hat ein Kind. Gut. Dann wird Fassbinder eben auch heiraten.

Mitten in den Dreharbeiten bestellt er das Aufgebot. Ingrid Caven ist die Erwählte. Geheiratet wird in der Mittagspause. Fassbinder trägt den weißen Anzug, in dem er dreht. Paßt doch glänzend. Weißer Bräutigam. Wann gibt es das schon.

Der Bürgermeister von Feldkirchen weiß gar nicht, was er zu der merkwürdigen Truppe sagen soll. Der Bräutigam steht da mit seinem Trauzeugen und himmelt den an. Natürlich ist es Günther Kaufmann.
Aber wo ist die Braut abgeblieben? Es dauert, bis sie hereintaumelt. Offenbar ist sie leicht angetütert, die junge Dame. Aber fröhlich. Hat ein Lied auf den Lippen. Singt schrill und klar:

„Es geht alles vorüber
Es geht alles vorbei
Im nächsten Dezember
Gibt's wieder ein Ei."

Ja, ein Kind will Fassbinder immer schon haben, eine Familie ist für ihn das Größte. Er ein Genie und die Caven auch ganz intelligent – könnte doch was werden. Bisher ist „Kurti" immer das Kind gewesen, Kurt Raab. Aber meist flacht dessen Rolle zum Kindermädchen ab, zur Putzfrau gar, die waschen, kochen und staubsaugen muß. Nun macht Fassbinder ihn nicht mal zum Trauzeugen. Das ärgert Raab.
Der Bürgermeister traut der Fassbinder-Bande nicht über den Weg. Er hält sie für Verrückte. Aber die Papiere stimmen, also verheiratet er sie. Und es hat keinen Sinn, um etwas mehr Ernst zu bitten. Nach der Trauung geht's zurück zu den Dreharbeiten. Am Abend wird großartig gespeist. Japanisch. Rechts vom Bräutigam sitzt Kaufmann, links die Braut. Und in der Hochzeitsnacht, so erzählt Kurt Raab, passiert genau das, was wohl der Sinn des Ganzen war – in der Hochzeitsnacht schläft Günther Kaufmann in Fassbinders Zimmer.

Rainer Werner Fassbinder und Ingrid Caven – hier im Film *Schatten der Engel* – werden vom Bürgermeister von Feldkirchen getraut. Der Regisseur wollte immer eine Familie haben und am liebsten auch ein Kind

Die Braut wird wieder ehrbar

Wie die Schriftstellerin Elfriede Jelinek die Ehe auf den Kopf stellt

Nachts hört er sie im Bayerischen Rundfunk Texte lesen. Da beschließt er, sie kennenzulernen.

Sein Freund muß sie ins Kommunikationszentrum einladen. Sie soll aus ihren Büchern lesen, aus *Michael*, der Geschichte für die Infantilgesellschaft. Oder aus ihrem ersten Roman *wir sind lockvögel baby!*

Elfriede Jelinek sagt zu. Bei der Lesung sitzt Gottfried Hüngsberg in der ersten Reihe. Sie ist entzückt von ihm, der halb wie ein Zigeuner, halb wie ein Franzose aussieht. Sie denkt: Hoffentlich geht der nicht weg.

Der geht nicht weg. Und sie trennen sich von diesem Abend an nicht mehr. Nach vierzehn Tagen wissen sie: Wir gehören zusammen.

Er arbeitet damals für Fassbinder, schreibt elektronische Musik für ihn. Im Film *Götter der Pest* gibt es eine Großaufnahme von seinem Hosenschlitz, und mit Ingrid Caven hat er gelebt, mit Fassbinders Frau, ist ja alles eine Familie, ist ja alles Inzest. Aber heiraten will er nie.

Elfriede Jelinek hat schon viele Männer gehabt, hat genug erlebt, „es war kein Notstand", als sie ihn kennenlernt: Sie kann also ihrem Gefühl trauen. Aber heiraten will sie nie.

Da kannst du ja froh sein, daß du an mich geraten bist, sagt sie. Mich mußt du nicht heiraten. Dich würde ich aber heiraten, sagt er. Und da finden beide: Ja, warum eigentlich nicht. „So haben wir der Kuriosität wegen geheiratet", sagt Elfriede Jelinek. Klar ist von Anfang an: Sie bleibt in Wien, er bleibt in München.

Als sie ihrer Mutter von der bevorstehenden Hochzeit erzählt, ist die überglücklich, „daß mich endlich einer ehrbar macht". Sie hätte jeden zum Schwiegersohn genommen, sagt sie. Hauptsache, das Kind ist in Händen. Ist gerettet.

Am 12. Juni 1974 fährt der Bräutigam seine 27jährige Braut auf dem Weg in den XIV. Wiener Bezirk zum Standesamt Penzing beinahe zu Tode. Etwas derangiert stehen sie nach der Hetzjagd vor dem Beamten. Der sagt: Sie möchten eine Trauung in der kürzestmöglichen Zeit? Bitteschön. Also frage ich Sie, Gottfried Hüngsberg ... und Sie, Elfriede Jelinek ... und sie sagen „Ja", und das Spiel ist aus.

Sie trägt den Trauring ihrer Mutter, er den ihres Vaters. Ihr weißes Rosensträußchen vom Tag zuvor ist verwelkt. Ein paar Nachbarn gratulieren.

Auf dem Tulbinger Kogel essen sie Spargel, und sie gehen spazieren, pflücken mächtige Huflattichblätter, polken Löcher hinein, machen sich Masken. Am Abend essen sie Eis in Wien und trinken Wein zu Hause.

Und die Hochzeitsnacht? „Na, das kannte man ja", sagt Elfriede Jelinek. „Die Nacht ist nicht mehr die Nacht, die Spuren hinterläßt." Sie fällt nicht mehr aus der Rolle. Nächte, die Schaden anrichten, sind Nächte danach. Und die Nacht, die ihre Ehe fast auseinanderbringt, erlebt sie in Rom, am letzten Tag der Flitterwochen.

Sie sind im uralten Mercedes nach Italien gefahren. Sie haben eine Panne. Er ist total verölt, und da rutscht ihm der Ring vom Finger, ist weg. Vaters Ring ist weg, der Ring ihres Mannes. Schlimmes Omen, denkt sie.

Nach dem Hochzeitsessen auf dem Tulbinger Kogel pflücken Elfriede Jelinek und ihr Mann Gottfried Hüngsberg Huflattichblätter und maskieren sich

Na, und sie dann in Rom Schaufenster geguckt. Phantastisch, was es da an Kleidern und Klamotten gibt. Sie ist doch ein Narziß, schminkt sich verrückt und zieht sich auch so an. Ihm geht das Getue auf die Nerven. Das hat er doch nun alles mit Ingrid Caven erlebt. Er dachte, sagt er ihr, er habe ein Hirn geheiratet. Und nun dies.
Es ist Nacht. Irgendwas schrecklich Falsches muß sie gegessen haben. Ihr ist sterbenselend, sie bricht und legt sich hin und kann nicht schlafen, und da kommt es schon wieder, sie hoch, sie muß doch irgendwo noch dies Medikament haben, findet es nicht, wird verrückt, macht Licht – und da brüllt er wie ein Tier. Schreit sie an. Sagt, das solle sie nie wieder tun, er könne sonst zum Mörder werden. Fragt nicht. Schläft weiter.
Sie löscht das Licht. Geht ins Bett zurück und ist verzweifelt. Das war's also, denkt sie. Jetzt verlasse ich ihn. Ich kehre zu meiner Mutter zurück.
Und sie bleibt doch bei ihm. Sie sehen sich zehn Tage im Monat. Sie rufen sich selten an. Und wenn, dann nur im Büro. Nicht zu Hause. Niemand soll sich bedroht oder beschattet fühlen. „Es ist die beste Ehe, die ich kenne", sagt Elfriede Jelinek.

Eine Nacht im Container

Warum der ostfriesische Götterbote Otto Waalkes nicht weiß, ob er verheiratet ist

Er hat das Wort zur Taufe gesprochen und das Wort zum Tod. Im Wort zum Schlips hat er begriffen, daß Krawatten Hinweisschilder sind für die Schniedelwutzzone des Mannes, und so hat er denn im Wort zum Sex alle wollüstigen Ferkelchen zu Tun und Treiben angeregt und für alle einsamen Herzen im Wort zur Hose die weite, tiefe Tasche mit einblicksicherem Do-it-yourself-Spielraum gepriesen. Ans Wort zum „Ja" hat er sich lange nicht herangetraut. Bis zum 5. März 1987. Da ist er 38 Jahre alt.

An jenem kalten Morgen steht der nördlichste Junggeselle Deutschlands fünf Minuten vor zwölf in Bogense auf der dänischen Insel Fünen vor dem Bürgermeister und wird gefragt: „Wüllt tü Öttö Mänö Übelt tö din frü…" Er antwortet ganz schlicht mit einem „Ja". Und „weil ich kein Wort verstanden habe", sagt Otto Waalkes, „weiß ich gar nicht, ob ich überhaupt verheiratet bin."

Der Bräutigam trägt zum blonden Seidenhaar ein Fliehkinn, ein schwarzes Jackett, kanadische Holzfällerstiefel und grüne Beutelhosen mit reichlich Spielraum. Für Geschenke? Ach wo, sagt Waalkes, soviel Vertrauen, wie wir uns geschenkt haben, paßt da gar nicht rein. Und hat es Ringe gegeben? Ja, am nächsten Morgen, sagt er. Unter den Augen.

Im ersten Band seiner Selbstdarstellung verrät Waalkes etwas von seiner mühelosen Art, Frauen zu gewinnen. Er will in der Disco mit einem Mädchen tanzen. Sagt: „Wissen Sie was, Sie sind nicht wie die anderen jungen Mädchen. Nein, Sie haben so eine frauliche Würde. A propos Würde – würde es Ihnen etwas ausmachen, mich nach Hause zu bringen?" Das tut sie natürlich, und dann stehen sie vor seiner Tür, und er sagt: „Sie sind so zart und so rein! A propos rein – woll'n wir nicht reingehen?" Natürlich schlägt sie ihm das nicht ab, so daß er nun sagen kann: „Schön bei mir hier, nicht? Hier möchte ich nie wieder ausziehen. A propos ausziehen – wollen wir uns nicht ausziehen?"

Als Manuela Ebelt, genannt Manou, im fünften Monat schwanger ist, entschließt Otto Waalkes sich zum Rollenwechsel. Ehemann ist er noch nie gewesen. „Ich wollt' endlich mal das Gefühl kennenlernen, so richtig gebunden zu sein", sagt er. „Heiliger Stand der Ehe – hört sich doch doll an."

Anträge hat er seiner Frau schließlich genug gemacht. Jeden

Weihnachtsabend hat er sich ihr angeboten. Seit Jahren schon. Am 5. März hat sie angenommen. So ein Geschenk findet er nie wieder.
Die Trauung im kleinen Amtszimmer des gottverlassenen Nestes Bogense dauert fünf Minuten. Die Zeugen Hans Otto Mertens, Ottos Manager, Filmproduzent Horst Wendlandt und dessen Frau sollen Tränen in den Augen gehabt haben. Dafür lädt der ostfriesische Götterbote die kleine Hochzeitsgesellschaft in den Dorfkrug ein. Zu Hering in süß und sauer. Zu sonst nichts. Nur noch zum Kurzen hinterdrein, zum Aalborger.
Wer hat die Tischrede gehalten? Er natürlich, sagt er. Er habe ein kleines Gedicht gesprochen: „Wenn ich vom Abendlärm der Städte getrieben in die Schenke trete, um dann nach höflichem Befragen mir ein, zwei Bierchen einzulaben, um dann nach freudigem Ent-

„Ich wollte endlich mal das Gefühl kennenlernen, so richtig gebunden zu sein", sagt Otto Waalkes. Anträge hatte er Manuela Ebelt schließlich genug gemacht – jeden Weihnachtsabend einen

zücken auch noch zwei Weinchen zu verdrücken, und dann nach endlichem Begreifen drauf noch zwei Körner einzupfeifen, dann sage ich mit leisem Trost: Einen nehme ich noch – prost."

Und die Hochzeitsnacht? Die findet in einem kleinen Hotel statt. Vorm Fenster eine Riesenbaustelle. Dafür klappte die Hochzeit aber auch nach drei Tagen. Beim Grandhotel der Insel hätte er drei Wochen auf die Trauung warten müssen. Dann wäre das Kind ja schon da gewesen, sagt er. Also dann lieber auf die Baustelle. War ja alles total verrammelt, kein Zimmer mit Aussicht. Sie schlafen quasi im Container, sagt er. Und da kann man ja wohl nicht erwarten, daß – was? Hochzeitsnacht? Er kennt keine einzelne Hochzeitsnacht, sagt er. „Für mich ist jede Nacht eine Hochzeitsnacht."

Hat er wenigstens geträumt? Hat er. „Ich träumte, ich wäre wach gewesen, und als ich wach war, merkte ich, daß ich schlief."

Nach dieser Krise wird die nächste wohl nicht lange auf sich warten lassen. Waalkes kennt sie. Er hat sie beschrieben. Es ist der Augenblick, wo der Mann merkt, daß er verheiratet ist. Dann muß ihn seine Frau zur Seite nehmen und ihn trösten, muß ihm sagen, daß diese Krise nach der Hochzeit eine ganz normale Krise ist, in der sich Jedermann „vom aktiven Geschlechtsleben zurückzieht".

Bibliographie

Altmann-Loos, Elsie:
„Mein Leben mit Adolf Loos".
Ullstein Verlag, Berlin 1986

Andrieux, Maurice:
„Heinrich IV. Frankreichs guter König".
Societäts-Verlag, Frankfurt 1955

Anger, Kenneth: „Hollywood Babylon".
New York 1981

Apuleius: „Der goldene Esel".
Insel Verlag, Frankfurt 1975

Barta, Ilsebill:
Maria Theresia – Kritik einer Rezeption.
Aus: „Die ungeschriebene Geschichte".
Wiener Frauenverlag 1987

Beaulieu-Presley, Priscilla: „Elvis and me".
Berkeley / New York 1985

Becker, Dr.:
„Der Rathgeber vor bei und nach dem Beischlafe".
Reprint von 1816, Panorama Verlag,
Wiesbaden 1986

Bernier, Olivier:
„Ludwig XV.". Eine Biographie.
Benziger Verlag, Zürich/Köln 1986

Beuys, Barbara:
„Familienleben in Deutschland".
Rowohlt Verlag, Reinbek 1980

Blei, Franz:
Die Nacht des kapitalen Anfangs.
Aus: „Hochzeitsbüchlein".
Verlag für die Frau, Leipzig 1985

Blessin, Stefan:
„Horst Janssen". Eine Biographie.
B. S. LILO Verlag, Hamburg 1984

Blixen, Tanja:
„Afrika, dunkel lockende Welt".
Manesse Verlag, Zürich 1986

Blixen, Tanja: „Moderne Ehe".
Bibliothek Suhrkamp, Frankfurt 1987

Brauner, Artur: „Mich gibt's nur einmal".
Herbig Verlag, München 1976

Bresler, Fenton:
„Georges Simenon". Eine Biographie.
Ernst Kabel Verlag, Hamburg 1985

Brigl, Kathrin/Schmidt-Joos, Siegfried:
„Fritz Rau – Buchhalter der Träume".
Quadriga Verlag, Berlin 1985

Burcardus, Johannes:
„Kirchenfürsten und Intriganten".
Hofnachrichten von Johannes Burcardus,
Päpstlicher Zeremonienmeister
bei Alexander VI. Borgia.
Artemis Verlag, Zürich 1985

Chagall, Marc: „Mein Leben".
Hatje Verlag, Stuttgart 1959

Chaussy, Ulrich:
„Die drei Leben des Rudi Dutschke".
Eine Biographie. S. Fischer Verlag, Frankfurt 1985

Colette: „Frauen".
Zsolnay Verlag, Hamburg/Wien 1986

Corti, Conte: „Elisabeth von Österreich –
Tragik einer Unpolitischen".
Heyne Biographien, München 1984

Crepon, Tom:
„Leben und Tod des Hans Fallada". Eine Biographie.
Ullstein Verlag, Berlin 1984

Cronin, Vincent: „Napoleon". Eine Biographie.
Claassen Verlag, Düsseldorf 1973

„Das Nibelungenlied".
Phaidon Verlag, Essen/Stuttgart 1984

„Die Lust zu lieben".
Erotische Dichtung und Prosa aus vier Jahrhunderten.
Verlag Neues Leben, Berlin 1984

Dinesen, Isak (Tanja Blixen):
„Letters from Africa 1914–1931".
The University of Chicago Press, Chicago 1981

Döbler, Hannsferdinand:
„Kultur und Sittengeschichte der Welt“.
C. Bertelsmann Verlag, München 1971

Droysen, Johann Gustav:
„Geschichte Alexanders des Großen“.
Manesse Verlag, Zürich 1984

Erasmus von Rotterdam: „Colloquia familiaria“.
Balduin Pick Verlag, Köln 1947

Fox, Robin Lane:
„Alexander der Große“. Eine Biographie.
Claassen Verlag, Düsseldorf 1974

Fraser, Antonia: „Maria, Königin der Schotten“.
Heyne Verlag, München 1969

Freeman, Thomas:
„Hans Henny Jahnn“. Eine Biographie.
Hoffmann & Campe Verlag, Hamburg 1986

Freud, Sigmund:
Beiträge zur Psychologie des Liebeslebens
Aus: „Sexualleben“. Studienausgabe, Bd. V.
S. Fischer Verlag, Frankfurt 1980

Friedell, Egon: „Kulturgeschichte der Neuzeit“.
dtv, München 1976

Fussenegger, Gertrud: „Maria Theresia“.
Goldmann Verlag, München 1986

Gates, Phyllis / Thomas, Bob:
„My Husband Rock Hudson“.
Doubleday, New York 1987

Gervais, Otto R.:
„Die Frauen um Friedrich den Großen“.
Verlag Das Bergland-Buch, Salzburg 1986

Goldoni, Carlo:
„Geschichte meines Lebens und meines Theaters“.
Winkler Verlag, München 1968

Goll, Claire: „Ich verzeihe keinem“.
Scherz Verlag, Bern 1978

Gooch, G. P.: „Friedrich der Große“.
Heyne Biographien, München 1986

Grayeff, Felix: „Heinrich VIII.“.
Claassen Verlag, Düsseldorf 1978

Gregor-Dellin, Martin:
„Luthers Hochzeit“. Ein deutsches Lustspiel.
(1987 noch Privatexemplar Dellin)

Gregorovius, Ferdinand: „Lucrezia Borgia“.
Nach der Wiener Ausgabe von 1937.
Verlag Lothar Borowsky, München

Grey, Ivan: „Katharina die Große“.
Rainer Wunderlich Verlag, Tübingen 1963

Grimal, Pierre: „Liebe im alten Rom“.
Societäts-Verlag, Frankfurt 1981

Guggenheim, Peggy:
„Ich habe alles gelebt“. Eine Biographie.
Lübbe Verlag, Bergisch Gladbach 1984

Hamman, Brigitte:
„Elisabeth – Kaiserin wider Willen“.
Amalthea Verlag, Wien/München 1982

Hardy, Thomas: „Tess von den d'Urbervilles“.
Reclam Verlag, Stuttgart 1979

Hebbel, Friedrich:
Judith. Aus: „Werke“, Band 1.
Carl Hanser Verlag, München 1952

Hemingway, Ernest:
„Glücklich wie die Könige“.
Ausgewählte Briefe 1917–1961.
Rowohlt Verlag, Reinbek 1984

Hemingway, Ernest:
Hochzeitstag. Aus: „Gesammelte Werke“, Bd. 7.
Rowohlt Verlag, Reinbek 1986

Herrera, Hayden:
„Frida Kahlo, Malerin der Schmerzen“.
Scherz Verlag, München 1986

Herrmann, Horst:
„Martin Luther – Ketzer wider Willen“.
C. Bertelsmann Verlag, München 1983

Hoffmann, Heinrich: „Hitler wie ich ihn sah“.
Herbig Verlag, München 1974

Holmsten, Georg: „Friedrich II.“.
rororo Monographien, Reinbek 1969

Hudson, Rock: „Mein Leben“.
Goldmann Verlag, München 1986

Janssen-Jurreit, Marielouise (Hrsg.): „Frauen und Sexmoral". S. Fischer Verlag, Frankfurt 1986

Jarry, Alfred: „Messalina". Rowohlt Verlag, Reinbek 1980

Katharina II.: „Memoiren". Insel Verlag, Leipzig 1916

Kert, Bernice: „Die Frauen Hemingways". Roitman Verlag, München 1984

Krug, Gerhard: „HSV – Portrait eines Fußballvereins". Droste Verlag, Düsseldorf 1975

Läpple, Alfred: „Martin Luther". Leben, Bilder, Dokumente. Delphin Verlag, München/Zürich 1982

Lagercrantz, Olof: „Strindberg". Suhrkamp Verlag, Frankfurt 1984

Landauer, Gustav: „Shakespeare in Vorträgen". Rütten & Loening, Frankfurt 1922

Lavater-Sloman, Mary: „Lucrezia Borgia, eine Chronik". Artemis Verlag, Zürich/München 1952

Leander, Zarah: „Es war so wunderbar!". Mein Leben. Hoffmann & Campe Verlag, Hamburg 1973

Lewis, W. H.: „Ludwig XIV. – der Sonnenkönig". Heyne Biographien, München 1986

Liersch, Werner: „Hans Fallada, sein großes kleines Leben". Eine Biographie. Verlag Neues Leben

Loewenich, Walther von: „Martin Luther – der Mann und das Werk". List Verlag, München 1982

Lottmann, Herbert R.: „Camus". Eine Biographie. Hoffmann & Campe Verlag, Hamburg 1986

Mann, Heinrich: „Die Jugend des Königs Henri IV.". Claassen Verlag, Düsseldorf 1976

Mann, Heinrich: „Die Vollendung des Königs Henri IV.". Claassen Verlag, Düsseldorf 1976

Mann, Heinrich: „Der Untertan". Claassen Verlag, Düsseldorf 1976

Mann, Thomas: „Joseph und seine Brüder". S. Fischer Verlag, Frankfurt 1967

Manthey, Jürgen: „Hans Fallada". rororo Monographien, Reinbek 1963

Marshall, Dorothy: „Leben und Zeitalter der Königin Victoria". Verlag Welsermühl, Wels/München 1980

Martin, Jay: „Henry Miller". Eine Biographie. Claassen Verlag, Düsseldorf 1980

Maurois, André: „Lord Byron". Nymphenburger Verlag, München 1976

Mazzei, Francesco: „Messalina – Macht und Intrige". Heyne Biographien, München 1985

Mercouri, Melina: „Ich bin als Griechin geboren". Blanvalet Verlag, Berlin 1971

Müller, Hartmut: „Byron". rororo Monographien, Reinbek 1981

Nijinsky, Romola: „Nijinsky, der Gott des Tanzes". Eine Biographie. Insel Verlag, Frankfurt 1974

Obermann, Heiko A.: „Luther – Mensch zwischen Gott und Teufel". Severin und Siedler, Berlin 1981

Olivier, Laurence: „Bekenntnisse eines Schauspielers". C. Bertelsmann Verlag, München 1985

Quennell, Peter: „Byron, the Years of Fame". The Reprint Society, London

Raab, Kurt / Peters, Karsten: „Die Sehnsucht des Rainer Werner Fassbinder". C. Bertelsmann Verlag, München 1982

Ranke Graves, Robert von: „Ich, Claudius, Kaiser und Gott". dtv, München 1977

Reiners, Ludwig: „Friedrich, das Leben des Preußenkönigs". dtv Biographien, München 1980

Richardson, Johanna:
„Colette – Leidenschaft und Sensibilität“.
Heyne Biographien, München 1983

Rimscha, Hans von: „Katharina II.“.
Musterschmidt Verlag, Göttingen 1961

Rinser, Luise: „Den Wolf umarmen“.
S. Fischer Verlag, Frankfurt 1981

Röhl, Klaus Rainer:
„Fünf Finger sind keine Faust“.
Kiepenheuer & Witsch, Köln 1974

Sartre, Jean-Paul: „Die Wörter“.
Rowohlt Verlag, Reinbek 1965

Schiel, Irmgard:
„Marie Louise – Eine Habsburgerin für Napoleon“.
Deutsche Verlagsanstalt, Stuttgart 1983

Schklowski, Viktor: „Leo Tolstoi“. Eine Biographie.
Europa Verlag, Wien 1981

Schmiele, Walter: „Henry Miller“.
rororo Monographien, Reinbek 1970

Schröter, Michael:
„Wo zwei zusammenkommen in rechter Ehe“.
Suhrkamp Verlag, Frankfurt 1985

Schultz, A.:
„Das höfische Leben zur Zeit der Minnesänger“.
Band I. Leipzig 1889

Schultz-Steigleder, Gertraude:
„Imperatriz – sob um véu de lágrimas“.
Poeco, Sao Paulo 1982

Schwesig, Bernd-Rüdiger: „Ludwig XIV.“.
rororo Monographien, Reinbek 1986

Shakespeare, William: „Romeo und Julia“.
Meyers Klassiker Ausgaben, Leipzig/Wien o. J.

Shakespeare, William:
„Der Widerspenstigen Zähmung“.
Meyers Klassiker Ausgaben, Leipzig/Wien o. J.

Silvius, Aeneas:
„Geschichte Kaiser Friedrichs III.“.
Verlag der Dyk'schen Buchhandlung, Leipzig o. J.

Simenon, Georges: „Intime Memoiren“.
Diogenes Verlag, Zürich 1984

Skierka, Volker: „Lion Feuchtwanger“.
Quadriga Verlag, Berlin 1984

Stern, Horst: „Mann aus Apulien“.
Die privaten Papiere des Staufers Friedrich II.
Kindler Verlag, München 1986

Sternheim, Carl: „Der Snob“.
Luchterhand Verlag, Darmstadt/Neuwied 1985

Strindberg, August:
„Werke“. Frankfurter Ausgabe, Band V.
Insel Verlag, Frankfurt 1984

Tacitus, Publius Cornelius: „Annalen“.
Greno Verlag, Nördlingen 1987

Tolstaja, Sofja Andrejewna:
„Tagebücher 1862–1897“.
S. Fischer Verlag, Frankfurt 1986

Tolstoj, Leo: „Anna Karenina“.
Insel Taschenbuch, Frankfurt 1978

Trevor-Roper, H. R.: „The last Days of Hitler“.
Macmillan & The Book Society, 1947

Ustinov, Peter:
„Ach du meine Güte“. Unordentliche Memoiren.
Fritz Molden Verlag, Wien 1978

Winter, Ingelore M.:
„Friedrich der Große und die Frauen“.
Bechtle Verlag, Esslingen 1985

Wocker, Karl Heinz:
„Königin Victoria“. Eine Biographie.
Claassen Verlag, Düsseldorf 1978

Zweig, Stefan:
„Marie Antoinette“. Eine Biographie.
S. Fischer Verlag, Frankfurt 1985

Bildnachweis

Farbtafeln: Seite 10/11: Raffael, „Hochzeit von Amor und Psyche“, Villa Farnesina Rom, Foto Zoltan Nagy; Seite 12: Johann Heinrich Fuessli, „Brunhilde beobachtet den von ihr gefesselt an der Decke hängenden Gunther“, Feder- und Tuschlavierung über Bleistift, Nottingham, City Museum and Art Gallery; Seite 13: Pompejanische Wandmalerei, Foto Antonia Mulas; Seite 14/15: Giovanni Antonio Sodoma, „Hochzeit von Alexander dem Großen und Roxane“, Villa Farnesina Rom, Foto Scala; Seite 16/17: Hochzeitsgelage, Germanisches Nationalmuseum Nürnberg und „Abbildung aller Fürstlich Aufzug bei der Kindtauff und Beylager“, Stuttgart 1617, Staatliche Museen Preußischer Kulturbesitz Berlin; Seite 18: Miniatur aus der Chronik von England, „Albine und ihre Schwestern töten ihre Männer in der Hochzeitsnacht“, Österreichische Nationalbibliothek; Seite 19: Oberdeutsche Handschrift der Melusine des Thüring von Ringoltingen, 1468, „ Segnung des Hochzeitspaares“, Germanisches Nationalmuseum Nürnberg; Seite 20/21: „Queen Victoria und Prince Albert am Traualtar“, The Royal Collection, St. James' Palace London und „Le coucher de la mariée“, Phototèque des Musées de la ville de Paris; Seite 22/23: Marc Chagall, „A ma femme“, Musée National d'Art Moderne Paris und Frida Kahlo, „Hochzeitsbild Frida und Diego Rivera“, Museum of Modern Art San Francisco, Foto Salomon Grimberg; Seite 24: Hannah Höch, „Die Braut“. Berlinische Galerie, Berlin. *Abbildungen im Text:* Seite 29: Sammlung Menningen; Seite 41, 154, 155, 221, 222, 223 oben, 239, 258, 261: STERN-Archiv; Seite 43: Musée Ingres, Federzeichnung von Ingres; Seite 45: Gemälde von Guido Reni, Scala Mailand; Seite 73: Scala Mailand; Seite 47, 59, 60, 63, 67, 69, 70, 78, 80, 87, 90, 93, 104, 105, 108, 113, 119, 123, 124, 127, 129, 131, 132, 144, 148, 181, 225, 226, 267: bildarchiv preussischer kulturbesitz, Berlin; Seite 48: Wallraf-Richartz-Museum, Köln, Gemälde von Hendrick Ter Brugghen; Seite: 51, 54, 71, 75, 81, 85, 96, 98, 112, 116, 150, 151, 182: AKG Berlin; Seite 58, 194: Antonia Mulas, Mailand; Seite 65: Sammlung National Archiv Richard Wagner Stiftung; Seite 72: Bildarchiv Foto Marburg; Seite 76, 120, 121: Italfoto; Seite 83: Aldo Palazzi Editore, Milano; Seite 89, 94: Germanisches Nationalmuseum; Seite 95, 175, 179: Ullstein Bilderdienst, Berlin; Seite 100: Woburn Abbey, mit freundlicher Genehmigung des Marquess of Tavistock und der Stiftung Bedford Estate; Seite 101, 137, 138: Mary Evans Picture Library, London; Seite 103: Ford Madox Brown – Art Galery and Museum Bradford; Seite 107, 111: Giraudon, Paris; Seite 110: aus Paul Frischauer, „Knaur's Sittengeschichte der Welt“ II; Seite 134, 135: aus Fuchs, „Sittengeschichte“, Albert Langen Verlag; Seite 139, 141: Gertraude Schultz Steigleder; Seite 143: Sammlung Gernsheim; Seite 146, 166, 173, 210: Bilderdienst Süddeutscher Verlag; Seite 156: Kungl. Bibliotheket, Stockholm; Seite 157, 205: BBC Hulton Picture Library; Seite 160: Paris-Match; Seite 162, 196: Roger Viollet, Paris; Seite 164: aus Skierka, „Lion Feuchtwanger“, Quadriga Verlag; Seite 165: Propyläen Verlag; Seite 168, 169: aus Serke, „Die verbrannten Dichter“; Seite 171: Camera Press; Seite 176: aus: Blixen: „Letters from Africa“, The University of Chicago Press, Chicago; Seite 183: Musée National Fernand Léger, Biot; Seite 187: Prof. Adolf Opel, Wien; Seite 189, 190, 191: John F. Kennedy Library; Seite 193: Scherz Verlag; Seite 200: Miller-Privatbesitz; Seite 201: Johnny Bonne, Copenhagen: Seite 203: Mühlenberger GmbH; Seite 207: aus „Wen die Götter lieben“, rororo; Seite 208: aus Kenneth Anger, „Hollywood Babylon“; Seite 212, 213: Privatfoto Rinser; Seite 215: aus Ustinov, „Ach du meine Güte“; Seite 218: aus Mercouri, „Ich bin als Griechin geboren“, Blanvalet; Seite 223: aus Hans Fallada, rororo-Monographie; Seite 228, 230: Privatfoto Simmel; Seite 233: Privatfoto Brauner; Seite 236: United Press Telephoto; Seite 240: Götepress-Bild, Göteborg; Seite 243: Privatfoto Rau; Seite 245: Nordbild, Kaiser, Hamburg; Seite 247: J. Blume; Seite 249, 250, 251: Verena Janssen; Seite 253: Röhl; Seite 257: Bettmann Newsphotos; Seite 265: Border Press Agency; Seite 269: Privatfoto Joop; Seite 272: Photo Trends, New York; Seite 274: Keystone, Hamburg; Seite 276: Archiv Dr. Karkosch; Seite 278, 279: Privatfoto Jelinek; Seite 281: teutopress; Seite 282: Karin Rocholl